Lanqiu Jishu yu Tineng Xunlian

篮球技术与体能训练

—— 张守伟　周殿学　王长在　主编

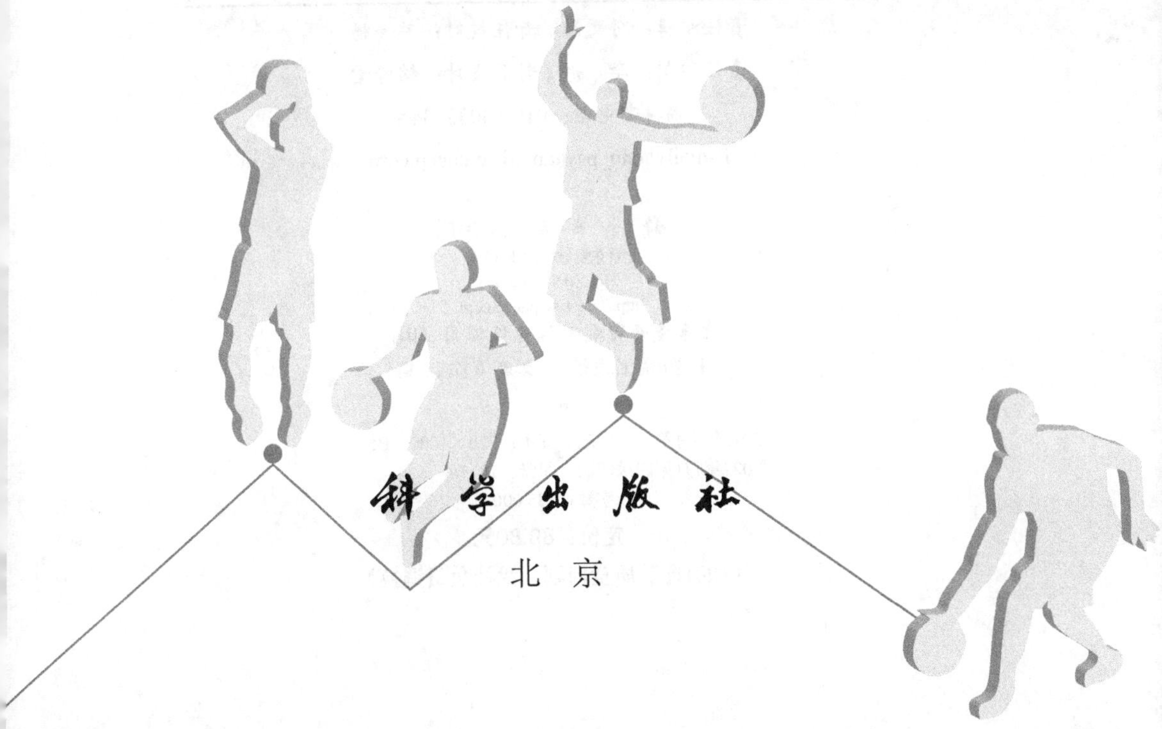

科 学 出 版 社

北 京

内 容 简 介

现代篮球竞赛越来越精彩、激烈，各式各样精准的投篮，闪展腾挪巧妙躲开防守的运球，穿针引线般的传球；动如脱兔，快速的突破与充满韧劲的防守；高高跃起，飞人般令人血脉偾张的空中接力灌篮……无数超出我们想象的高超技术让我们目不暇接、激动兴奋，但精彩的背后是千锤百炼的技术训练和挥汗如雨的体能磨砺。

本书吸取了众多篮球相关研究成果的优点和近年来国内外篮球基础体能训练的先进理念，力求反映出当代篮球运动发展的基本技术和专项基础体能训练的最新发展，并根据青少年篮球训练的客观实际情况，编写了大量可操作的体能训练计划的案例，突出了示范性、基础性、实效性。

本书可作为篮球运动专业用书和基层学校青少年篮球教练员训练、指导参考用书。

图书在版编目（CIP）数据

篮球技术与体能训练/张守伟，周殿学，王长在主编. —北京：科学出版社，2019.6

ISBN 978-7-03-061455-1

Ⅰ.①篮… Ⅱ.①张…②周…③王… Ⅲ.①篮球运动-运动训练 Ⅳ.①G841.2

中国版本图书馆CIP数据核字（2019）第108783号

责任编辑：孙文影 / 责任校对：韩 杨

责任印制：李 彤 / 封面设计：铭轩堂

编辑部电话：010-64033934

E-mail：edu_psy@mail.sciencep.com

科学出版社出版

北京东黄城根北街 16 号

邮政编码：100717

http://www.sciencep.com

北京凌奇印刷有限责任公司 印刷

科学出版社发行 各地新华书店经销

*

2019年6月第 一 版 开本：720×1000 B5

2022年7月第四次印刷 印张：18 1/4

字数：335 000

定价：89.80元

（如有印装质量问题，我社负责调换）

编委会名单

主　编　张守伟　周殿学　王长在

副主编　李志刚　谢维良

参　编　（按姓氏笔画排序）

王恒宇　巩洪国　朱晓龙　刘健松

毕　森　李晓晗　杨泽森　赵瑞峰

郭振方　傅鹤宇　魏铭泽

编写说明

本书由中国大学生体育协会篮球分会副主席、专家组副组长，东北师范大学体育学院院长张守伟教授，第27届世界大学生运动会中国代表队篮球主教练、中国大学生男子篮球超级联赛两届最佳教练员、东北师范大学体育学院副院长周殿学教授，中国国家定向越野队教练、全国优秀教师、广东省特级教师、广东省五一劳动奖章获得者、中山市中山纪念中学体育与健康高级教师王长在老师任主编，负责对本书进行修改、统稿并最终定稿；由2012—2013赛季CUBS中国大学生男子篮球超级联赛MVP、第27届俄罗斯喀山世界大学生运动会中国男子篮球代表队主力队员、现东北师范大学体育学院篮球教师李志刚，中国大学生男子篮球超级联赛全国总冠军主力队员、现东北师范大学体育学院篮球教师谢维良任副主编，并完成本书中篮球技术的示范。本书篮球体能训练部分的动作示范由大连理工大学体育教研部教师傅鹤宇完成。

参与本书编写的成员还有东北师范大学体育学院硕士研究生杨泽森、刘健松、毕森、王恒宇、魏铭泽、巩洪国、朱晓龙、郭振方、李晓晗和广东外语外贸大学附属江门外国语学校教师赵瑞峰。

在编写过程中，笔者参阅了国内外篮球教学、训练专家的宝贵资料，得到了东北师范大学体育学院及科学出版社的大力支持，在此一并致谢。

由于编写人员水平、经验和时间所限，书内不妥或错漏之处敬请广大读者给予批评指正，以便进一步修改。

《篮球技术与体能训练》编写组

2018年8月

目 录

第二篇　篮球体能训练

第一篇

篮球技术

一、篮球技术

篮球技术是篮球比赛中所运用的各种攻防动作方法的总称，它是篮球战术的基础，按照其在比赛中的功能分类可分为进攻技术和防守技术。进攻技术和防守技术既相互制约，又相互促进，共同推动着篮球运动水平不断向前发展。

根据篮球项目特点及运动特征，又可将篮球技术具体划分为移动技术、接球技术、传球技术、运球技术、投篮技术、持球突破技术、抢球技术、打球技术、封盖技术、断球技术、抢篮板球技术和防守对手技术等单一类别的篮球技术，运动员根据场上的位置和需要而选择相应的技术进行组合运用。

二、篮球技术在比赛中的作用

1）篮球技术的水平直接影响战术配合的质量；

2）每一项篮球技术都不是独立的，而是篮球技术整体不可分割的一部分，在实际运用中，只有在扎实、熟练、全面掌握每一个技术动作的同时加强各项技术的综合练习及运用能力，才能够更有效地发挥篮球技术的作用；

3）篮球技术的发展不断地促进篮球竞赛水平的提升，同时篮球对抗性的不断增强、战术的快速发展与演变也促进了篮球技术的不断发展和更新。

篮球运动员的技术评价标准：

1）技术动作规范性、熟练性强；

2）技术动作经济性、实效性强；

3）技术动作稳定性、可靠性强；

4）技术动作对抗性、应变性强。

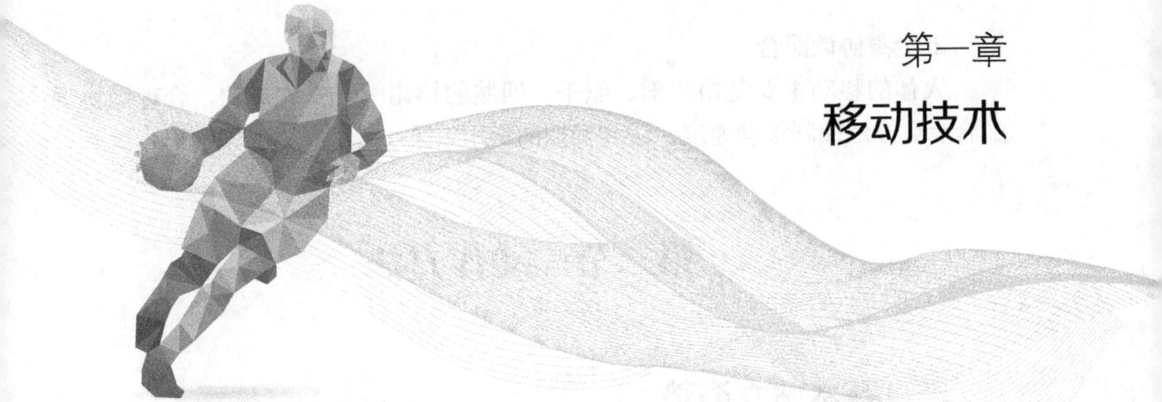

第一章 移动技术

第一节　基本知识

一、移动技术

移动技术也称脚步技术，是指运动员在比赛中为了完成各种攻防技术、争取时间与空间的主动而采用的各种脚步动作方法。它是各种篮球技术的基础，也是篮球比赛中运用最多的一项技术。

二、移动技术分类

移动技术分类如图 1-1-1 所示。

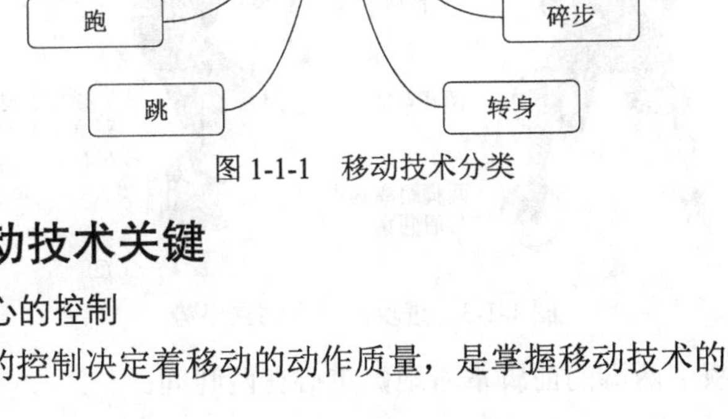

图 1-1-1　移动技术分类

三、移动技术关键

1. 身体重心的控制

身体重心的控制决定着移动的动作质量，是掌握移动技术的关键。

2. 全身协调配合

人体的移动主要是由头部、躯干、四肢的协调配合来完成的，合理地协调配合能更好地控制移动速度，达到预期的运用效果。

第二节　动作方法

一、基本站立姿势

基本站立姿势是指运动员在进攻和防守中采取的最基本的预备动作方法，它有利于进攻和防守的移动。

（一）基本站立姿势的分类

具体内容如图 1-1-2 所示。

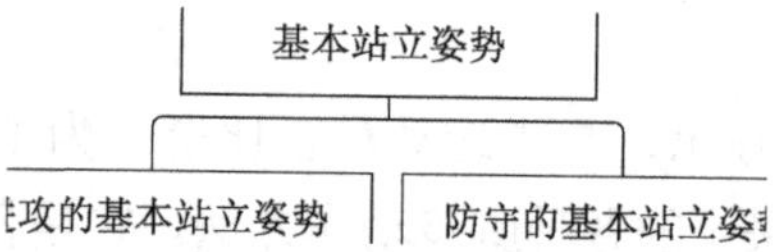

图 1-1-2　基本站立姿势

（二）基本站立姿势的技术动作方法

1. 进攻的基本站立姿势

1）技术运用：为积极进攻做好身体重心控制和全身协调的准备。

2）动作要领（图 1-1-3）。

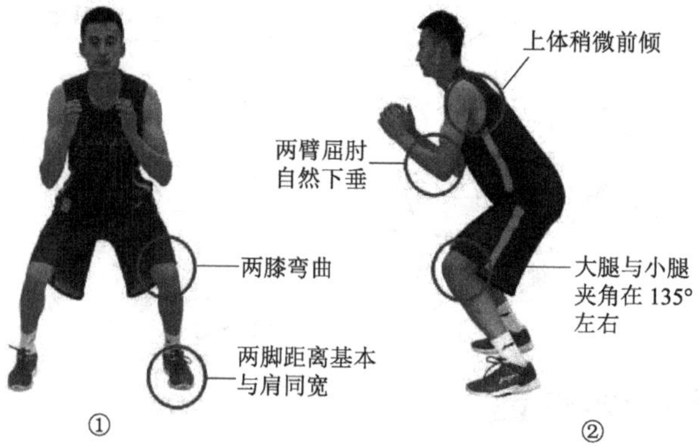

图 1-1-3　进攻的基本站立姿势

3）注意事项：两脚的前脚掌着地，重心在两腿间。

2. 防守的基本站立姿势

1）技术运用：为积极防守做好身体重心控制和全身协调的准备。

2）动作要领（图 1-1-4）。

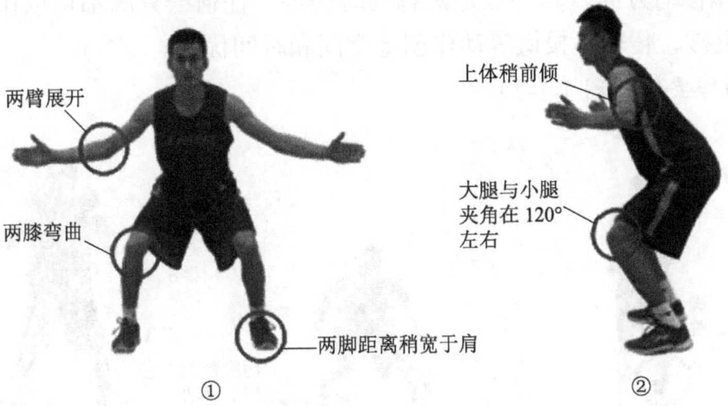

图 1-1-4　防守的基本站立姿势

3）注意事项：两脚的全脚掌着地，重心在两腿间。

二、起动

1）技术运用：从原地相对稳定的状态转入快速地移动。

2）动作要领（图 1-1-5）。

3）注意事项：在基本站立姿势的基础上，随时做好向前、向后、向侧等不同方向的起动。

图 1-1-5　起动

三、急停

急停是运动员在跑动过程中突然停止的一种动作方法。

（一）急停技术分类

具体内容如图 1-1-6 所示。

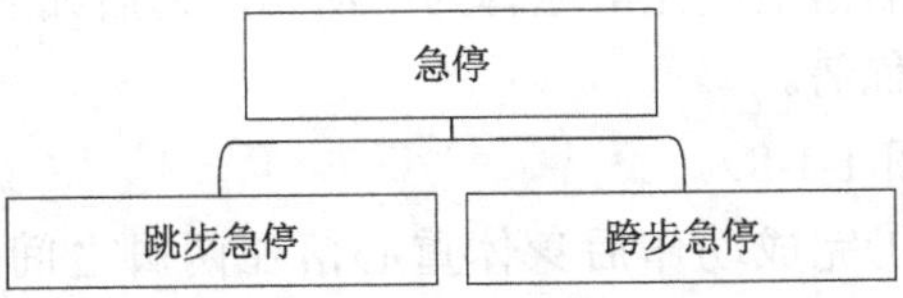

图 1-1-6　急停

（二）急停技术动作方法

1. 跳步急停

1）技术运用：常用于中速或慢速跑动时，通过双脚跳动一步突然停止跑动来改变身体移动方向。其特点是两脚同时落地，任何一只脚都可以作为中枢脚，为后续的突破、传球、投篮等动作创造空间和时间优势。

2）动作要领（图 1-1-7）。

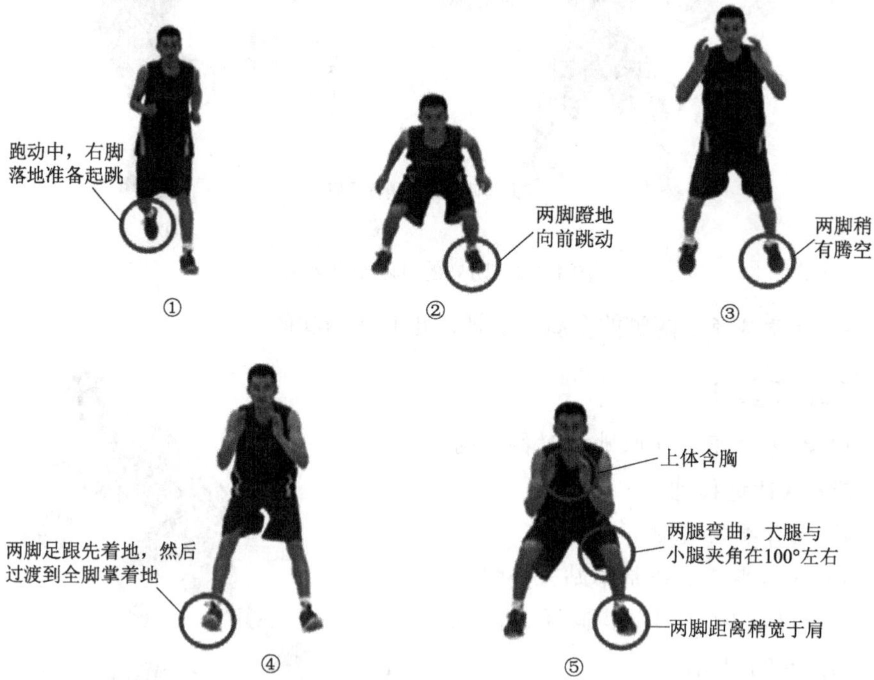

图 1-1-7　跳步急停（也称一步急停）

3）注意事项：①两脚同时落地制动；②急停时重心保持平衡；③注意与后续动作的紧密衔接。

2. 跨步急停

1）技术运用：常用于快速跑动中通过两步制动停止跑动来改变身体的移动方向，为后续的传球、投篮等动作创造空间和时间。通过双脚跳动一步突然停止。其特点是两脚先后落地，先落地脚为中枢脚，为后续的突破、传球、投篮等动作创造空间和时间优势。

2）动作要领（图 1-1-8）。

3）注意事项：①完成动作后身体重心落在两脚之间的位置，保持身体平衡；②先落地脚为中枢脚；③注意与后续动作的紧密衔接。

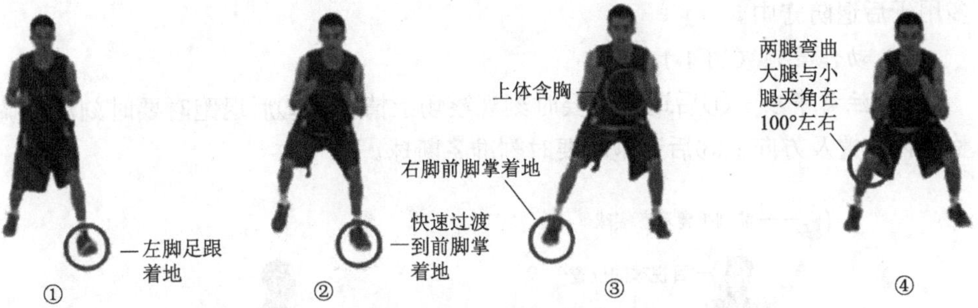

图 1-1-8　跨步急停（也称两步急停）

四、跑

跑是指运动员两脚交互快速移动的一种动作方法。

（一）跑的技术分类

具体内容如图 1-1-9 所示。

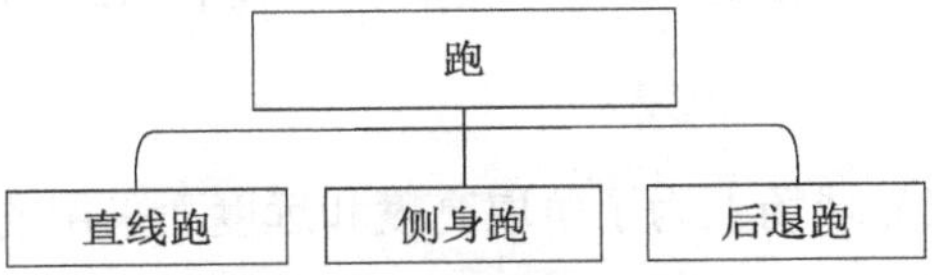

图 1-1-9　跑的技术分类

（二）跑的技术动作方法

1. 直线跑

1）技术运用：徒手或运球向身体正前方快速移动。

2）动作要领（图 1-1-10）。

3）注意事项：①保持重心的稳定；②上下肢协调配合，积极摆臂，积极蹬伸；③腿部由后蹬到前摆结合紧密，大、小腿充分折叠。

图 1-1-10　直线跑

2. 侧身跑

1）技术运用：在跑动中为了抢位、摆脱防守，接侧向或侧后方传来的球。

2）动作要领（图 1-1-11）。

3）注意事项：①目视球的位置时刻准备接球；②注意跑动与后续反应动作兼顾。

3. 后退跑

1）技术运用：保持身体向前、目视前方，但身体向后方快速移动的方法，多用于后退防守中。

2）动作要领（图 1-1-12）。

3）注意事项：①后退跑时要时刻观察场上情况；②后退跑时要时刻注意调整身体位置及方向；③后退跑时要时刻准备断球。

图 1-1-11　侧身跑

图 1-1-12　后退跑

五、跳

跳是指运动员在篮球场上为了争取高度和远度而采用的一种动作方法。

（一）跳的技术分类

具体内容如图 1-1-13 所示。

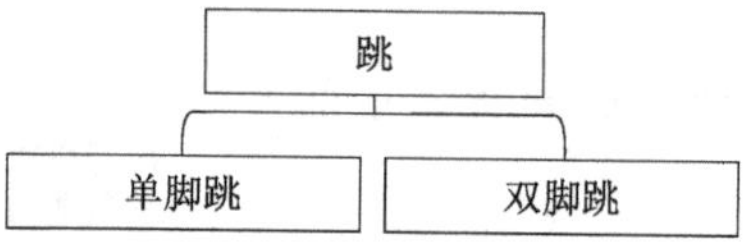

图 1-1-13　跳的技术

（二）跳的技术动作方法

1. 双脚跳

1）技术运用：原地或快速地上一步或并步和助跑后运用双脚向上跳起，以争取高度和远度优势。多用于跳球、投篮、抢篮板球和断球。

2）动作要领（图 1-1-14）。

3）注意事项：①双脚协调用力，身体协调配合；②蹬伸充分，摆臂迅速；③充分伸展，提肩拔腰。

2. 单脚跳

1）技术运用：发挥助跑速度的优势，以一只脚快速蹬地快速向上跳起，以争取高度和远度优势。

2）动作要领（图 1-1-15）。

图 1-1-14　双脚跳

图 1-1-15　单脚跳（以左脚起跳为例）

3）注意事项：①蹬伸时髋膝踝三个关节依次充分蹬伸；②积极向上摆臂、摆腿，提肩拔腰。

六、滑步

滑步是指运动员两脚贴着地面快速滑动的一种移动技术动作方法。

（一）滑步技术分类

具体内容如图 1-1-16 所示。

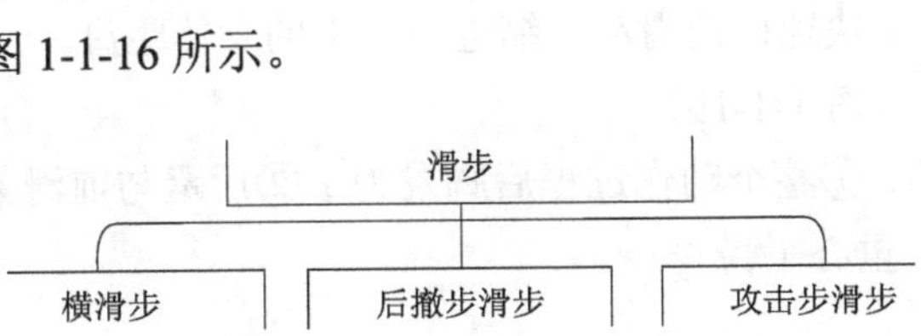

图 1-1-16　滑步技术分类

（二）滑步技术动作方法

1. 横滑步

1）技术运用：快速横向滑动，常用于阻截对方移动路线、调整防守位置。

2）动作要领（图 1-1-17）。

图 1-1-17　横滑步（以向左侧滑动为例）

3）注意事项：①屈膝低重心；②身体不要上下起伏，两脚不要交叉；③蹬跨紧密结合，重心落在两腿之间；④滑步时抬头注视对手。

2. 后撤步滑步

1）技术运用：向后侧方快速滑动，改变身体位置。

2）动作要领（图 1-1-18）。

图 1-1-18　后撤步滑步（以右脚向右侧后方撤步滑步为例）

3）注意事项：①后撤时两腿同时发力蹬伸；②上肢带动躯干与下肢协调配合，重心稳定。

3. 攻击步滑步

1）技术运用：快速向前滑动，缩进与对手的身体距离。

2）动作要领（图 1-1-19）。

3）注意事项：①整个动作过程后脚发力；②后蹬与前滑紧密配合；③上肢与下肢协调配合，重心平稳。

图 1-1-19　攻击步滑步（以左脚在前为例）

七、左右交叉后撤步

左右交叉后撤步是指运动员连续快速地左右变换方向的一种移动技术动作方法。

1）技术运用：快速变换身体方向，始终面对所要盯防的对手，并保持脚步和身体领先占有有利的防守位置。

2）动作要领（图 1-1-20）。

图 1-1-20　左右交叉后撤步（以向左、向右再向左为例）

3）注意事项：①后撤步时以“后撤脚”脚掌的内侧发力，以支撑脚前脚掌为轴；②上肢带动躯干积极转体；③重心平稳，上下肢配合。

八、跨步

跨步是指运动员在跑动中突然向侧跨出一步的移动技术动作方法。

1）技术运用：主要用于接球、持球突破、起跳等技术动作；可作为过渡动作或假动作，经常与起动、转身等动作结合运用。

2）动作要领（图 1-1-21）。

图 1-1-21　跨步（以向右侧跨步为例）

3）注意事项：①降低重心，身体保持平稳；②迅速蹬地，跨步幅度大；③重心在两腿间，左右跨步可迅速转换。

九、碎步

碎步是指防守持球队员两脚向左、向右、向前、向后快频率和小幅度的移动动作。

1）技术运用：防守中当进攻队员接到球后，防守队员快速上前，利用两脚的前脚掌以小而快的蹬地，并与两只手臂的快速挥摆相互配合，能保持较大面积的防守和机动性，来干扰持球队员的传球、投篮和运球。

2）动作要领（图 1-1-22）。

图 1-1-22　碎步

3）注意事项：①脚掌快速蹬地，手臂快速挥摆；②保持身体平衡，随时准备转换身体位置；③移动步幅小，衔接紧快，屈膝蹬移，重心平稳。

十、转身

转身是运动员利用脚的旋转和蹬跨，使身体转动来改变原来身体方向的一种动作方法。

（一）转身技术分类

具体内容如图 1-1-23 所示。

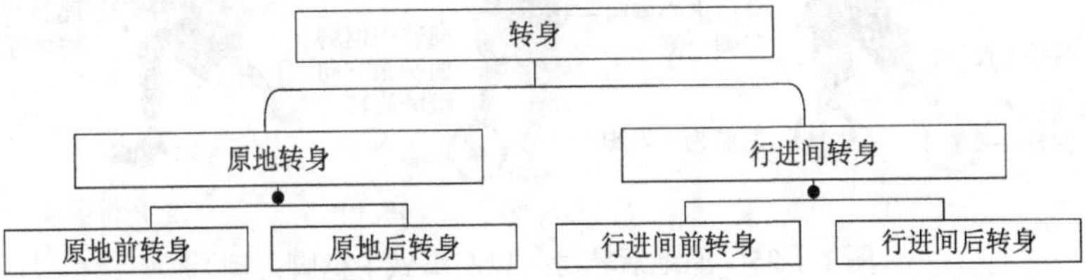

图 1-1-23　转身技术分类

（二）转身技术动作方法

1. 原地前转身

1）技术运用：利用脚的旋转和蹬跨，在原地使身体向前转动，形成面对对手或面对篮筐的身体位置；多与跨步、持球突破、投篮结合运用。

2）动作要领（图 1-1-24）。

① ② ③

图 1-1-24　原地前转身（以左脚做中枢脚为例）

3）注意事项：①蹬、跨有力，重心转移迅速；②脚与腰、肩同时迅速转动；③迅速跨步，保持低重心，身体平衡。

2. 原地后转身

1）技术运用：利用脚的旋转和蹬跨，在原地使身体向后转动，以摆脱对手或占据场上有利位置。

2）动作要领（图 1-1-25）。

3）注意事项：①腰肩带动躯干旋转，蹬跨有力；②降低重心，保持身体平衡。

3. 行进间前转身

1）技术运用：利用脚的旋转和蹬跨，在行进间使身体向前转动改换行进方向。

2）动作要领（图 1-1-26）。

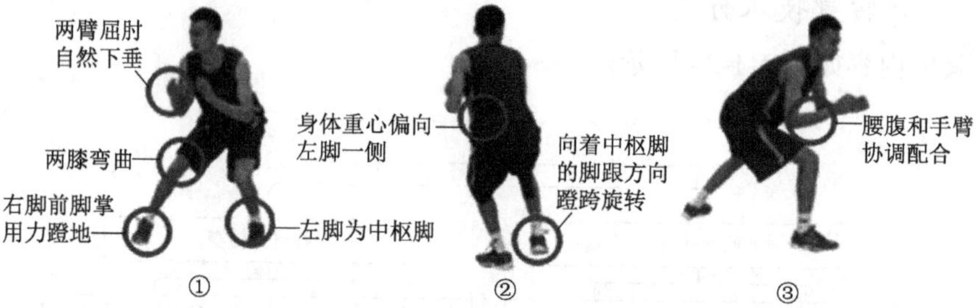

图 1-1-25　原地后转身（以左脚做中枢脚为例）

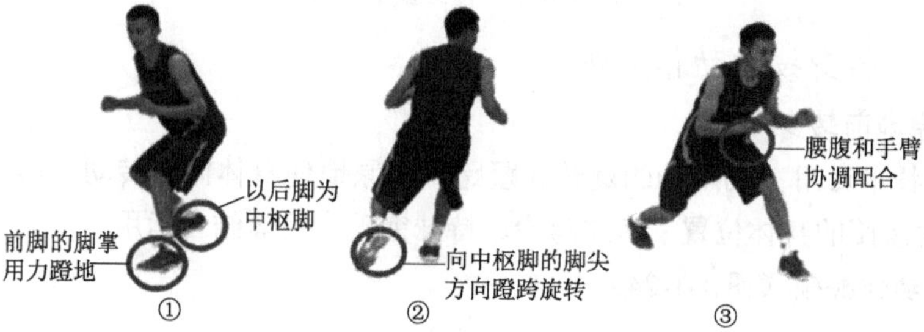

图 1-1-26　行进间前转身

3）注意事项：①腰肩带动躯干旋转，蹬跨有力；②降低重心，保持身体平衡；③注意跑动与转身的紧密衔接。

4. 行进间后转身

1）技术运用：利用脚的旋转和蹬跨，在行进间使身体向后转动改变行进方向。

2）动作要领（图 1-1-27）。

图 1-1-27　行进间后转身

3）注意事项：①腰肩带动躯干旋转，蹬跨有力；②降低重心，保持身体平衡；③注意跑动与转身的紧密衔接。

十一、易犯错误及纠正方法

具体内容请参考表 1-1-1。

表 1-1-1　移动技术易犯错误及纠正方法

易犯错误	纠正方法
不能很好地控制身体重心，影响动作效果	1.练习中反复强调控制重心的意义； 2.先原地再行进间；先慢再快；反复体会移动中利用重心变化的作用
全身不能协调配合，影响攻防技术的发挥	先原地再行进间；先慢再快；反复体会上下肢、腰髋及头部动作的协调配合

第二章

接球技术

第一节　基本知识

一、接球技术概念

接球技术是运动员在比赛中接到其他队员传球的动作方法。它是传球、投篮、运球等技术的前提。接球技术的质量直接影响着接下来的进攻动作。好的接球技术可以弥补传球的不足。

二、接球技术分类

具体内容如图 1-2-1 所示。

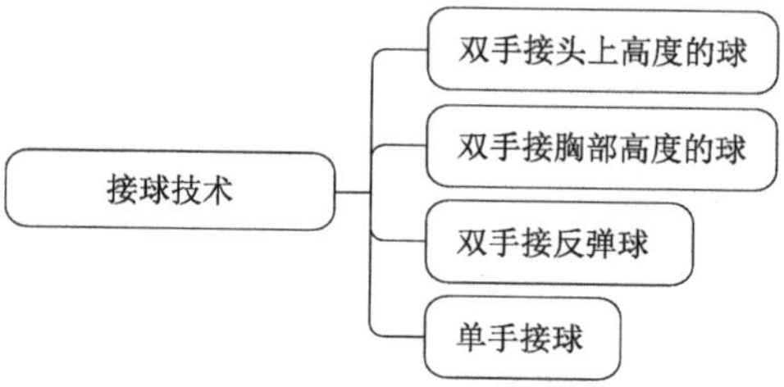

图 1-2-1　接球技术分类

三、接球技术分析

接球技术包括示意要球、迎球、手触球后的引球和持球。

（一）示意要球

示意要求是指接球前向较为安全的方向伸手，包括以下四方面内容（图 1-2-2）：①观察传球队员的位置；②观察传球的方向；③观察传球的弧线高度；④观察防守队员的位置。

（二）迎球

迎球是指通过观察球的落点，双手或单手向来球方向伸出，为接球做好准备（图 1-2-3）。

图 1-2-2　示意要球

图 1-2-3　迎球

（三）引球

引球是双手或单手的指尖触球后顺势迅速屈肘，以减缓球的冲力，把球缓冲到胸前（图 1-2-4）。

图 1-2-4　引球

（四）持球

持球是做好下一个攻击动作的基础，只有控制好球，才能做好下一个攻击动作。持球有双手持球和单手持球两种。

1. 双手持球

双手持球（图 1-2-5）是运动员在比赛中最为常用的一种动作方法，特点是控制球比较牢固。

2. 单手持球

单手持球（图 1-2-6）在运动员的手对球控制能力非常强的时候才能使用，特点是与防守队员拉开距离更远。

图 1-2-5　双手持球

图 1-2-6　单手持球

第二节　动作方法

一、双手接胸部高度的球

双手接胸部高度的球是用双手接同伴传来的球，落点在胸部左右位置的动作方法。

1）技术运用：快速、准确、牢固地接住并控制球。

2）动作要领（图 1-2-7）。

图 1-2-7　双手接胸部高度的球

3）注意事项：①双手主动迎球；②双手接球后顺势缓存，并牢固控制住球。

二、双手接头以上高度的球

双手接头以上高度的球是用双手接同伴传来的球，落点在头部以上位置的动作方法。

1）技术运用：为传接球创造更高的高度和更大的空间。

2）动作要领（图 1-2-8）。

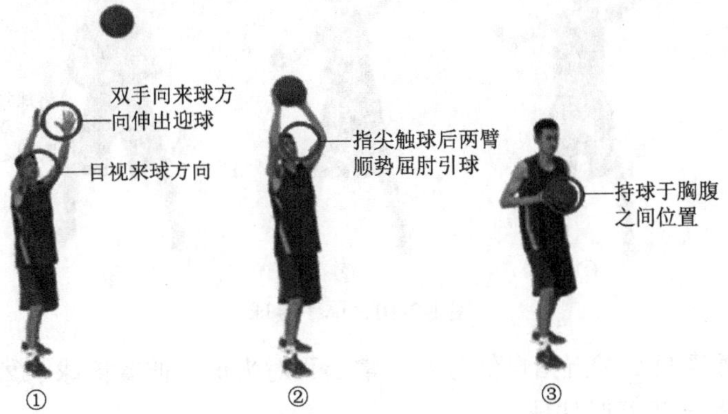

图 1-2-8　双手接头以上高度的球

3）注意事项：①注意准确预先判断来球的方向、路线和高度；②注意持球的牢固性和持球保护动作。

三、双手接反弹球

双手接反弹球是用双手接同伴传来的击地反弹球的一种接球动作方法。

1）技术运用：为传接球创造更加隐秘的条件和安全性。

2）动作要领（图 1-2-9）。

3）注意事项：①上体前倾，眼睛时刻注意来球方向；②迎球要及时，手臂下伸要快。

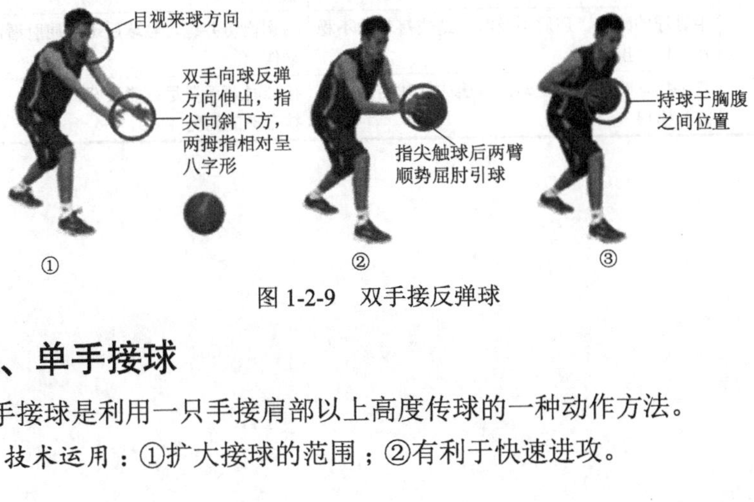

图 1-2-9　双手接反弹球

四、单手接球

单手接球是利用一只手接肩部以上高度传球的一种动作方法。

1）技术运用：①扩大接球的范围；②有利于快速进攻。

2）动作要领（图 1-2-10）。

图 1-2-10　单手接球

3）注意事项：①五指自然分开，掌心正对来球，伸臂接球；②接球后快速顺势后引，另一手及时扶球。

五、易犯错误及纠正方法

具体内容请参考表 1-2-1。

表 1-2-1　接球易犯错误及纠正方法

技术动作	易犯错误	纠正方法
接球前的位置	不向传球的同伴示意传球的位置，易使同伴传球时没有确定的目标而造成传球失误	队员接球时，要主动伸手示意接球及同伴传球的位置
	没有主动用自己的身体和手臂挡住防守队员，易使同伴传来的球被防守队员断掉	增加传接球对抗练习，接球队员要养成接球前用身体和手臂挡住防守队员的习惯，防止其断球
	接球时不主动迎球或迎球时手臂没有充分伸展	练习时强调手臂要充分伸展，接球手尽可能早触球
接球时的肘部动作及手型	手触球的瞬间，屈肘不及时，造成接球的不稳及挫伤手指	强调模仿并练习触球后迅速屈肘缓冲球的技术动作
	双手接球时手型不正确，易造成接球后的持球方法错误	接球时两手要尽可能张开，保持一个圆的球型扶在球的两侧

第三章

传球技术

第一节　基本知识

一、传球技术的概念

传球技术是在原地或移动中运动员之间用手将球互相传递的动作方法。

二、传球的技术要求

1）传球的时机与传球的质量直接影响着进攻战术配合的成功与否；

2）传球时必须做到及时、准确、隐蔽、多变；

3）传球给已创造出进攻机遇的同伴时，应该做到“人到球到”；

4）当为调动同伴，主动给同伴创造进攻机会时，应做到以球领人，“球到人到”。

三、传球技术分类

具体内容如图 1-3-1 所示。

四、传球技术分析

完整的传球动作包括传球的出手动作、传球用力、球的飞行路线、球的落点四个要素。传球包括原地传球和行进间传球。

（一）原地传球

1. 传球的出手动作

传球的出手动作是传球技术动作关键。它包括传球的出手角度、出手速度和用力方向。

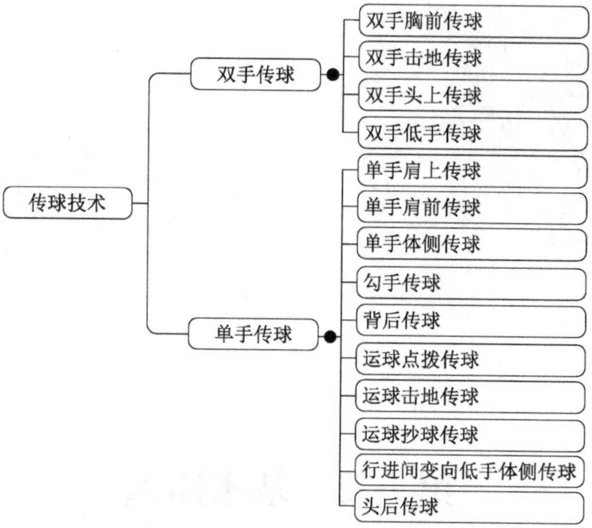

图 1-3-1　传球技术分类

1）传球的出手角度由传球落点的距离来决定。传球落点的距离越远，传球的出手角度则越大；传球落点的距离越近，传球的出手角度则越小。

2）传球的出手速度由传球落点的距离来决定。一般传球落点距离越远，传球的出手速度越快；传球落点距离越近，传球的出手速度越慢；比赛中可根据实际需要，调整传球出手速度的快与慢。

2. 传球的用力方法

1）两脚的前脚掌蹬地，腿及腰腹用力。

2）臂的屈伸，屈腕及手指用力拨球将球传出。

3）不同的传球技术，手指拨球的方法有所不同：双手胸前传球时，主要由双手的无名指、中指、食指和拇指的指尖向前、前上或前下方用力拨球；双手头上传球时，主要是由双手的拇指、食指和中指向前或前上方用力拨球；双手低手传球时，则主要是由双手的小指、无名指和中指向上用力拨球；单手传球时，手的拨球方法与单手肩上投篮的方法基本相同，都要求手整体用力拨球。

3. 传球的飞行路线

传球的飞行路线有弧线、直线和折线三种。一般传球的距离远，球以弧线飞行；距离近，球以直线飞行；击地传球时，球则以折线飞行。

4. 传球的落点

球的落点最好是在接球人所示意的位置上，大都是落在接球人胸前的位置。双手头上传球，落点是在接球人头上的位置；击地传球，落点是在接球人膝关节左右的位置。

（二）行进间传球

行进间传球的出手动作、球的飞行路线、球的落点与原地传球相同，只是在行进间上步接球时所跨出的脚再次抬起后，在落地之前必须将球传出去，否则违例（图 1-3-2）。

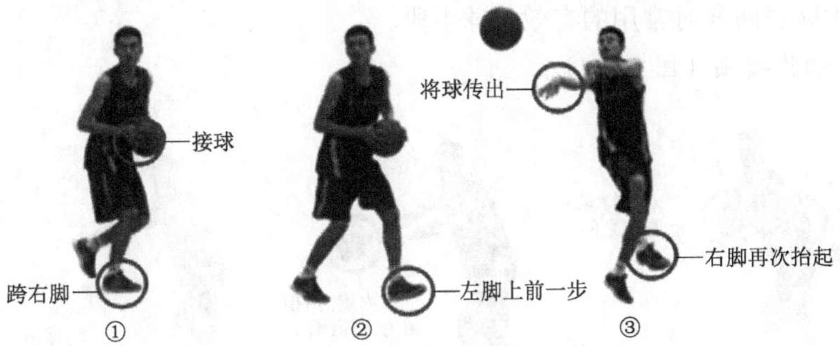

图 1-3-2　行进间传球（以跨右脚同时接球为例）

第二节　动作方法

一、双手传球技术动作方法

1. 双手胸前传球技术

双手胸前传球技术是运动员双手持球，在胸前的位置将球传出去的一种传球技术动作方法。

1）技术运用：准确、容易、快速、多变地将球传给同伴。

2）动作要领（图 1-3-3）。

图 1-3-3　双手胸前传球

3）注意事项：正确持球，用力协调、连贯；食指、中指拨球。

2. 双手击地传球

双手击地传球是运动员双手持球，通过球触地反弹将球传出去的一种传球技术动作方法。

1）技术运用：近距离时用隐蔽的方式将球传给同伴，是身材矮小队员面对身材高大队员防守时常用的有效传球手段。

2）动作要领（图 1-3-4）。

图 1-3-4　双手击地传球

3）注意事项：①手臂向斜前下方用力；②注意传球角度和基地点；③一般球的击地点在传球者距接球者三分之二处地方。

3. 双手头上传球

双手头上传球是运动员双手持球在头上的位置，将球传出去的一种传球技术动作方法。

1）技术运用：适用于场上中、近距离传球，抢篮板后的一传，外围球的转移，外围队员传给内线球员的高吊球等。

2）动作要领（图 1-3-5）。

图 1-3-5　双手头上传球

3）注意事项：①持球时双手手指朝上，两肘微屈；②传球时腰腹发力，手腕旋内，手指拨球。

4. 双手低手传球

双手低手传球是双手持球于腹前位置，近距离将球传给同伴的一种传球技术动作方法。

1）技术运用：更加适用于场上近距离传球；能够尽可能避过防守队员的正面防守，常在策应、掩护时应用。

2）动作要领（图 1-3-6）。

图 1-3-6　双手低手传球

3）注意事项：传球时前臂前摆，手腕旋内。

二、单手传球技术的动作方法

1. 单手肩上传球

单手肩上传球是运动员单手持球在肩上位置，将球传出去的一种传球技术动作方法。

1）技术运用：常用于中远距离传球，传球力量大，飞行速度快；有利于抢篮板后迅速发动长传快攻。

2）动作要领（图 1-3-7）。

3）注意事项：传球时前臂前摆，手腕旋内。

2. 单手肩前传球

单手肩前传球是运动员在肩前的位置快速传球的一种传球技术动作方法。

1）技术运用：此种传球动作幅度小，比较隐蔽，适合于短距离传球使用。

2）动作要领（图 1-3-8）。

3）注意事项：持球手持于球的正后方，仅靠前臂和手腕手指的短促发力将球快速传出。

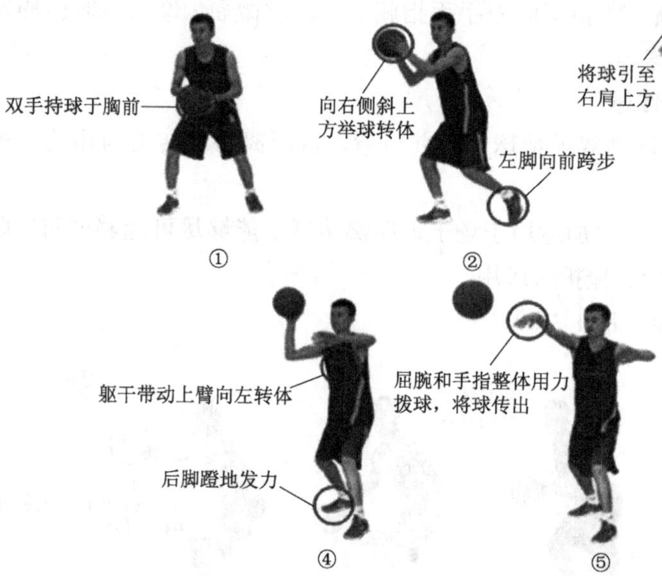

图 1-3-7　单手肩上传球（以右手传球为例）

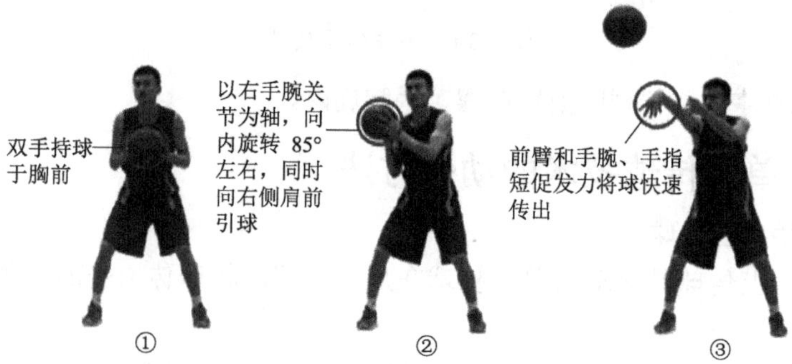

图 1-3-8　单手肩前传球（以右手传球为例）

3. 单手体侧传球

单手体侧传球是运动员由体侧的位置将球传出去的一种传球技术动作方法。

1）技术运用：近距离隐蔽传球，常用于外围队员传球给内线同伴；多与跨步、突破等假动作结合，有利于将球安全传出。

2）动作要领（图 1-3-9）。

3）注意事项：利用手腕和手指的整体用力拨球将球传出。

4. 背后传球

背后传球是运动员从身体的后面将球传出去的一种传球技术动作方法。背后传球包括运球背后传球和原地背后传球。

1）技术运用：隐蔽地躲过正面防守队员，安全将球近距离传出。

2）动作要领（图 1-3-10）。

图 1-3-9 单手体侧传球（以右手传球为例）

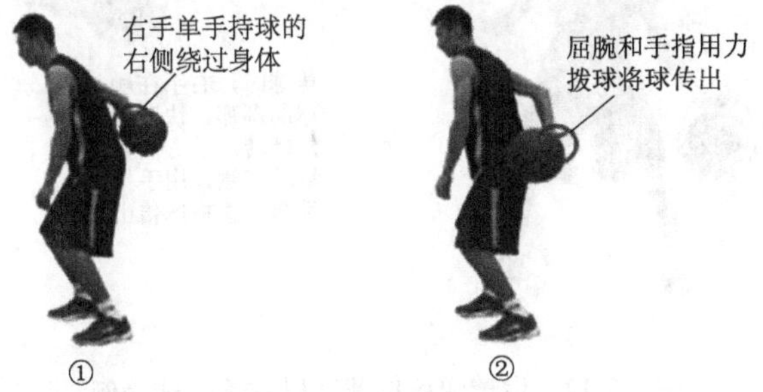

图 1-3-10 原地背后传球（以右手传球为例）

3）注意事项：持球手手心对准传球方向，通过屈腕和手指的用力拨球将球传出。

5. 勾手传球

勾手传球是运动员将球由体侧经过头上，由一侧传向另一侧的一种传球技术动作方法。

1）技术运用：可在原地或行进间躲过防守，出其不意将球准确迅速传出。

2）动作要领（图 1-3-11）。

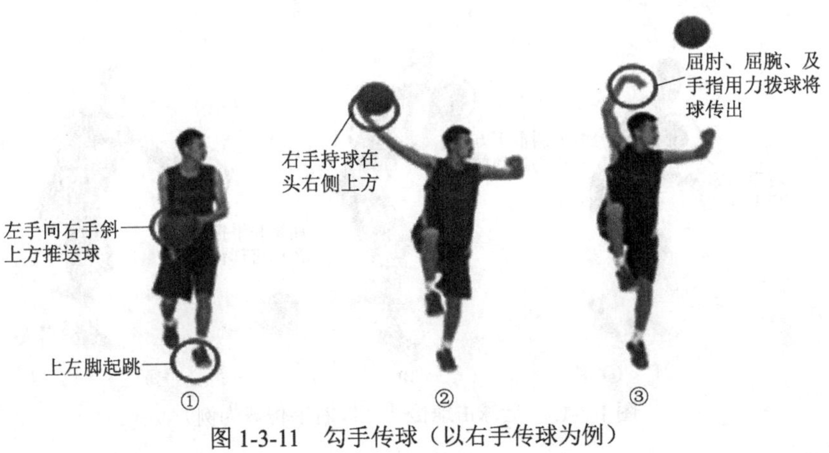

图 1-3-11 勾手传球（以右手传球为例）

3）注意事项：屈肘、屈腕及手指用力拨球，将球传向起跳脚一侧方向。

6. 运球弹拨传球

运球弹拨传球是运动员在运球跑动中，通过手腕外翻及手指的抖动将球传出的一种传球技术动作方法。

1）技术运用：出其不意地将球迅速并准确地传给近距离的同伴。

2）动作要领（图 1-3-12）。

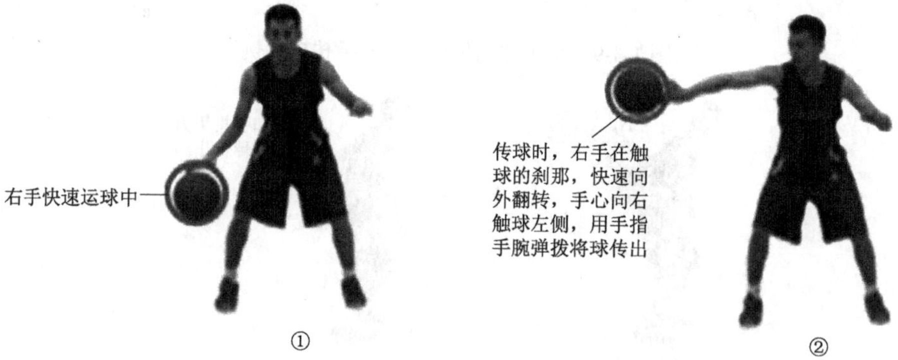

图 1-3-12　运球弹拨传球（以右手传球为例）

3）注意事项：①运球手在触球的刹那，快速向外翻转，手心向外触球的内侧，对准传球的方向；②用手腕手指弹拨的力量将球传出。

7. 运球击地传球

运球击地传球是运动员在运球跑动的过程中，通过击地的方式将球传出的一种传球技术动作方法。

1）技术运用：该种传球没有接球的过程，因此可有效躲闪防守队员干扰，快速及时传球给进攻同伴，使其迅速接球上篮。

2）动作要领（图 1-3-13）。

图 1-3-13　运球击地传球（以右手传球为例）

3）注意事项：传球时，右手触球的后上方，向斜前下方用力挥动前臂及用屈腕和手指的力量将球传出。

8. 运球抄球传球

运球抄球传球是运动员在运球跑动的过程中，快速抄球的后下方，将球传出的一种传球技术动作方法。

1）技术运用：此种传球没有接球过程，因此可有效躲闪防守队员干扰，快速、及时传球给进攻同伴；一般在后场向前场推进长距离传球时使用。

2）动作要领（图 1-3-14）。

图 1-3-14　运球抄球传球（以右手传球为例）

3）注意事项：传球手直接抄在球的后下方，挥动上臂带动前臂，最后通过手腕手指的用力挑球将球传出。

9. 行进间跨步体侧传球

行进间跨步体侧传球是运动员通过持球跨步变向，躲闪防守队员干扰，将球传出的一种传球技术动作方法。

1）技术运用：①此种传球多以行进间上篮做假动作吸引防守，使传球更加隐蔽；②在快攻的结束段运用最多。

2）动作要领（图 1-3-15）。

3）注意事项：①当防守队员阻止上篮时，再跨步变向；②利用单手体侧传球将球传出。

10. 头后传球

头后传球是运动员持球经头后方向传球的一种传球技术动作方法。

1）技术运用：此种传球一般是在阵地进攻中，外中锋向内线做策应传球时使用，可有效躲闪防守队员手臂的干扰。

2）动作要领（图 1-3-16）。

图 1-3-15　行进间跨步体侧传球（以左手传球为例）

图 1-3-16　头后传球（以右手传球为例）

3）注意事项：①中锋背对球篮接球，利用假动作吸引防守，并用余光观察同伴的跑动，当同伴切入到篮下时，开始传球；②传球手持球的前下方置于肩上的位置，手心向后，通过前臂和手腕、手指的用力将球传出。

三、易犯错误及纠正方法

具体内容请参考表 1-3-1。

表 1-3-1　传球技术易犯错误及纠正方法表

技术动作	易犯错误	纠正方法
双手胸前传球	两肘过分外展	练习时要强调，持球时两拇指应成八字，而不是一字，相隔间距应在12厘米以上
双手传球	出现两手外翻推球、两手或一手抓球、两手四指向前下压传球等出手用力错误	1.建立正确的技术概念，强调传球出手后应是两手四指向前、拇指向拇指向下； 2.先让学生做好徒手传球动作方法练习； 3.从接球开始到仰腕、再到两手的食指相对几乎横着向前弹出； 4.然后再让学生双手持球，教师在对面上下持球； 5.从接球开始，帮助学生做完整的接球到传球动作

续表

技术动作	易犯错误	纠正方法
双手传球	球出手后，球向后下方旋转	1.建立正确的技术概念，强调球出手后是不应旋转的； 2.使力作用在球的正后方，而不是偏下的位置
双手击地传球	向地面上摔球	应强调双手击地传球与双手胸前传球技术动作是一样的，只是方向是向斜下方传球
双手头上传球	两臂向前下方甩动	应强调双臂向头上方伸直，是用手腕和手指拨球的力量将球传出
单手肩上传球	手臂向前下方甩动	1.传球时腰腹用力转体时，应带动手臂同时转动； 2.当上臂转到与身体正面在一个垂直面时，用力挥动前臂，同时屈腕及手指拨球将球传出
单手体侧传球	传球时向前抡臂	1.传球时手臂持球经体侧，由后向前弧形移动时，尽可能将手臂伸直； 2.最后用屈腕和手指拨球的力量将球传出
背后传球	手过分屈腕	1.练习时应强调传球时手心对准传球方向； 2.用手的整体用力将球传出

第四章

运球技术

第一节　基本知识

一、运球概念

运球是指运动员在原地或移动中，用单手连续拍按从地面反弹起来的球的动作方法。运球是进攻队员摆脱防守，组织战术配合，传球、摆脱防守、投篮的重要保障和桥梁。

二、运球技术分类

具体内容如图 1-4-1 所示。

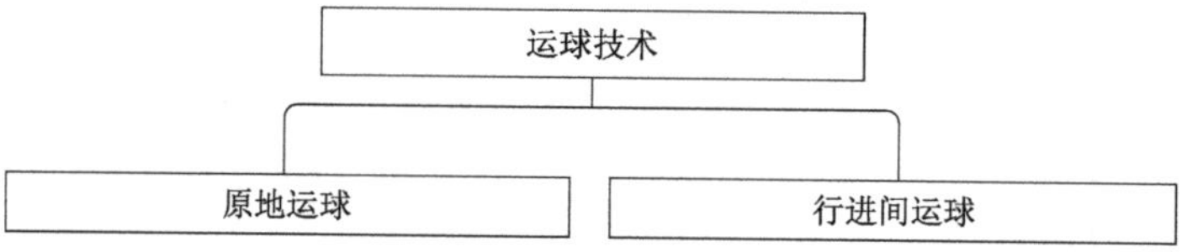

图 1-4-1　运球技术分类

（一）原地运球分类

具体内容如图 1-4-2 所示。

（二）行进间运球分类

具体内容如图 1-4-3 所示。

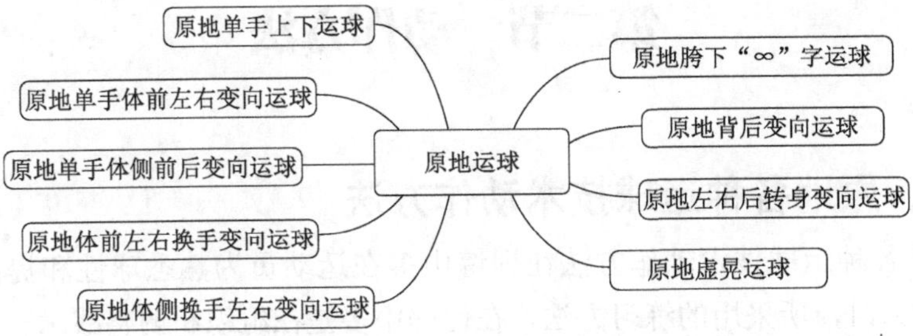

图 1-4-2　原地运球分类

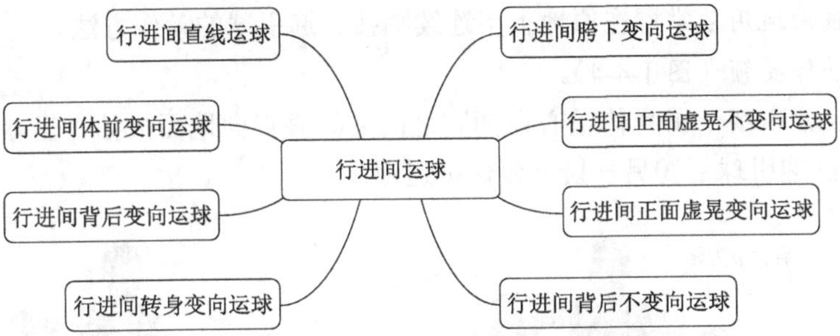

图 1-4-3　行进间运球分类

三、运球技术分析

运球技术包括身体姿势、手臂动作、手对球的控制，其中手对球的控制是关键，它影响着运球的质量，以及各种变向运球时手与脚步技术的协调配合。

手臂动作包括手向下的拍按球和手向上的迎引球两个环节。

1. 拍按球

1）运球手应最大限度地张开，增加手对球的控制面积。

2）手指和指根部位触球、控制球，手心空出。

3）根据运动的方向确定拍按球的位置。如：向左运球时，手应拍按在球的右侧上方；向右运球时，手应拍按在球的左侧上方；向前运球时，手应拍按在球的后侧上方；向后运球时，手应拍按在球的前侧上方。

4）拍按球时，手臂应尽可能向拍按球的方向伸直，将球推送到最低位置，为接下来的迎引球做好准备。

2. 迎引球

迎引球是在手拍按球后，同一只手臂或另一只手臂快速移动到球反弹的方向，使手尽可能早触到球。迎着球同球一起向上移动，有一种手吸引着球的感觉，使球和手接触的时间尽可能长，避免球被防守队员打掉。

第二节　动作方法

一、原地各种运球技术动作方法

原地各种运球技术动作方法在训练中多在运动员为熟悉球性和提高手对球的控制能力时，所采用的练习方法，在比赛中多是在组织和调整战术时使用。

1. 原地单手上下运球

1）技术运用：掌握在原地上下连续拍按、迎引球的动作方法。

2）动作要领（图 1-4-4）。

3）注意事项：①身体重心在两脚之间；②垂直向地面按拍、当球反弹时迅速由低到高迎引球；③另一只手要保护运球。

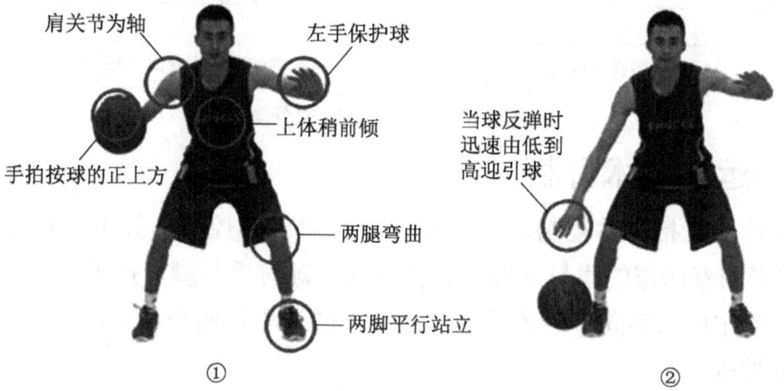

图 1-4-4　原地单手上下运球（以右手运球为例）

2. 原地单手体前左右变向运球

1）技术运用：掌握用一只手在体前左右拍按、拨球的运球动作方法。

2）动作要领（图 1-4-5）。

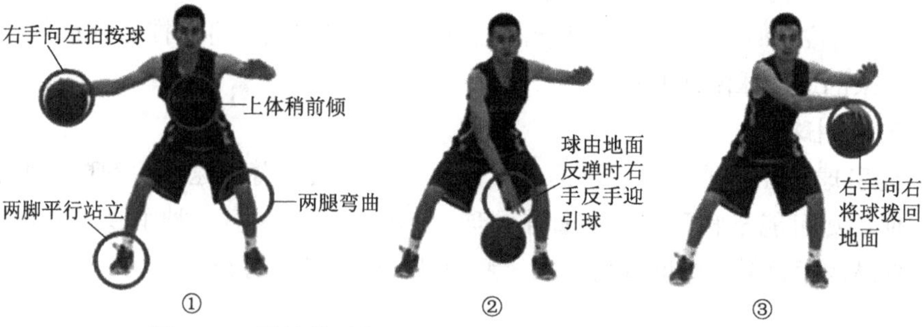

图 1-4-5　原地单手体前左右变向运球（以右手运球为例）

3）注意事项：①左手注意保护球；②双眼目视前方，不要看球。

3. 原地单手体侧前后变向运球

1）技术运用：掌握用一只手在体侧前推、后拉球的运球动作方法。

2）动作要领（图 1-4-6）。

图 1-4-6　原地单手体侧前后变向运球（以右手运球为例）

3）注意事项：①重心在两脚之间；②左手注意保护球；③双眼目视前方不要看球。

4. 原地体前左右换手变向运球

1）技术运用：掌握用两只手在体前左右拍接球的动作方法。

2）动作要领（图 1-4-7）。

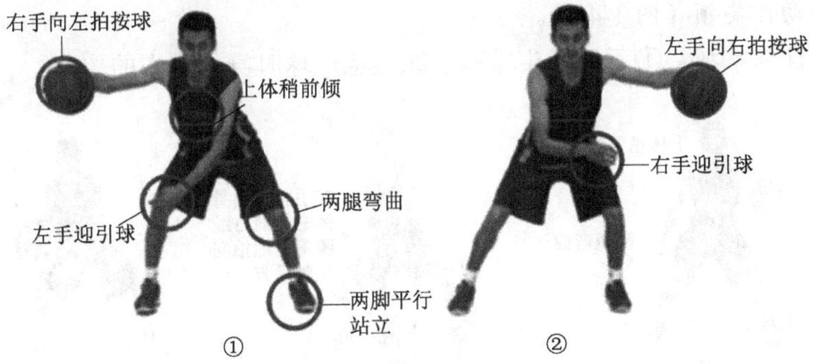

图 1-4-7　原地体前左右换手变向运球

3）注意事项：①重心在两脚之间；②还手要快，要注意保护球；③双眼目视前方，不要看球。

5. 原地体侧换手左右变向运球

1）技术运用：掌握将球从身体的一侧运到另一侧的运球动作方法。

2）动作要领（图 1-4-8）。

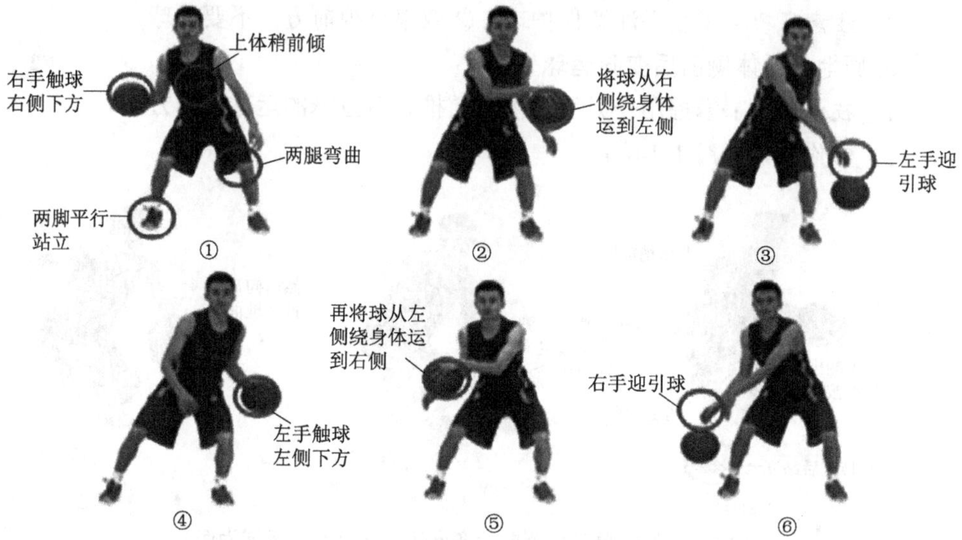

图 1-4-8　原地体侧换手左右变向运球

3）注意事项：①该动作是行进间体前变向运球的基础；②注意运球时身体重心的控制。

6. 原地胯下“∞”字运球

1）技术运用：掌握左右手交替拍按球，使球连续经过胯下反弹的运球动作方法。

2）动作要领（图 1-4-9）。

3）注意事项：①不要低头看球；②注意运球时身体重心的控制。

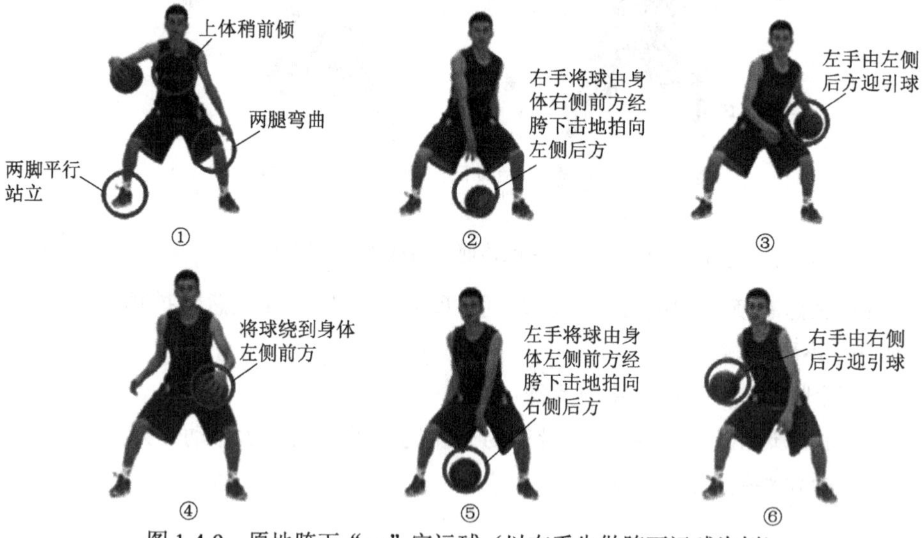

图 1-4-9　原地胯下“∞”字运球（以右手先做胯下运球为例）

7. 原地背后变向运球

1）技术运用：掌握将球从一侧经背后拍向另一侧的前方变换运动方向的运球动作方法。

2）动作要领（图 1-4-10）。

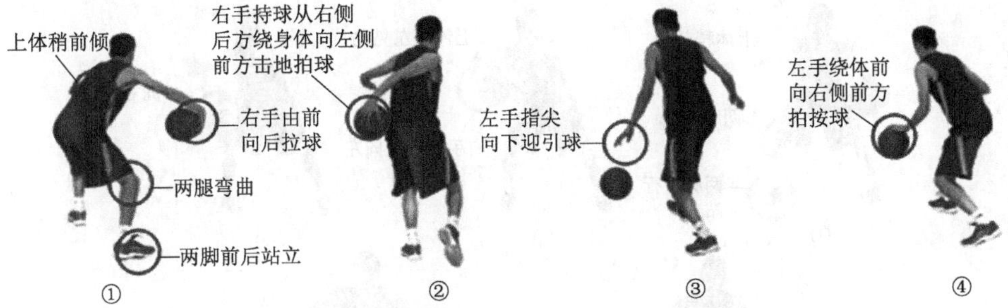

图 1-4-10　原地背后变向运球（以右手做背后运球为例）

3）注意事项：①不要低头看球；②运球时注意手型。

8. 原地左右后转身变向运球

1）技术运用：掌握原地左右手交替运球，并与后转身相互协调配合的运球动作方法。

2）动作要领（图 1-4-11）。

3）注意事项：①换手运球速度要快；②注意保持低重心。

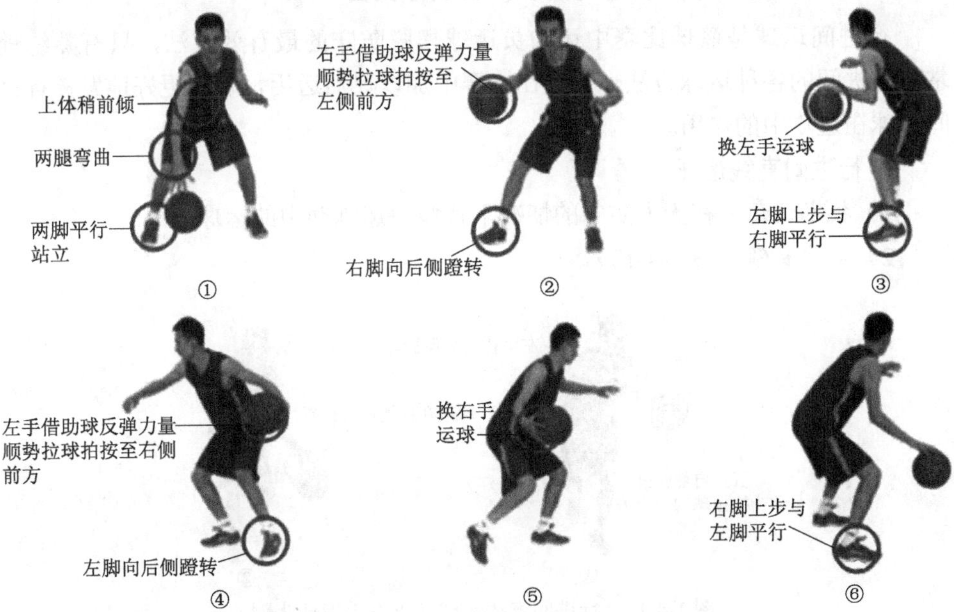

图 1-4-11　原地左右后转身变向运球（以右手先做后转身运球为例）

9. 原地虚晃运球

1）技术运用：掌握利用身体和头的晃动相互配合达到干扰对手的运球动作方法。

2）动作要领（图 1-4-12）。

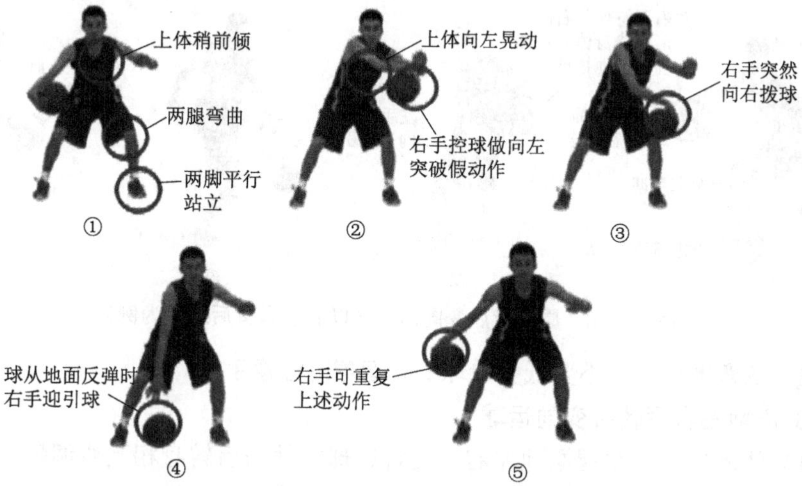

图 1-4-12　原地虚晃运球（以右手运球为例）

3）注意事项：①手迎引球时手臂尽量伸直；②保持低重心运球。

二、行进间各种运球技术动作方法

行进间运球是篮球比赛中运动员运球摆脱防守的最有效方法，只有熟练地掌握行进间的各种运球方法，并且在比赛中加以灵活运用，才能更好地发挥行进间运球在进攻中的作用。

1. 行进间直线运球

1）技术运用：在无人防守的情况下直线快速跑动中的运球。

2）动作要领（图 1-4-13）。

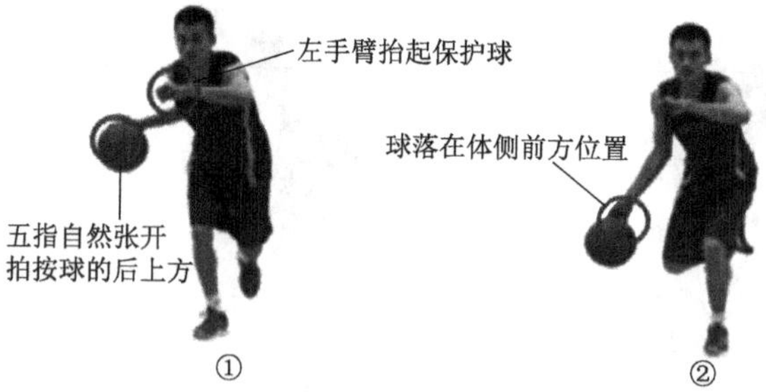

图 1-4-13　行进间直线运球（以右手运球为例）

3）注意事项：一般情况下是拍按一次球跑两步。

2. 行进间体前变向运球

1）技术运用：掌握行进间将球由身体的一侧经体前拍按到另一侧的运球技术；一般用于运球遇到防守队员的堵截时。

2）动作要领（图 1-4-14）。

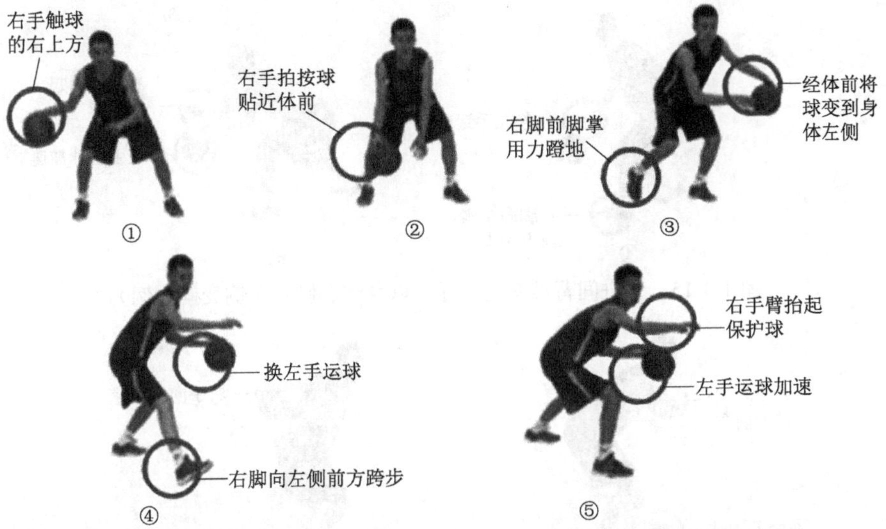

图 1-4-14 行进间体前变向运球（以右侧向左侧变向为例）

3）注意事项：①变向要迅速突然；②变向后要马上加快向前运球速度。

3. 行进间背后变向运球

1）技术运用：掌握将球由身体的一侧经背后变到另一侧的变向运球技术动作方法，用于运球突破防守。

2）动作要领（图 1-4-15）。

3）注意事项：①球经体后变向同时，身体要向变向方向转身；②变向后右侧的手臂和身体保护球，换左手继续运球加速超越对手。

4. 行进间转身变向运球

1）技术运用：将球由身体的一侧通过转身变到另一侧，用于运球过人。

2）动作要领（图 1-4-16）。

3）注意事项：①右手在球反弹触球后，迅速压腕指尖向下控制球的前方；②边旋转身体，边将球拉至身体左侧前方两米左右的位置；③转身时速度要快，注意保护球。

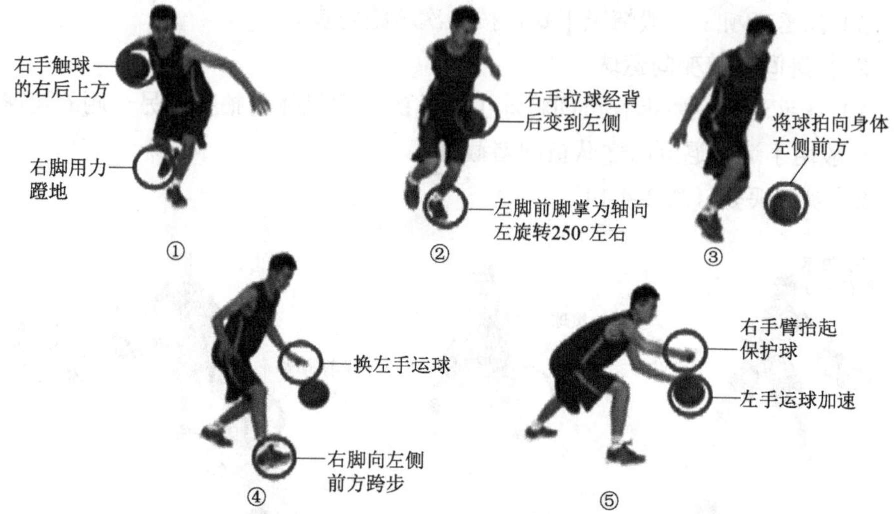

图 1-4-15　行进间背后变向运球（以身体右侧向左侧变向为例）

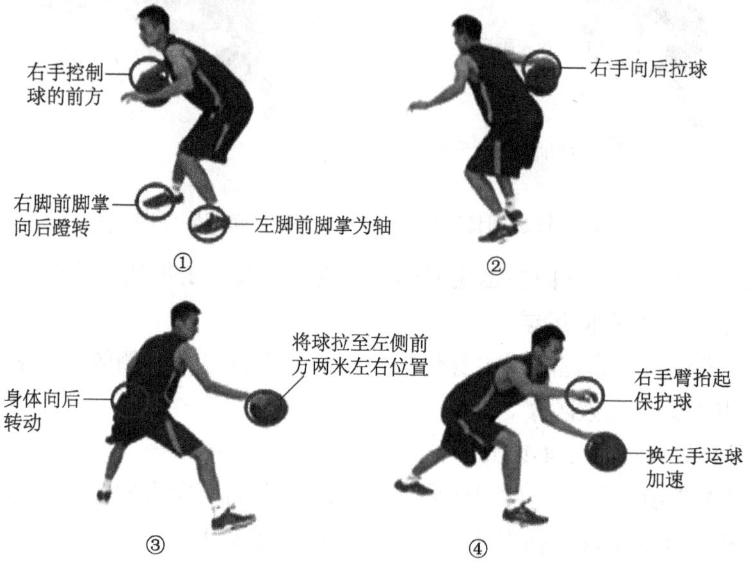

图 1-4-16　行进间转身变向运球（以身体右侧向左侧变向为例）

5. 行进间胯下变向运球

1）技术运用：指运动员运球遇到防守队员堵截时，为突破防守将球由身体的一侧经胯下击地，变到另一侧的一种运球技术。

2）动作要领（图 1-4-17）。

3）注意事项：①注意动作的连贯性；②注意球的击地位置。

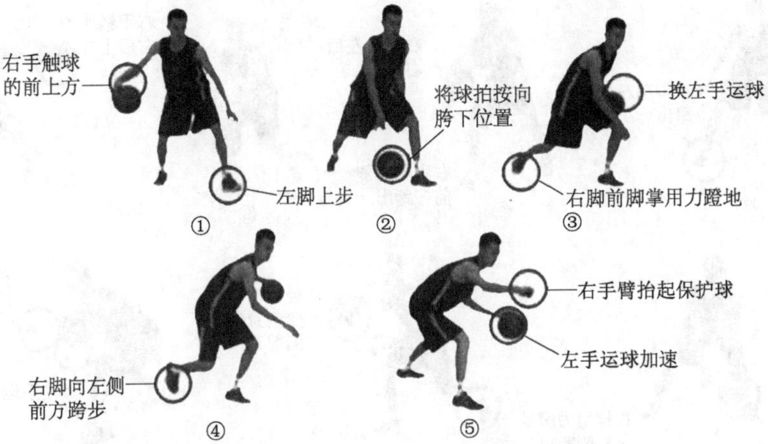

图 1-4-17　行进间胯下变向运球（以身体右侧向左侧变向为例）

6. 行进间正面虚晃不变向运球

1）技术运用：利用身体晃动的假动作摆脱防守队员。

2）动作要领（图 1-4-18）。

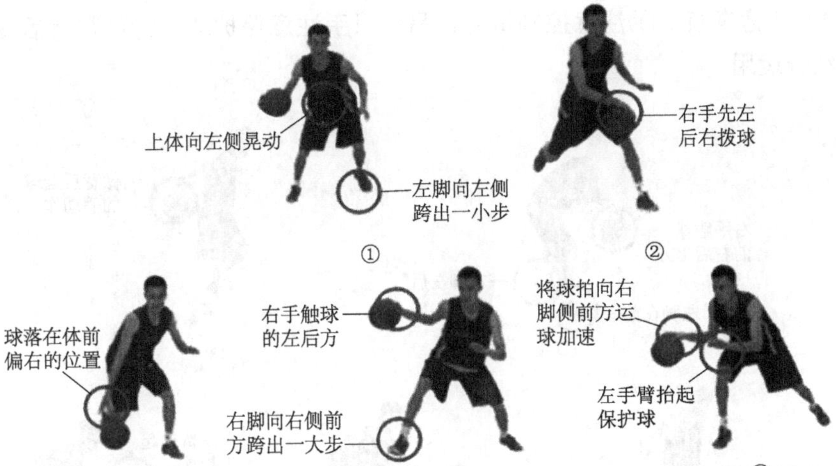

图 1-4-18　行进间正面虚晃不变向运球（以右手运球为例）

3）注意事项：①全身动作的协调一致；②控制身体重心。

7. 行进间正面虚晃变向运球

1）技术运用：掌握利用身体晃动的假动作变向摆脱对手的运球技术。

2）动作要领（图 1-4-19）。

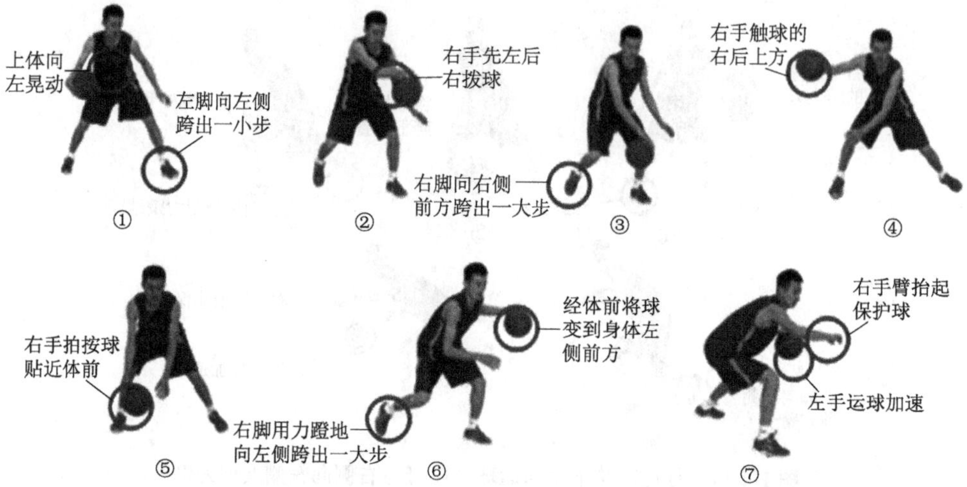

图 1-4-19　行进间正面虚晃变向运球（以右手运球为例）

8. 行进间背后不变向运球

1）技术运用：运用背后变向运球的假动作，晃动防守队员并突破防守。

2）动作要领（图 1-4-20）。

3）注意事项：①注意控制重心，另一只手注意保护球；②可与背后变向运球相结合运用。

图 1-4-20　行进间背后不变向运球（以右手运球为例）

三、易犯错误及纠正方法

具体内容请参考表 1-4-1。

表 1-4-1　运球技术易犯错误及纠正方法

技术动作	易犯错误	纠正方法
原地运球	运球时手指不张开	1.可采取指卧撑的办法，让手指充分地张开； 2.增大球与手的接触面积； 3.提高控制球的稳定性
	迎引球时过分屈臂	1.强调在拍按球时，手臂伸直，随球的起落而上下移动； 2.手将球送到离地面更近，当球反弹时又能够更早迎引球； 3.增加手对球控制的时间
	手触球的位置不正确，控制不好运球方向	1.强调正确的触球部位； 2.反复练习原地多向运球
直线运球	运球时球落在身体的正前方，造成脚踢球违例	1.将球拍按向自己的侧方； 2.反复进行运球跑练习
行进间体前变向运球	球的落点在正前方，变向不明显，不利于对球的保护	1.强调变向速度和球的落点； 2.反复练习原地体侧换手左右变向运球练习
行进间背后变向运球	两脚平行站立，对球的保护弱和变向后的加速慢	1.单独进行无球变向练习； 2.保护球的姿势和重心； 3.反复练习后进行有球练习
行进间转身变向运球	转身运球时脚步和球的速度不协调	1.要求中枢脚和球同时落地； 2.球反弹即拉球转身
	转身运球时对球的控制力差	1.降低身体重心； 2.手触球后迅速压腕指尖向下，控制球的前方； 3.手始终处于球的外侧
	转身运球时身体重心起伏太大，变向不明显	1.转身时身体重心要低； 2.要快速大幅度转身
	转身后不换手运球，易被防守队员将球打掉	转身后球落地就应立即换另一只手运球
胯下变向运球	球经胯下击地易碰到腿上或另一只手在体侧后方迎不到球	1.球击地的位置应在身体重心的正下方； 2.球击地时，两手应相互接应
行进间正面虚晃运球	身体重心移到了左腿上，而影响变向时起动速度	运球虚晃时，身体重心一定要保持在两腿之间
	运球手在空中拨球动作错误，不利于摆脱对手	先控球在空中向左拨球，吸引防守队员移动，再向右拨球
	虚晃运球后，右脚上步小而不及时，不利于摆脱对手	1.球落地反弹同时，右脚快速向右侧或左前方跨出一大步； 2.变向后右脚与球同时落地
行进间背后不变向运球	初学者球易落在身体的左侧或正面，造成运球失误	1.右手做背后运球时，手臂要充分向左后伸直； 2.同时注意用力的方向，是由左后向右前用力，将球拍在身体的右侧前方

第五章

投篮技术

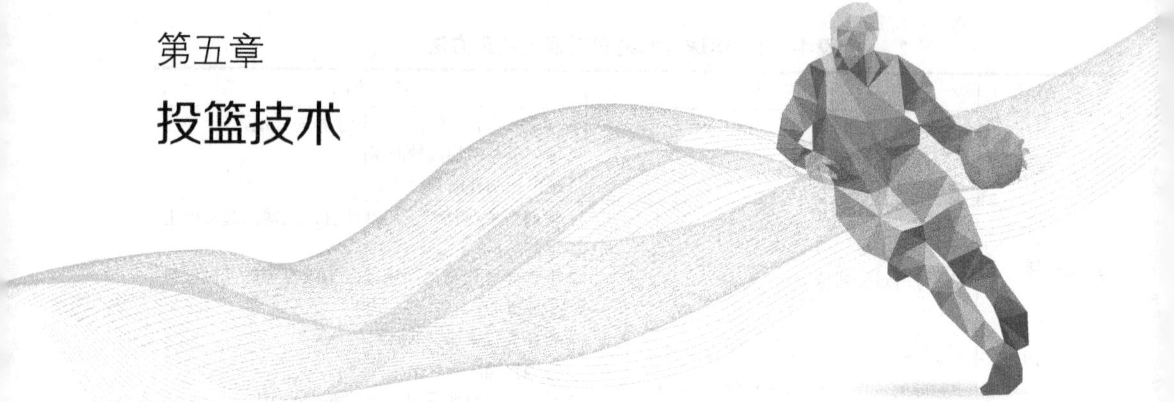

第一节　基本知识

一、投篮技术概念

投篮技术是运动员在进攻中，将球投入球篮所采用的各种动作方法。

二、投篮技术分类

1. 投篮技术分类

具体内容如图 1-5-1 所示。

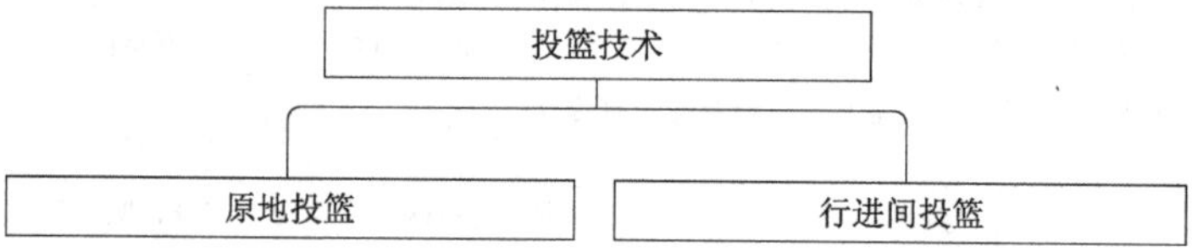

图 1-5-1　投篮技术分类

2. 原地投篮技术分类

具体内容如图 1-5-2 所示。

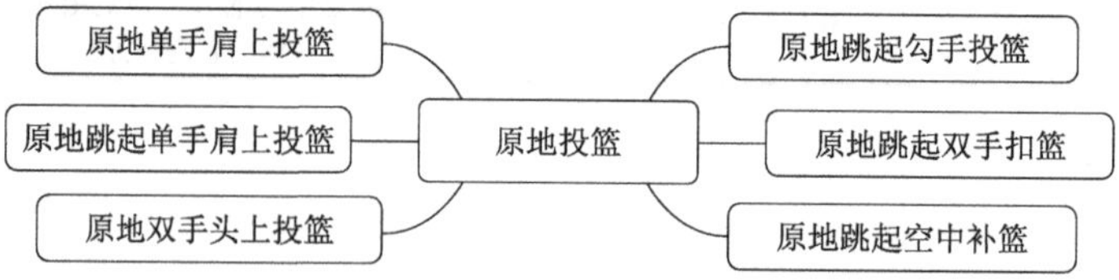

图 1-5-2　原地投篮技术分类

3. 行进间投篮技术分类

具体内容如图 1-5-3 所示。

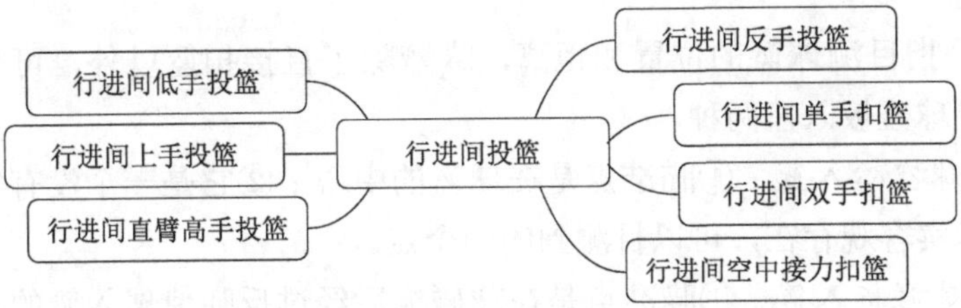

图 1-5-3　行进间投篮技术分类

三、投篮技术分析

投篮技术动作是运动员接球后，由前脚掌的用力蹬地、伸膝及腰腹的用力，到手臂的上举，最后通过屈腕、手指拨球、全身协调用力完成的。

完整的投篮技术动作由持球、举球、瞄篮、出手动作，球的旋转、球的飞行路线和投篮出手后动作七个要素构成。

1. 持球

除行进间运球单手接球投篮以外，都是双手持球，与接球技术的双手持球动作相同。持球时，两臂屈肘自然下垂；两手五指要尽量张开，持球的两侧上方；两拇指成“八”字形，两拇指的指尖相距约 12 厘米，持球于胸腹之间位置。

2. 举球

投篮技术动作方法不同，举球的动作也有所不同。

1）单手肩上投篮、跳起投篮、跑投篮的举球动作方法（以右手投篮为例）：①由双手持球开始；②右手在持球上举过程中，以腕关节为轴向内旋转约 85°；③左手以食指指尖触球点为轴，手的整体扶球向上旋转，将球贴近胸前上举至头的右侧上方；④上臂与躯干的角度约 110°；⑤上臂与前臂的角度约 95°；⑥肩、肘、腕“三点一线”；⑦右手托球的后下方，左手扶球的左侧，两手角度约 90°。

2）行进间低手投篮、行进间反手投篮的举球动作方法（以右手投篮为例）：①由双手持球开始；②举球时，左手用力向右侧斜前上方推送球；③过渡到右手单手斜前掌心向上托球。

3）行进间直臂高手、单手扣篮的举球动作方法（以右手投篮为例）：①由双手持球开始；②举球时，左手向右上方推送球，过渡到右手直臂掌心向前上方控制球。

4）勾手投篮的举球动作方法（以右手投篮为例）：①由双手持球开始；②举球时，左手向右侧推送球，过渡到右手直臂掌心向左上方控制球。

5）双手头上投篮、双手扣篮的举球动作方法：由双手持球上举至头上的位置。

3. 瞄篮

瞄篮是指目测球篮的位置和距离，瞄篮除了直接扣篮以外，可分为投球空心入篮和投球碰板入篮两种。

1）投球空心入篮：①瞄准点是在球篮的中心；②它是一个没有实体目标的点，又是确实客观存在，可以目测到的一个点。

2）投球碰板入篮：①瞄准点是在球碰板后经过反弹使球入篮的点；②一般投篮者距离球篮越近，与球篮的角度越大，所瞄准的点与球篮的距离则越近；③投篮者距离球篮越远，与球篮的角度越小，所瞄准的点与球篮的距离则越远。

4. 出手动作

出手动作是投篮技术的最关键环节，包括投篮的出手角度和出手用力方法。

（1）出手角度

出手角度是投篮时球离手一瞬间运动方向与出手点水平面所构成的夹角。投篮的出手角度决定着球的飞行路线弧度和球的入篮角度；因投篮者身高和距离球篮远近而有所不同，一般原地在6.75m三分线外投篮的出手角度约为50°；4～5m的中距离投篮约为70°。

（2）出手用力方法

1）单手投篮的出手用力方法：①手臂举球至肩上位置；②投篮的手臂向前上方用力伸直的同时，手部的15个关节，除了腕关节用力屈以外，其余关节保持不变；③利用手的整体用力拨球使球最后离开指尖投出。

图1-5-4　球的旋转

2）双手投篮的用力方法：①双手举球至头上位置；②两只手臂向前上方伸直，两手向外翻转的同时用拇指、食指、中指及无名指用力拨球将球投出。

5. 球的旋转

如图1-5-4所示，投篮时，手指用力拨球，使球绕横轴向后上方旋转。

6. 球的飞行路线

如图1-5-5所示，投篮时球的飞行路线为弧线，可分为高、中、低三种不同的弧线。采用中、高弧线可提高球入篮的角度，增加球入篮的面积，有利于提高投篮命中率。高弧线，是球飞行轨迹的最高点在篮板上沿以上；中等弧线，是球飞行轨迹的最高点基本上与篮板上沿的高度相同；低弧线，是球飞行轨迹的最高点在篮板上沿高度以下。

7. 投篮出手后动作

如图 1-5-6 所示，投篮出手后动作的正确与否，能够反映投篮出手时，手腕、手指的用力方法是否正确。当投出的球接近篮板时，手臂自然放下。

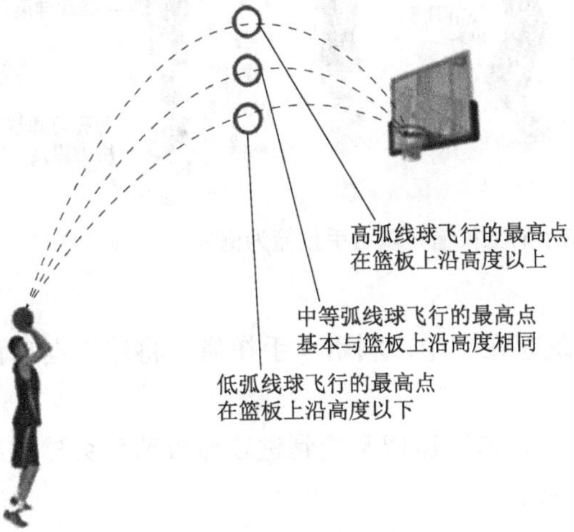

图 1-5-5　球的飞行路线

图 1-5-6　投篮出手后动作

第二节　动作方法

一、原地各投篮技术动作

原地各投篮技术动作是指运动员原地或原地跳起的各种投篮技术动作方法。

1. 原地单手肩上投篮

原地单手肩上投篮是指运动员接球后，在原地不动的情况下，举球至肩上，单手将球投向球篮的一种投篮技术动作方法。

1）技术运用：一般多用于投篮时被对方犯规的罚球时使用。

2）动作要领（图 1-5-7）。

3）注意事项：①上下肢协调配合，两脚前脚掌用力蹬地，伸膝、腰腹伸展，右手臂上抬，伸肘、屈腕、拨指；②最后出手是五个手指整体用力拨球的动作将球投出。

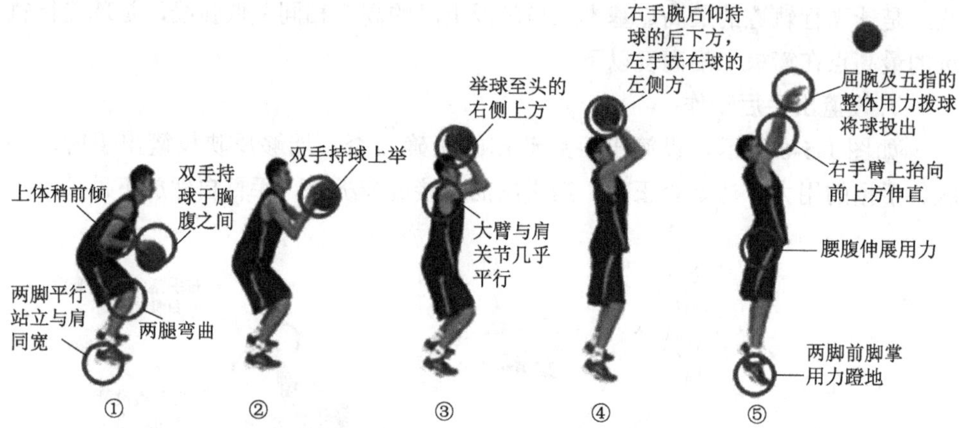

图 1-5-7　原地单手肩上投篮（以右手投篮为例）

2. 原地跳起单手肩上投篮

又称跳投，是指运动员双脚跳起在空中，利用单手在肩上将球投向球篮的一种投篮技术动作方法。

1）技术运用：在接到同伴传球、自己运球及抢到进攻篮板球后突然跳起投篮，动作突然性强，不易被对方封盖。

2）动作要领（图 1-5-8）。

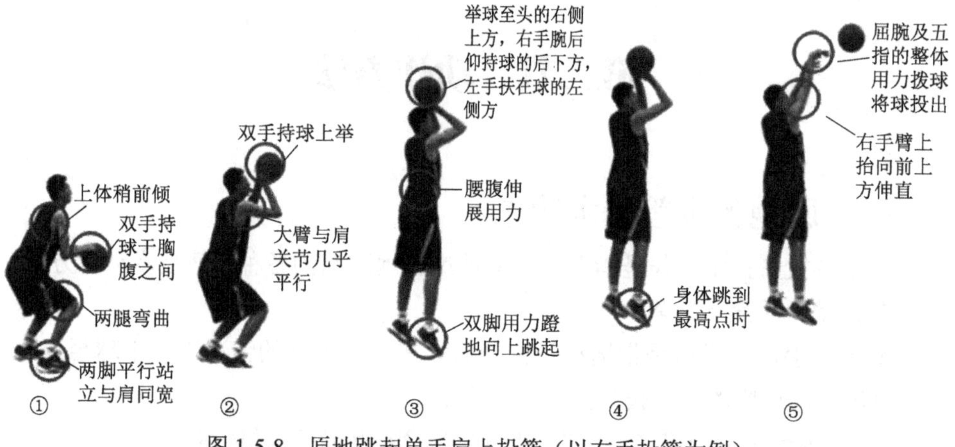

图 1-5-8　原地跳起单手肩上投篮（以右手投篮为例）

3）注意事项：①双脚需用力蹬地向上跳起；②当身体接近最高点时，将球在空中投出。

3. 原地双手头上投篮

原地双手头上投篮是运动员举球至头上位置，用双手将球投向球篮的一种投篮技术动作方法。该项投篮技术目前已不多用，只是在少年女子运动员中被采用。

1）技术运用：在接到同伴的传球、自己运球及抢到篮板球后，突然原地双手头上投篮，突然性强。

2）动作要领（图 1-5-9）。

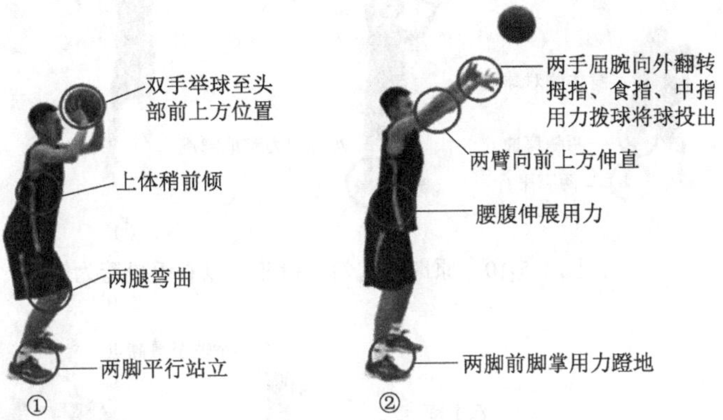

图 1-5-9　原地双手头上投篮

3）注意事项：①两脚的前脚掌用力蹬地，伸膝及腰腹的用力，最后通过两臂向前上方伸直；②两手屈腕向外翻转及两手的拇指、食指及中指的用力拨球将球投出。

4. 原地跳起勾手投篮

原地跳起勾手投篮是运动员在篮下侧对球篮跳起，将球投向球篮的一种投篮技术动作方法。

1）技术运用：多为中锋队员在篮下两侧接球或抢到进攻篮板球，以及运球到篮下投篮时使用。

2）动作要领（图 1-5-10）。

3）注意事项：①右手持球上举，手臂靠近耳朵，手心对准球篮；②屈腕和五指整体用力拨球将球投出。

5. 原地跳起双手扣篮

原地跳起双手扣篮是运动员双手持球，跳起空中直接将球扣进球篮的一种投篮技术动作方法。

1）技术运用：该种投篮技术多为中锋队员在内线接球后转身或抢到进攻篮板球时使用。

2）动作要领（图 1-5-11）。

3）注意事项：①用力蹬地跳起的同时，展腹双手持球上举至头上；②球至最高点时，通过收腹和手臂的用力屈腕，将球直接扣入球篮。

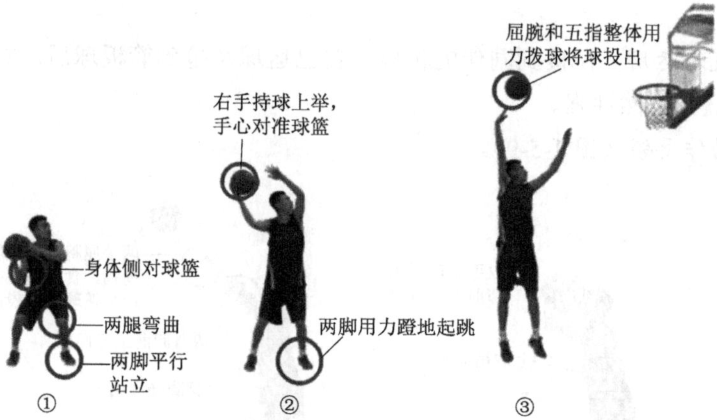

图 1-5-10 原地跳起勾手投篮（以右手投篮为例）

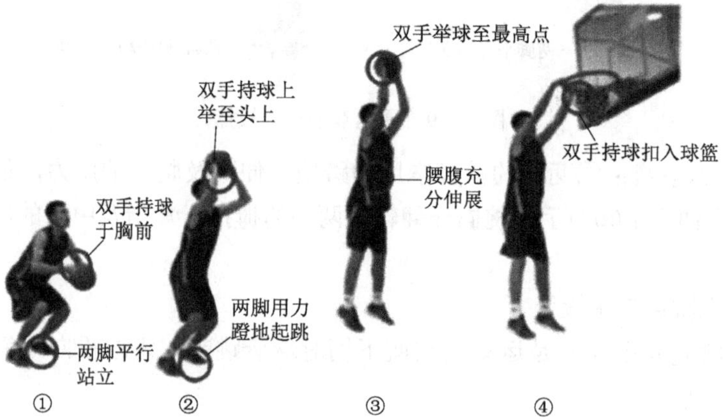

图 1-5-11 原地跳起双手扣篮

6. 原地跳起空中补篮

原地跳起空中补球是运动员将同伴投篮不中的球在空中点拨或扣入球篮的一种投篮技术动作方法。

1）**技术运用**：该项投篮是在抢篮板球的基础上，根据场上的情况所做的一种选择。

2）**动作要领**（图 1-5-12）。

3）**注意事项**：①应首先判断球不中篮可能反弹的方向和落点，抢占有利的抢篮板球的位置；②快速起跳，手臂充分伸展，单手将球点拨入球篮或直接将球扣入球篮。

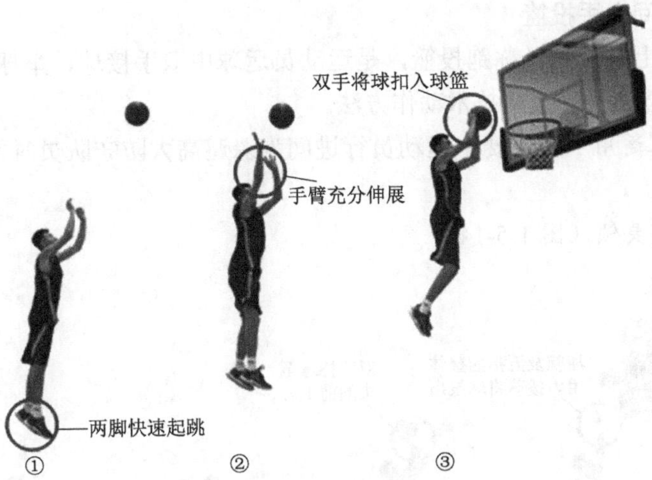

图 1-5-12　原地跳起空中补篮

二、行进间各种投篮技术动作方法

行进间各种投篮技术动作方法是运动员运球跑动中或跑动中接到同伴的传球以后的各种投篮技术动作方法。

1. 行进间低手投篮

行进间低手投篮是运动员在跑动中利用低手将球投向球篮的一种投篮技术动作方法。

1）技术运用：是快速跑动中超越对手或强行突破时使用的一种投篮方法。

2）动作要领（图 1-5-13）。

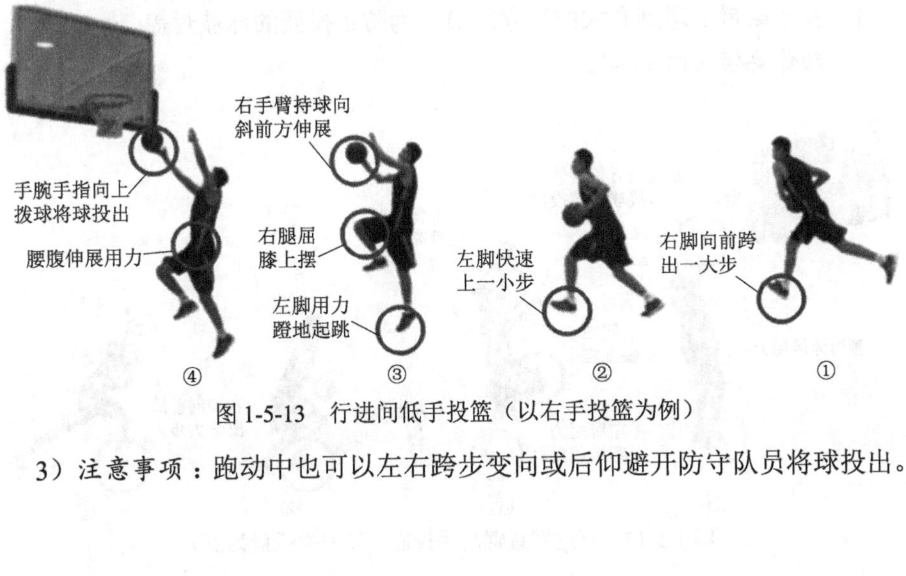

图 1-5-13　行进间低手投篮（以右手投篮为例）

3）注意事项：跑动中也可以左右跨步变向或后仰避开防守队员将球投出。

2. 行进间上手投篮

行进间上手投篮又称跑投篮，是运动员运球中双手接球，举球至头侧上方，将球投向球篮的一种投篮技术动作方法。

1）技术运用：是比赛中运动员行进间为躲避高大防守队员时常采用的投篮方法。

2）动作要领（图 1-5-14）。

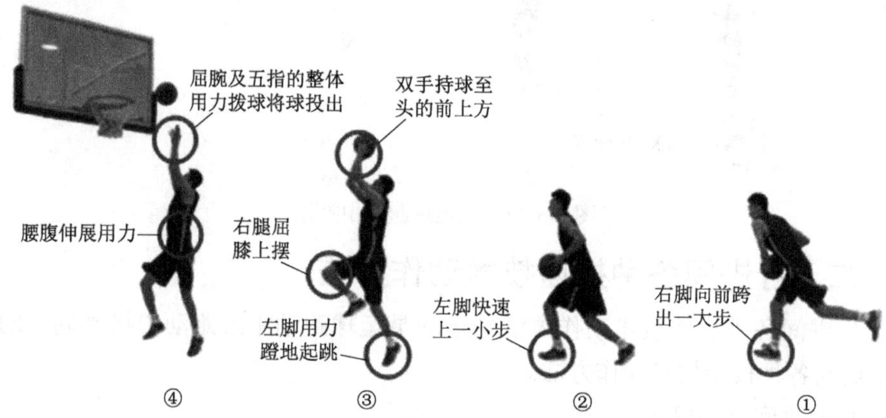

图 1-5-14　行进间上手投篮（以右手投篮为例）

3）注意事项：跑动中也可以左右跨步变向或后仰避开防守队员将球投出。

3. 行进间直臂高手投篮

行进间直臂高手投篮又称抛投，是指运动员运球投篮时，为防止对方球员封盖，利用直臂高手提高投篮出手点，将球投(抛）向球篮的一种投篮技术动作方法。

1）技术运用：遇到高大的防守队员，为防止投篮的球被封盖。

2）动作要领（图 1-5-15）。

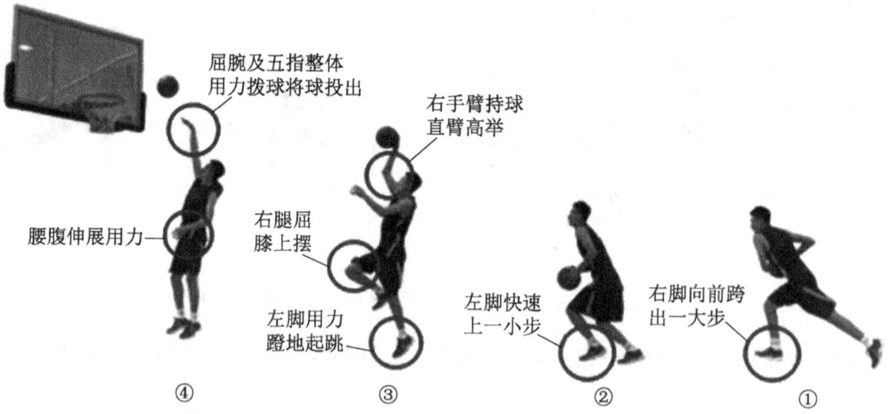

图 1-5-15　行进间直臂高手投篮（以右手投篮为例）

3）注意事项：①跑动中也可以左右跨步变向或后仰避开防守队员将球投出；②右手臂持球直臂高举，手心向前将球投出。

4. 行进间反手投篮

行进间反手投篮是指运动员沿着球场端线从球篮一侧到另一侧，反手将球投向球篮的一种投篮技术动作方法。

1）技术运用：为躲避篮下严密的防守，寻找更好的投篮空间及角度。

2）动作要领（图 1-5-16）。

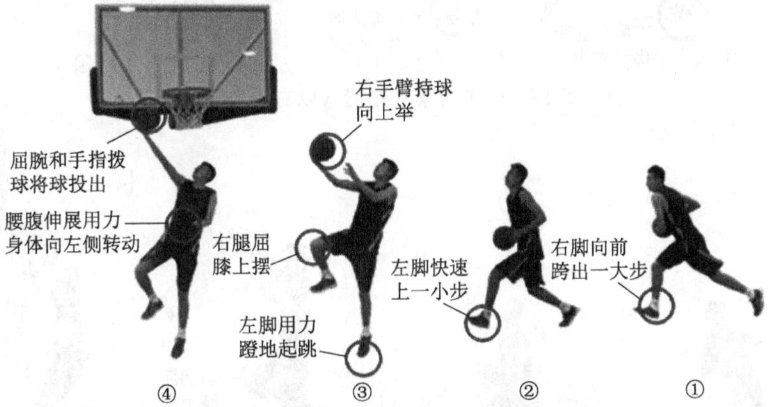

图 1-5-16　行进间反手投篮（以右手投篮为例）

3）注意事项：①起跳后身体在空中向左侧转动；②右手托球在球篮的另一侧反向屈腕和手指拨球将球投出；③行进间反手投篮时多以碰板投篮为主。

5. 行进间单手扣篮

行进间单手扣篮又称单手灌篮，是运动员跑动中接球跳起，用单手将球扣进球篮的一种投篮技术动作方法。

1）技术运用：行进间投篮中最直接的、得分率极高的得分方式，具有护球好、持球点高、不易被封盖等优点。

2）动作要领（图 1-5-17）。

6. 行进间双手扣篮

行进间双手扣篮又称双手灌篮，是指运动员跑动中接球后跳起，用双手将球扣进球篮的一种投篮技术动作方法。

1）技术运用：行进间投篮是最直接的、得分率极高的得分方式，具有护球好、持球点高、不易被封盖等优点。

2）动作要领（图 1-5-18）。

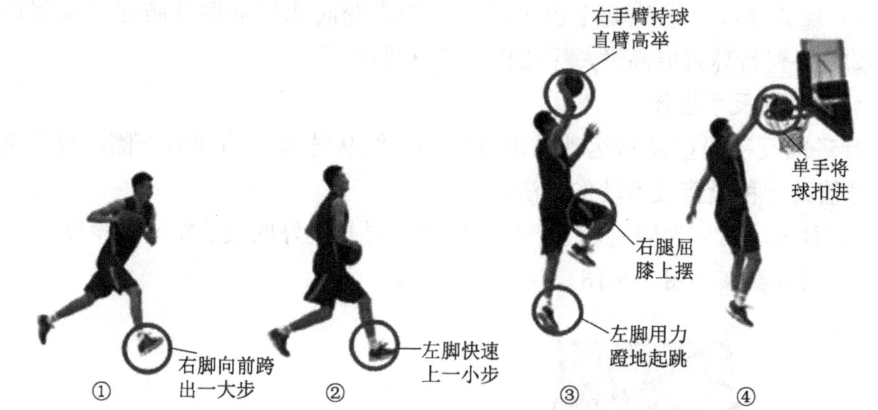

图 1-5-17　行进间单手扣篮（以右手投篮为例）

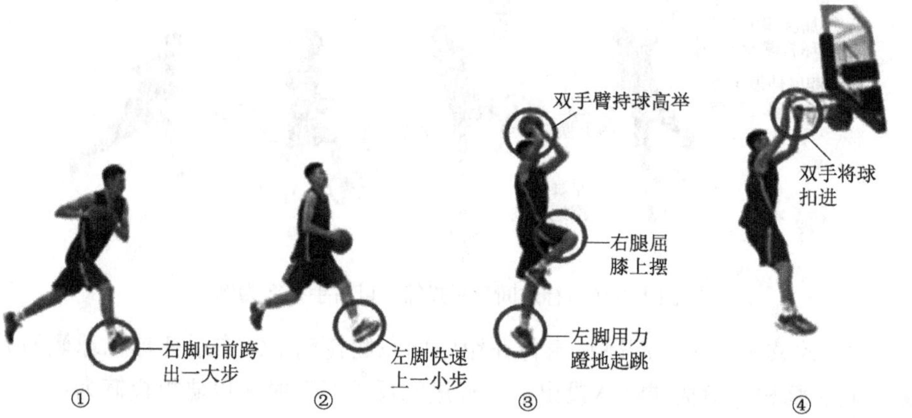

图 1-5-18　行进间双手扣篮

7. 行进间空中接力扣篮

行进间空中接力扣篮是运动员助跑起跳后，空中接到同伴的传球，直接将球扣进球篮的一种投篮技术动作方法。

1）技术运用：这种投篮是两名队员默契配合下的最直接、得分率最高的得分方式。

2）动作要领（图 1-5-19）。

3）注意事项：①行进间空中接力扣篮时，传球队员根据同伴的位置将球传到球篮以上的附近位置；②投篮队员助跑快速跳起，空中利用单手或双手控球，直接将球扣进球篮。

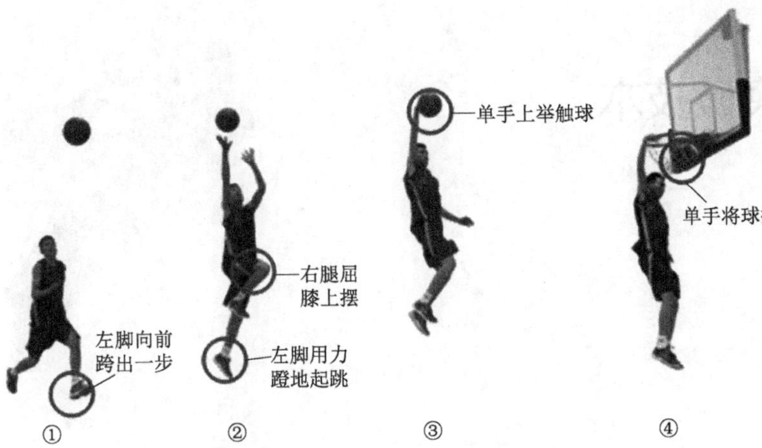

图 1-5-19　行进间空中接力扣篮

三、易犯错误及纠正方法

具体内容请参考表 1-5-1。

表 1-5-1　投篮技术易犯错误及纠正方法

技术动作	易犯错误	纠正方法
原地投篮	举球的动作方法错误，造成投篮出手前的持球动作方法错误	1.双手接球时的持球方法要正确； 2.举球时投篮手要以腕关节为轴向内旋转约85°； 3.另一只手则是以食指触球点为轴，手的整体扶球向上旋转
	举球时保护球的意识不强，球离身体太远，容易被防守队员将球打掉	练习时应强调，举球时应将球贴近自己的身体向上举球
	投篮出手发力的方法错误，使投篮出手后手型易出现勺型、外翻、屈指等现象，从而影响了投篮的命中率	1.投篮的手应是以腕关节为轴屈腕后的手指整体用力，而不是局部用力； 2.先做五指张开屈腕的徒手练习，再做两人面对面的投篮练习，当手型正确后，再做对球篮投篮练习； 3.做对球篮投篮练习时，强调把注意力放在投篮的出手动作是否正确上，而不是为了急于投准； 4.出手后，观察投篮出手后的手型是否保持与投篮出手前一样
行进间投篮	跳起投篮时身体向前冲，从而影响跳起的高度	强调起跳时足跟制动，将水平速度变为垂直向上的速度
	辅助投篮的手臂推送球不到位，从而影响投篮手对球的控制和投篮出手	强调在行进间跑动起跳的同时辅助投篮手，应根据各种投篮动作的需要，用力向投篮的手的方向推送球
	投篮出手用力的方法易犯与原地投篮同样的错误	除扣篮以外，其余的投篮同原地单手投篮一样，需五指用力张开屈腕，用手的五指整体用力拨球将球投出

第六章

持球突破技术

第一节　基本知识

一、持球突破技术概念

持球突破是运动员接球后，运用脚步及假动作与运球技术相结合，以达到快速超越对手的一种动作方法。持球突破是半场进攻中突破对方防线，打乱对方防守部署的一种有效手段。

二、持球突破技术分类

具体内容如图 1-6-1 所示。

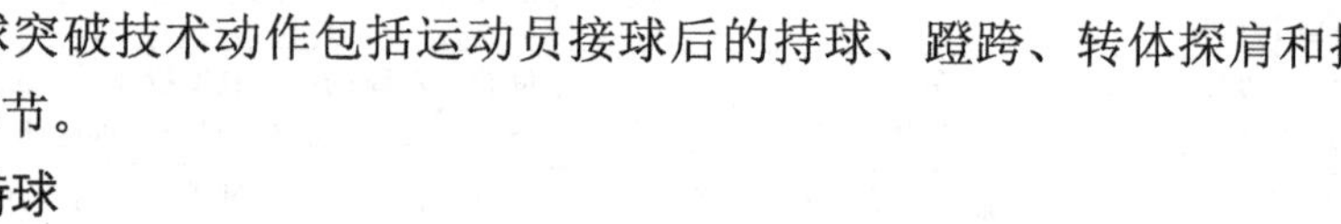

图 1-6-1　持球突破技术分类

三、持球突破技术分析

持球突破技术动作包括运动员接球后的持球、蹬跨、转体探肩和推按球加速四个环节。

1. 持球

持球时，两臂屈肘自然下垂。两手五指要尽量张开，持球的两侧上方。两拇指成“八”字形，两拇指的指尖相距约 12 厘米，持球于胸腹之间位置。接球时最好采用跳步急停两脚同时着地，持球突破时可以采用任意一只脚做中枢脚进行突破，有利于持球突破时根据防守的站位，选择最有利的突破方式，使突破技术运用更加灵活、多变，更易于突破对手。

2. 蹬跨

接球后以一只脚为中枢脚，而另一只脚向不同方向蹬跨。同时与头部和上体的假动作相互配合，寻找突破对手的最佳时机。向突破的方向蹬跨时，步幅要稍大，腿成弓步，身体重心要低，后腿要保持一定的弯曲，有利于蹬地加速。

3. 转体探肩

向突破方向蹬跨的同时，如向左侧突破，身体向左侧转动，左肩高，右肩低，贴近防守队员的身体右侧，像一把锋利的剑疾速超越对手。

4. 推按球加速

例如，向左侧突破是在蹬跨和转体探肩之后，右手向左手推送球，左手将球推按在蹬跨脚的侧前方，然后中枢脚用力蹬地，快速上步，左手运球加速超越对手。

第二节　动作方法

一、交叉步突破

交叉步突破又称异侧步突破，是从蹬跨脚相反的方向突破对手的一种持球突破技术动作方法。

1）技术运用：利用交叉步突破技术，晃开防守队员，形成突破。

2）动作要领（图 1-6-2）。

3）注意事项：①假动作要逼真；②蹬跨有力，起动要迅速、突然，动作连贯。

二、顺步突破

顺步突破又称同侧步突破，是从蹬跨脚一侧突破对手的一种持球突破技术动作方法。

1）技术运用：利用顺步突破技术，从防守队员的防守弱侧突破。

2）动作要领（图 1-6-3）。

3）注意事项：①先做投篮的假动作，吸引防守队员移动重心；②起动要突然，跨步要快速连贯；③注意不要发生走步违例。

图 1-6-2　交叉步突破

图 1-6-3　顺步突破

三、转身突破

转身突破是指进攻队员背对球篮接球，通过快速的前转身或后转身突破对手的一种持球突破技术动作方法。转身突破是中锋在篮下经常使用的一种突破技术。

1）技术运用：转身突破是中锋在篮下经常使用的一种突破技术；利用转身突破技术移动到防守人身后（或半身位），创造突破空间及投篮空间。

2）动作要领（图 1-6-4）。

图 1-6-4　转身突破

3）注意事项：①转身突破时，先上体稍后仰，用后背挤靠对手；②当防守队员做向前顶的动作时，突然快速做前转身或后转身，加速运球，突破对手。

四、易犯错误及纠正方法

具体内容请参考表 1-6-1。

表 1-6-1　持球突破技术易犯错误及纠正方法

技术动作	易犯错误	纠正方法
交叉步和顺步突破	身体重心过高，影响突破速度	持球时两膝屈曲，降低重心
	蹬跨时后腿比较直，影响突破时腿的发力和突破的加速	蹬跨时后腿要保持适度的屈曲
	推按球的手和推按球落地的位置不对，而影响突破的速度	1.练习时应强调，蹬跨后一定是远离防守一侧的手推按球； 2.球落地位置应在前脚的侧前方

续表

技术动作	易犯错误	纠正方法
转身探肩	靠近防守一侧肩过高，不利于突破时保护球	1.转体时靠近防守一侧的肩应向前探，要低于另一侧的肩； 2.靠近防守队员一侧手臂做保护球动作
转身突破	转身突破时没有贴近对手	要主动利用后背挤靠对手感觉对手的位置，并紧紧贴对手的身体，果断采取前转身和后转身来突破对手
持球突破	过早地移动中枢脚，而造成脚步移动违例	在蹬跨脚着地的同时推按球落地，中枢脚不过早移动，有利于加快突破的速度

第七章

抢球技术

第一节　基本知识

一、抢球技术概念

抢球技术是运动员在比赛中相互争夺球的一种动作方法。积极的抢球不仅可以获得更多的球权，还能更好地培养运动员积极主动、勇猛顽强、敢于拼博的战斗作风。

二、抢球技术分类

具体内容如图 1-7-1 所示。

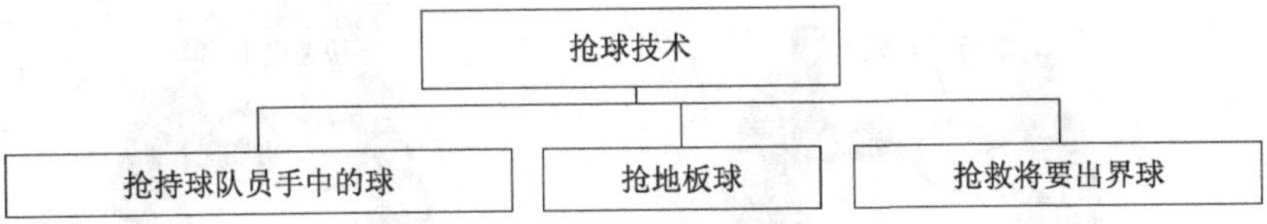

图 1-7-1　抢球技术分类

三、抢球技术分析

抢球技术一般包括观察判断、快速出击、手触球动作三个部分。

1. 观察判断

观察判断是指运动员在抢球前对场上的情况进行观察并作出判断，观察判断是否准确，是能否抢到球的前提。观察判断主要包括以下三方面内容：①观察判断对手的意图；②观察判断球的位置；③观察判断球的状态。

2. 快速出击

快速出击是指在观察判断的基础上所做出的正确选择，行动要快，出其不意，攻其不备。

3. 手触球动作

手触球动作是指在抢球时手触球后的动作，主要分为以下三方面内容：①抢持球队员手中的球时，手触球后应快速屈臂，做出后拉和转的动作；②抢地板球时，手触球后应快速将球拉向胸前并马上择机将球传给同伴；③抢救将要出界的球时，手触球后应在脚没有出界线之前做出最佳的选择。

第二节　动作方法

一、抢持球队员手中的球

抢持球队员手中的球是防守队员从进攻的持球对员手中，将球夺下来的一种技术动作方法，包括拉抢和转抢两种方法。

拉抢是防守队员从进攻的持球队员手中，通过用力后拉的动作，将球夺下来的一种抢球技术动作方法。

转抢是防守队员从进攻的持球队员手中，通过用力转的动作，将球夺下来的一种抢球技术动作方法。

1. 技术动作方法

见图 1-7-2、图 1-7-3。

图 1-7-2　抢持球队员手中的球（拉抢）

图 1-7-3　抢持球队员手中的球（转抢）

2. 注意事项

1）防守队员应积极靠近进攻中的持球队员；

2）当对方疏于对球的保护时，应快速出击；

3）拉抢时两手紧紧握住球，快速屈臂用力向后拉球；

4）转抢时两手在紧紧握住球的同时，上手向前下方用力转动；

5）抢球动作应快速有力。

二、抢地板球

抢地板球是当球在地板上滚动时，双方队员努力争取获得球的一种技术动作方法。

1. 技术动作方法

见图 1-7-4。

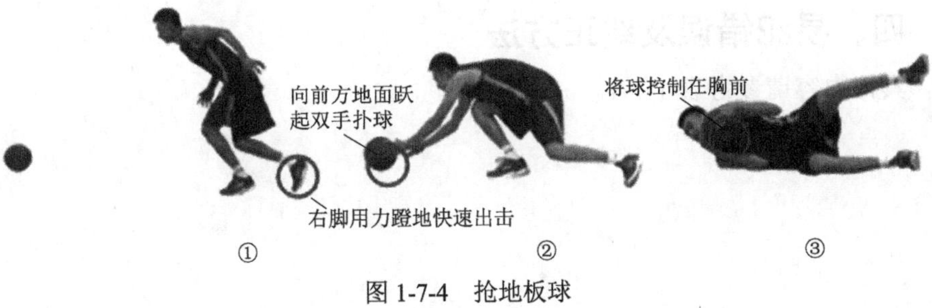

图 1-7-4　抢地板球

2. 注意事项

1）抢地板球时速度要快；

2）应注意全身协调发力；

3）争抢到球后应牢牢地控制住球；

4）以最快速度将球传给同伴。

三、抢救将要出界球

抢救将要出界球是运动员在球即将出界并且不能合理控制球时的一种抢球技术动作方法。

1. 技术动作方法

见图 1-7-5。

图 1-7-5　抢救将要出界球

2. 注意事项

1）观察、判断好球的位置和状态；

2）抢救球时速度要快；

3）在出界之前用单手或双手在空中控制球；

4）应注意全身协调发力；

5）在空中获得球之后应快速决断并做出动作；

6）在空中将球回传给同伴或将球用力击到对方球员身上使球出界。

四、易犯错误及纠正方法

具体内容请参考表 1-7-1。

表 1-7-1　抢球技术易犯错误及纠正方法

技术动作	易犯错误	纠正方法
抢持球队员手中的球	判断不准确而造成拉手犯规	1.加强观察判断和出手准确性； 2.做到眼疾手快
抢地板球	抢到球后马上翻身或坐起，造成持球移动违例	1.抢到球后应在保护好球的同时，快速将球传给同伴； 2.同伴应快速上前接应球
抢救球	将球传到对方手中，造成对方的快速反击	1.抢救球的同时，要观察好同伴的位置，并将球准确地传给同伴； 2.无法将球传给同伴时，应及时将球用力击到对方身上，造成对方使球出界

第八章

打球技术

第一节　基本知识

一、打球技术概念

打球技术是防守队员击落进攻队员控制球的一种动作方法。打球能够体现队员的攻击性防守，是防守中获得球权的一种有效手段。

二、打球技术分类

具体内容如图 1-8-1 所示。

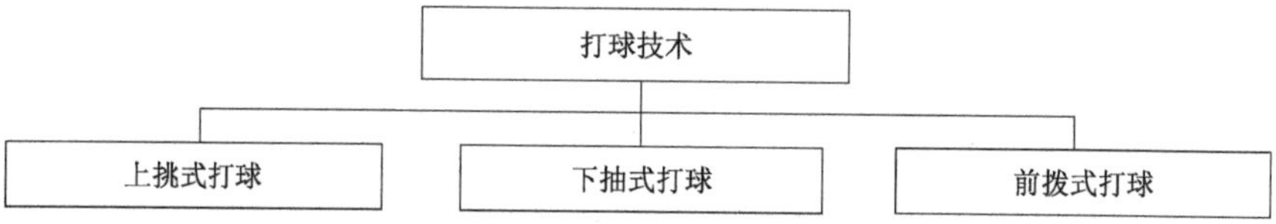

图 1-8-1　打球技术分类

三、打球技术分析

打球技术可分为观察判断和击球两个部分。

1. 观察判断

观察判断是指运动员在打球前对场上的情况进行观察并作出判断，主要包括以下三方面内容：①观察判断对手的意图；②观察判断球的位置；③观察判断球的状态。

2. 击球

击球是指当对方的球暴露在防守队员有利于击打的位置时快速出手将球击落。

第二节　动作方法

一、上挑式打球

上挑式打球是指防守队员将持球队员手中的球用手向上击落的一种打球技术动作方法。

1. 技术运用

多是进攻队员在原地持球由上向下移动、做传球或运球时使用。

2. 动作要领

见图 1-8-2。

图 1-8-2　上挑式打球

3. 注意事项

1）当进攻队员在原地持球由上向下移动、做传球或运球时使用；

2）观察判断持球进攻队员的意图；

3）防守队员应注意手心向上；

4）要及时、准确地做出挑球动作。

二、下抽式打球

下抽式打球是防守队员将持球队员手中的球用手向下击落的一种打球技术动作方法。

1. 技术运用

多是进攻队员在原地持球由下向上移动，或是进攻队员运球上篮接球后准备举球时使用。

2. 动作要领

见图 1-8-3。

图 1-8-3　下抽式打球

3. 注意事项

1）观察判断持球进攻队员的意图；

2）防守队员应注意手心向下；

3）及时、准确地做出鞭打动作；

4）下抽动作要果断、突然、迅速。

三、前拨式打球

前拨式打球是防守队员将运球队员的球用手向前击落的一种打球技术动作方法。

1. 技术动作方法

1）技术运用：多是击落运球队员手中的球。

2）动作要领（图 1-8-4）。

图 1-8-4　前拨式打球

2. 注意事项

1）防守队员应紧随运球队员移动；

2）应准确判断击球的时机；

3）靠近进攻队员运球一侧的手要低，手心向前；

4）当球从地面反弹时，及时将球向前击落。

四、易犯错误及纠正方法

具体内容请参考表 1-8-1。

表 1-8-1　抢球技术易犯错误及纠正方法

技术动作	易犯错误	纠正方法
上挑式打球	打球时观察判断不准确，时机和位置掌握不好，易造成打手犯规；打球时手臂的动作过大，暴露自己的意图	1.强化练习打球前的观察判断及打球的时机和位置； 2.打球时手臂动作要隐蔽，并借助于进攻队员持球上下移动，做各种攻击动作时或球反弹时合力将球击落
下抽式打球		
前拨式打球		

第九章

封盖技术

第一节　基本知识

一、封盖技术概念

封盖技术是防守队员在进攻队员投篮时，球刚出手即将球拍掉的一种动作方法。成功的封盖既能直接阻止对方的投篮得分，又能给对方投篮队员造成一定的心理压力，极大鼓舞本队士气。

二、封盖技术分类

具体内容如图 1-9-1 所示。

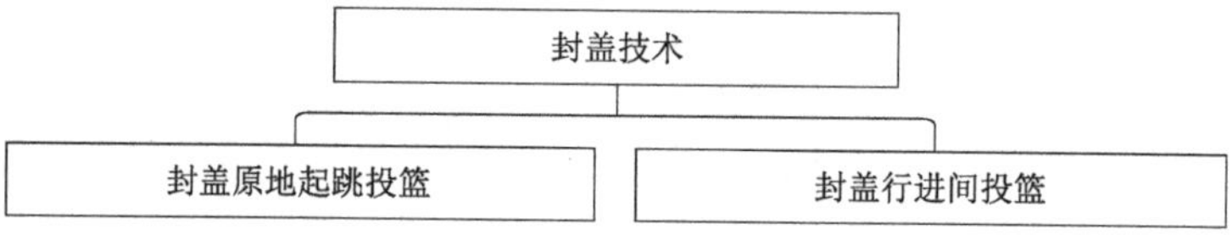

图 1-9-1　封盖技术分类

三、封盖技术分析

封盖技术包括分析判断、跳起封盖、落地三个环节。

（一）分析判断

指运动员进行封盖前的预判分析主要包括以下三个内容：①分析进攻队员的习惯和特点；②观察比赛中对方战术的变化；③分析对手比赛中投篮的可能性。

（二）跳起封盖

跳起封盖是指在预判的基础上采取的果断行动，包括原地双脚起跳封盖和行进间助跑单脚起跳封盖两种方法。

1. 跳起封盖技术分类

具体内容如图 1-9-2 所示。

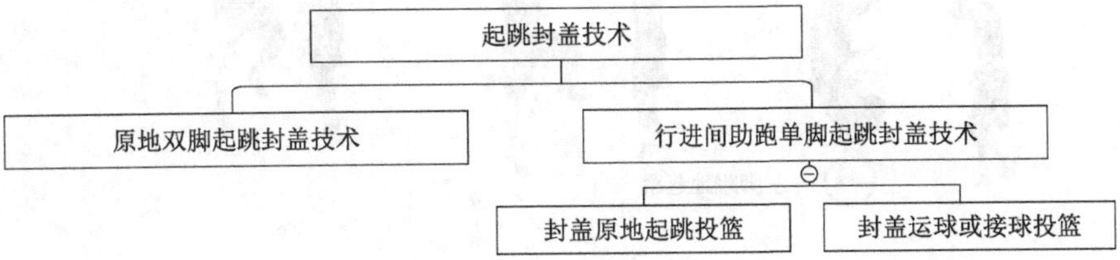

图 1-9-2　跳起封盖技术分类

2. 跳起封盖技术要点

1）原地双脚起跳封盖技术：①防守队员与持球进攻队员相对站立；②双脚原地或一只脚上一小步，积极蹬地跳起；③两臂充分上摆，一只手臂向上伸展。

2）行进间助跑单脚起跳封盖技术：①封盖原地跳起投篮队员（图 1-9-3）；②封盖运球或接球上篮队员（图 1-9-4）。

（三）落地

落地是指当防守队员将投篮的球封盖下来以后，两腿弯曲，两前脚掌同时着地，缓冲身体的重力。

第二节　动作方法

一、封盖原地跳起投篮

封盖原地跳起投篮是进攻队员原地接球或运球接球跳起投篮时，防守队员在其投篮刚出手即将球拍掉的一种封盖技术动作。

1. 技术运用

1）由于防守队员补防或协防等原因，与原地跳起投篮队员距离较远时应用；

2）阻止进攻方得分，转守为攻；

3）给对方投篮队员增加心理压力。

2. 动作要领

见图 1-9-3。

图 1-9-3　封盖原地跳起投篮

3. 注意事项

1）需准确地判断对方是否投篮，防止假动作；

2）封盖时手臂动作不宜过大，易造成打手犯规。

二、封盖行进间投篮

封盖行进间投篮是进攻队员运球接球或跑动中接同伴传球上篮时，防守队员在其投球刚出手即将拍掉或拍按在篮板上的一种封盖技术动作。

封盖运球或接球上篮队员，防守队员在内侧紧紧跟随着进攻队员跑动与进攻队员同时起跳，或是在后边追防进攻队员快速跳起，并判断好对方投篮出手的位置和球的飞行路线，当进攻队员行进间投篮的球刚刚出手时，用手臂将球封盖下来或是拍按在篮板上。

1. 技术运用

1）封盖运球或接球上篮队员；

2）在内侧跟随着进攻队员跑动或在后边追防进攻队员时使用；

3）当进攻队员行进间投篮的球刚刚出手时用手臂将球封盖下来或是拍按在篮板上。

2. 动作要领

见图 1-9-4。

图 1-9-4　封盖行进间投篮

3. 注意事项

1）注意控制身体重心，避免跳起后或落地后造成身体接触犯规；

2）注意封盖时机应在球出手后的上升期，不可在球下降时封盖，造成干扰球。

三、易犯错误及纠正方法

具体内容请参考 1-9-1。

表 1-9-1　封盖技术易犯错误及纠正方法

技术动作	易犯错误	纠正方法
封盖原地跳起投篮	被进攻队员投篮假动作诱惑，提前跳起封盖，而被突破	1.强调培养封盖队员的判断意识； 2.做好防止对方持球突破准备
封盖原地跳起投篮	封盖时手臂动作过大，造成打手犯规	1.强调用手臂向上封盖的动作去拍球； 2.避免挥臂
封盖行进间投篮	跳起后重心失衡，向前冲力过大，落地易造成身体接触犯规	1.强调起跳时通过足跟制动； 2.控制身体重心
封盖行进间运球上篮	当球在飞行最高点下落或投篮球碰板后触球，易造成干扰球违例	强调起跳和封盖的时机要准，动作速度要快

第十章

断球技术

第一节 基本知识

一、断球技术

断球是指防守队员截获进攻队员之间传球的动作方法。断球技术在现代篮球比赛中具有非常重要的意义，比赛中经常与夹击配合结合运用，更能显示出防守战术配合的攻击性。断球后也是发动快攻反击的最佳时机。

二、断球技术分类

具体内容如图 1-10-1 所示。

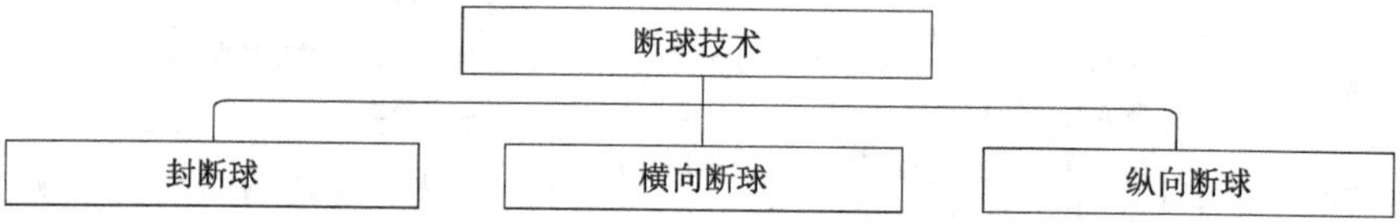

图 1-10-1　断球技术分类

三、断球技术分析

断球技术一般包括判断选位、起跳断球和持球落地三个环节。

1. 判断选位

判断选位是指防守队员断球前选位的预判，主要包括以下三个方面：①观察传球队员的意图；②观察接球队员的位置；③选择有利的断球位置和路线。

2. 起跳断球

起跳断球是指防守队员在准确判断选位的基础上，快速跃起拦截对方的传球。

（1）*左侧起跳断球*

左脚起跳，右腿屈膝向上摆动。手臂和身体在空中充分伸展，用双手断球。

（2）*右侧起跳断球*

右脚起跳，左腿屈膝向上摆动。手臂和身体在空中充分伸展，用双手断球。

3. 持球落地

持球落地是指防守队员空中断球后马上收腹，将球拉到胸前，起跳的脚着地，再过渡到双脚着地，落地保护好球，进行下一个攻击动作。

第二节　动作方法

一、封断球

封断球是在防守传球队员时，传球队员传出的球刚离手，即被拦截下来的断球技术动作。

1. 技术运用

防守队员近距离积极贴近进攻持球队员时，配合手臂干扰动作给对方传球队员增加心理压力。

2. 动作要领

见图 1-10-2。

图 1-10-2　封断球

3. 注意事项

1）贴身防守，双手张开，手臂干扰；

2）做好判断，注意假动作。

二、横向断球

横向断球是指防守队员在接球队员的侧方，横向移动将球拦截下来的断球技术动作。

1. 技术运用

夹击防守战术配合时，离球较远的防守队员要一防二，进攻队员位于防守队员的侧方时密切判断持球队员的位置、意图、传球路线，积极横向移动断球。

2. 动作要领

见图 1-10-3。

图 1-10-3　横向断球（以在接球队员左侧断球为例）

3. 注意事项

1）判断好传球队员的意图，降低身体重心；

2）快速横向移动，断球果断；

3）注意断球后的保护球并与防守反击结合。

三、纵向断球

纵向断球是指防守队员从接球队员的后侧方，向前移动将球拦截下来的断球技术动作。

1. 技术运用

防守队员位于接球队员的后侧方，多是进攻队员由后场向前场做长距离传球时，防守队员距离接球队员较远时使用。

2. 动作要领

见图 1-10-4。

图 1-10-4 纵向断球（以在接球队员左侧断球为例）

3. 注意事项

1）做好判断，注意假动作；

2）注意前跃时与防守队员保持距离。

四、易犯错误及纠正方法

具体内容请参考表 1-10-1。

表 1-10-1 断球技术易犯错误及纠正方法表

技术动作	易犯错误	纠正方法
封断球	没有施加足够的压力，使其轻松地将球传给同伴	1.强调贴身防守； 2.手臂张开，随球挥摆
横断球	防守队员身体重心过高而影响断球时移动的速度	1.保持低重心； 2.做好判断，快速起动； 3.向球飞行的路线跃起断球
纵断球	从接球队员侧后方跃起断球，与对方发生身体接触造成背后侵人犯规	1.选择好断球时的跑动路线； 2.控制好跃起后的空中动作，避免与对方发生身体接触犯规

第十一章

抢篮板球技术

第一节　基本知识

一、抢篮板球技术概念

抢篮板球技术是指攻守双方队员在比赛中争夺投篮未中球的抢球动作。

二、抢篮板球技术分类

具体内容如图 1-11-1 所示。

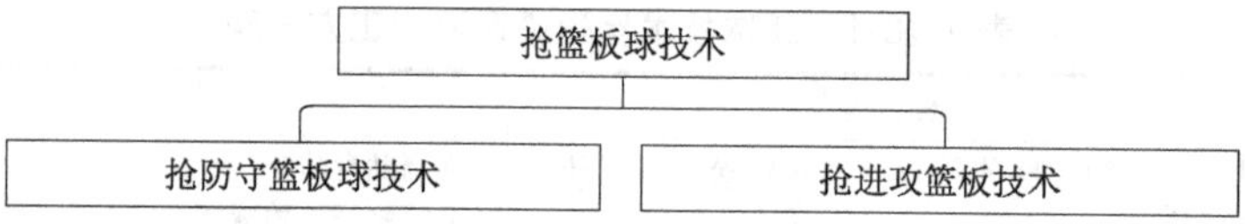

图 1-11-1　抢篮板球技术分类

三、抢篮板球技术分析

完整的抢篮板球技术动作包括判断、抢位、起跳、空中抢球、落地缓冲、保护球五个环节。

（一）判断

判断是指运动员抢篮板球前的预判，主要包括以下六方面内容：①观察投篮队员的位置；②观察投篮的方向；③观察投篮的弧线高低；④观察球可能触碰到球篮或篮板的位置；⑤观察球未中篮反弹的方向；⑥观察争抢篮板球对手的位置。

（二）抢位

抢位是指运动员在判断的基础上，快速抢占有利的位置。防守队员的抢位多是以向前转体的上步和向后转体的撤步抢位为主，也称顶抢，而进攻队员的抢位则多以摆脱防守的冲抢为主。

1. 抢位技术分类

具体内容如图 1-11-2 所示。

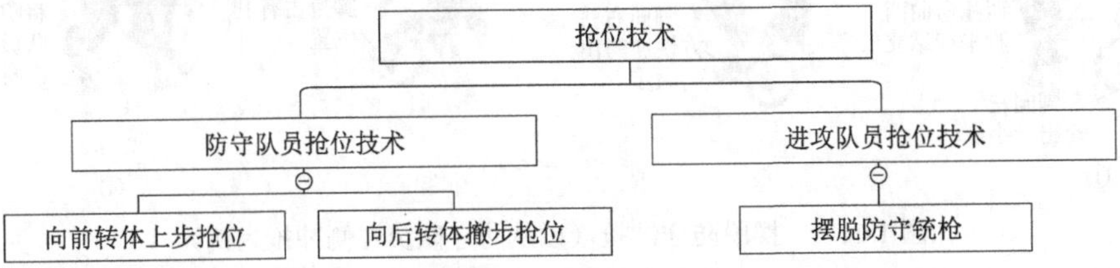

图 1-11-2　抢位技术分类

2. 抢位技术动作要点

1）向前转体上步抢位，见图 1-11-3；

2）向后转体撤步抢位，见图 1-11-4；

3）摆脱防守冲抢，见图 1-11-5。

图 1-11-3　向前转体上步抢位（以在球篮右侧防守为例）

图 1-11-4　向后转体撤步抢位（以在球篮右侧防守为例）

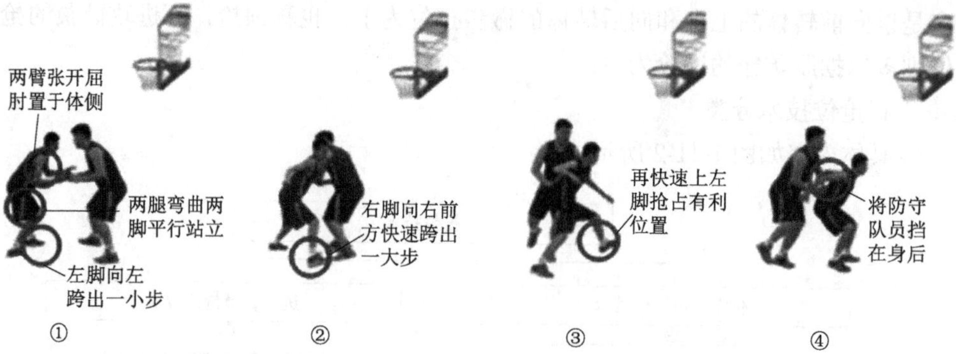

图 1-11-5　摆脱防守冲抢（以从防守队员左侧冲抢为例）

（三）起跳

起跳是运动员抢篮板球时，为获得空中优势而采用的技术动作。一般防守队员多采用上步双脚起跳技术，而进攻队员多采用助跑单脚或双脚起跳技术。

（四）空中抢球

空中抢球是运动员起跳后在空中用手控制球的技术动作方法，包括双手抢球、单手抢球和挑抢。

1. 双手抢球

1）技术运用：双手抢球的特点是在抢篮板球时，可以让自己手中抢到的球更加稳固，不会轻易被对方断走。

2）动作要领（图 1-11-6）：①在最高点双手触球的两侧，紧紧地握住球，并快速拉向胸前；②特点是控制球比较牢。

图 1-11-6　双手抢球

2. 单手抢球

1）技术运用：单手抢球的特点是在抢篮板球时控制高度更高，可以快速得到球。

2）动作要领（图 1-11-7）：①在最高点手触到球的底部后，随着球的下落，顺势屈腕、屈肘，将球向下拉向另一只手；②特点是触球点高、控制的范围大。

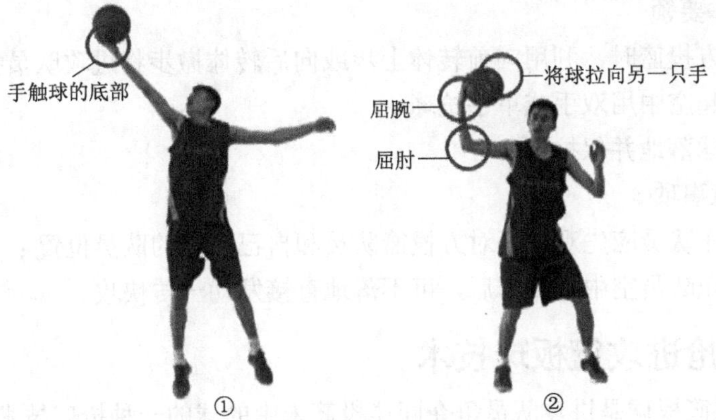

图 1-11-7　单手抢球

3. 挑抢

1）技术运用：挑抢的特点是，当自己抢不到球时，也能防止对方抢到球，为自己再次抢到球或为同伴抢到球创造机会。

2）动作要领（图 1-11-8）：①在最高点，用单手点击球的底部，将球点击到自己或同伴能够抢到的位置；②特点是当自己抢不到球时，可以防止对方抢到球，为自己再次抢到球或为同伴抢到球创造机会。

图 1-11-8　挑抢

（五）落地缓冲保护球

落地缓冲保护球是运动员空中抢到球后，持球安全着地并控制好球的方法。落地时应双脚前脚掌同时着地，并屈膝缓冲，同时双手持球于胸腹之间。

第二节　动作方法

一、抢防守篮板球技术

抢防守篮板球是防守队员争夺进攻队员投篮未中的球的一种抢球技术动作。

1. 动作要领

1）对方投篮时，利用向前转体上步或向后转体撤步将进攻队员挡在身后；

2）跳起空中用双手或单手抢球；

3）持球落地并保护球。

2. 注意事项

1）防守队员应先观察好对方投篮队员和自己防守的队员位置；

2）防守队员空中抢到球后，可不落地直接发动一传快攻。

二、抢进攻篮板球技术

抢进攻篮板球是进攻队员争夺同伴投篮未中的球的一种抢球技术动作。

1. 技术运用

1）用于篮下二次进攻；

2）给投篮同伴增加投篮信心。

2. 动作要领

1）当同伴投篮时，利用假动作摆脱对手的防守；

2）跳起空中用双手或单手抢球；

3）持球落地并保护球。

3. 注意事项

1）应先观察好投篮同伴和防守队员的位置；

2）空中抢到球后，可不落地直接在空中补篮。

三、易犯错误及纠正方法

具体内容请参考表 1-11-1。

表 1-11-1　抢篮板球技术易犯错误及纠正方法

技术动作	易犯错误	纠正方法
抢防守篮板球	先转身看球，未挡住进攻队员，失去了有利的抢篮板球位置	1.加强项抢意识的培养； 2.挡住进攻队员的冲抢路线
抢进攻篮板球	推人、按防守队员的肩起跳，造成侵人犯规	学会积极摆脱抢占有利位置
单手抢篮板球	手最先触球的部位不正确	掌握正确姿势及动作用力顺序，手臂充分伸展，先触球底部，随球的下落，顺势快速屈腕、屈肘将球向下拉

第十二章

防守对手技术

第一节 基本知识

一、防守对手技术

防守对手技术是防守队员运用各种移动技术，有效控制对手进攻行动的动作方法。防守对手技术是篮球运动中非常重要的一项技术，各种防守战术的运用都是建立在个人防守技术基础之上的。“表演看进攻，赢球靠防守”，这充分反映了人们对篮球防守对手技术重要性的深刻理解。

二、防守对手技术分类

具体内容如图 1-12-1 所示。

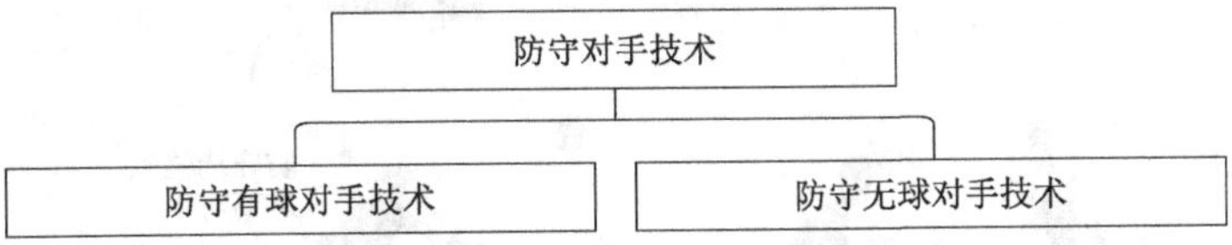

图 1-12-1　防守对手技术分类

三、防守对手技术分析

完整的防守对手技术由防守的选位、防守的站立姿势、防守的步法三个要素构成。

（一）防守的选位

防守的选位是指防守队员防守时应站在什么位置上。防守选位是能否防住对手的关键。

1. 防守有球对手的选位（图 1-12-2）

1）站在对手与球篮之间；

2）与对手之间的距离视对手与球篮近则近，与球篮远则远；

3）以能有效控制对手传球、运球和投篮为原则。

图 1-12-2 防守有球对手的选位

2. 防守无球对手的选位（图 1-12-3）

1）站在以对手为顶点、球和球篮三点所画的三角形的角平分线上，即站在对手与球的内侧位置上；

2）与对手之间的距离视对手离球近则近，离球远则远；

3）以能有效防止对手摆脱和接球为原则。

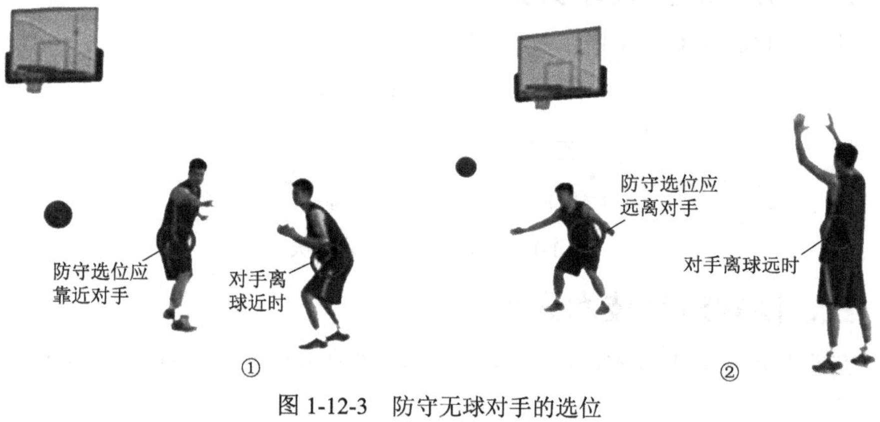

图 1-12-3 防守无球对手的选位

（二）防守的站立姿势

防守的站立姿势是指防守队员在防守时所采取的站立方法。

1. 防守有球对手的站立姿势

防守有球对手的站立姿势包括平步站立姿势（图 1-12-4）和斜步站立姿势（图 1-12-5）。

图 1-12-4　平步站立姿势

图 1-12-5　斜步站立姿势

2. 防守无球对手的站立姿势

防守无球对手时采用前后的斜向站立（图 1-12-6），两膝弯曲，有球一侧的手、脚在前，手臂放在对手接球的路线上，无球一侧的手、脚在后，手臂自然屈曲，侧伸控制对手的摆脱。

对手距球近时面向人侧向球站立；对手距球远时，及时撤步面向球侧向人站立。

防守无球对手时要做到“人球兼顾”。

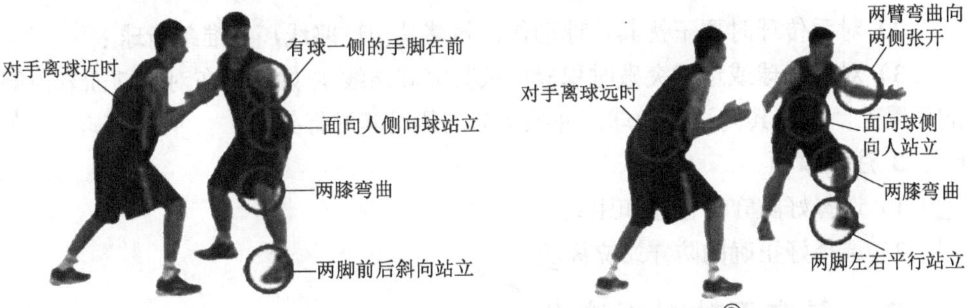

图 1-12-6　防守无球对手的站立姿势

（三）防守的步法

防守的步法是指防守队员所采用的各种移动方法。

1. 防守有球对手时的步法

防守有球对手时的步法包括横滑步、后撤步滑步、左右交叉步、攻击步、碎步。

2. 防守无球对手的步法

防守无球对手的步法包括快跑、左右交叉步、攻击步、横滑步为主。

3. 注意事项

无论防守有球对手的步法，还是防守无球对手的步法，在运用的过程中都不是独立的，在多数情况下，运动员是通过两种以上的移动步法来实现对进攻队员的控制。

第二节　动作方法

一、防守有球对手技术

防守有球对手技术是当进攻队员持球或运球时，防守队员对其进攻行动进行干扰和控制的防守方法。防守有球队员的主要任务是防止对手投篮、防止对手传球、防止对手持球或运球突破。

1. 技术运用

主要用于防守时抢断球、破坏对手进攻。

2. 动作要领

1）对手投篮时要快速跳起进行封盖；

2）对手传球时要干扰其传球动作，封堵其传球路线，并准备断球；

3）对手持球或运球突破时积极堵截其突破路线，始终抢在对手前面靠内侧的位置上，破使其向边角运球，并准备与同伴对其进行夹击。

3. 注意事项

1）选择好防守的位置和距离；

2）选择好正确的防守站立姿势。

二、防守无球对手技术

防守无球对手技术是防守队员对无球进攻队员的各种攻击行动进行干扰和控制的防守方法。

1. 技术运用

1）防止无球队员摆脱接球；

2）防止无球队员抢篮板球；

3）破坏其与有球或无球队员之间的配合。

2. 动作要领

1）当无球对手向有球方向摆脱要球时，应提前堵住其切入的路线；

2）当无球对手摆脱抢篮板球时，要挡住其抢球路线；

3）当无球对手为同伴做掩护时，要提前通知自己的同伴，并做好相应的配合行动。

3. 注意事项

1）选择好防守的位置和距离；

2）选择正确的防守站立姿势，时刻保持“人球兼顾”。

三、易犯错误及纠正方法

具体内容请参考表 1-12-1。

表 1-12-1　防守对手技术易犯错误及纠正方法

技术动作	易犯错误	纠正方法
防守位置	选位不合理造成防守被动	1.清楚位置选择的重要性； 2.选择防守的位置时，应根据对手的位置、球的位置、球篮的位置选择好自己的站位
	不敢贴近和紧逼对手，达不到预期的防守效果	1.消除怕对方有球时被突破和无球时被摆脱的思想； 2.练习脚步移动技术，加快防守的反应和移动速度
	被进攻队员的假动作迷惑而失去正确的防守位置	1.尽快了解和掌握进攻队员有球和无球时的进攻特点； 2.准确判断进攻队员的意图
防守无球对手	防守的站立姿势不正确，不能做到人球兼顾	1.让队员清楚防守无球队员时站立姿势的重要意义； 2.通过半场攻防对抗，让进攻方球动人不动，在不断快速转移球情况下，加强对无球队员防守； 3.根据球的转移，让防守队员不断调整自己的防守位置和姿势

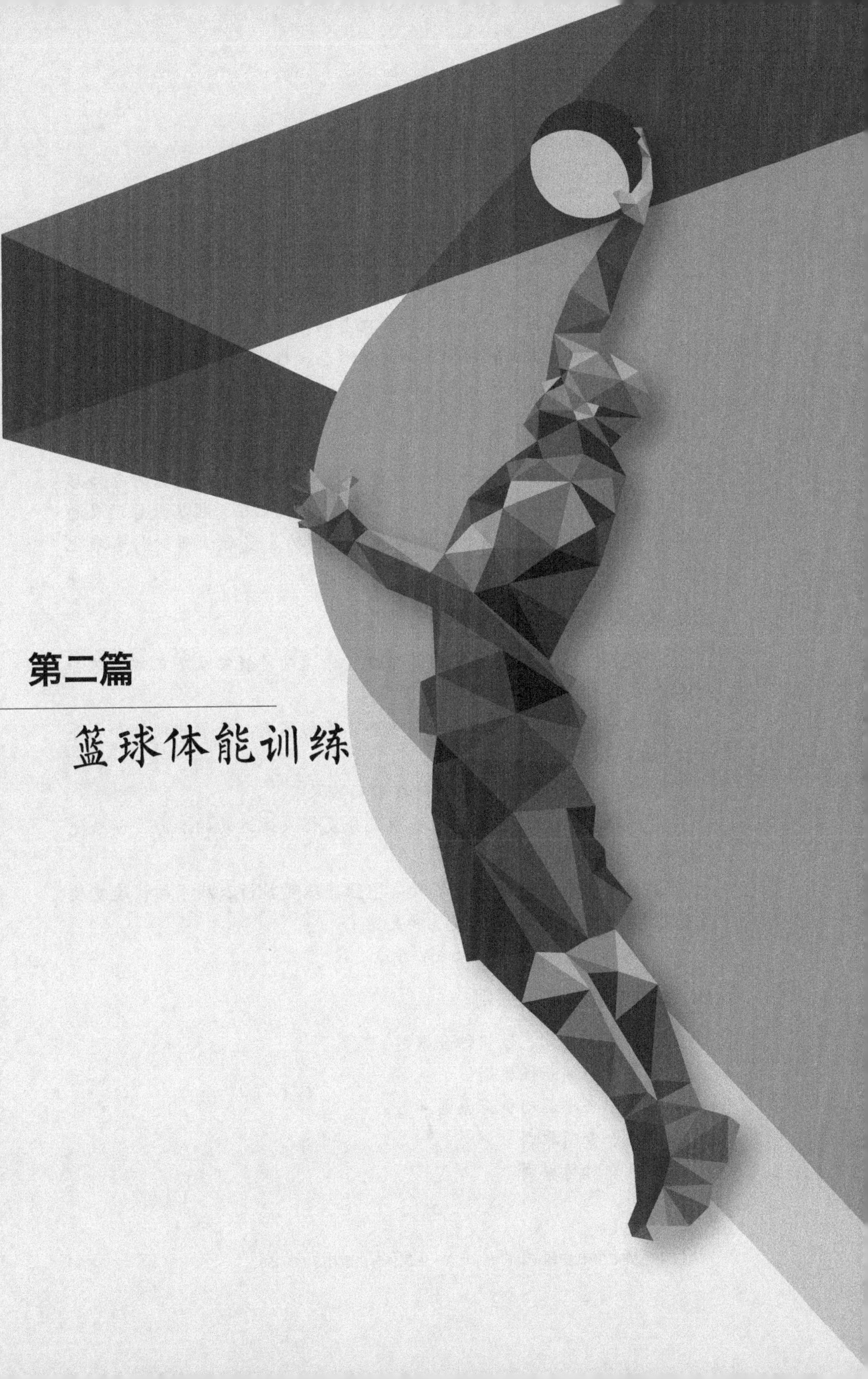

第二篇

篮球体能训练

一、基本概念

篮球体能是根据现代篮球训练和比赛的需要，结合篮球运动项目特征，在保障运动员健康的前提下，通过形态、机能、素质及动作技能等不同维度表现出来的身体状态和运动能力，是实现篮球技战术的前提。

二、篮球体能的内容

根据篮球项目的特点和特征，可将篮球体能的内容划分为身体形态、生理机能和身体素质训练三个方面[①]。其核心在于根据篮球运动的现实需求，针对核心力量、柔韧、速度、耐力、灵敏素质进行专项化训练。

三、篮球体能在比赛中的作用

1）促进运动员的身体健康，保证篮球运动员能够从事正常训练和比赛；

2）保证有机体适应大负荷训练和比赛的需要，是承担训练和比赛对有机体一切要求的基础；

3）有利于掌握复杂、先进的技术和战术；

4）是保证运动员在篮球比赛中充分发挥人体运动的潜力、创造优异运动成绩的必要条件；

5）促进篮球竞赛水平的提升，增强篮球对抗性及战术的快速发展与演变，也促进技术的不断发展和更新；

6）创造优异成绩，延长运动寿命。

四、篮球体能训练的原则

1）全面性与优先性相结合原则；

2）系统不间断性原则；

3）科学安排运动负荷原则；

4）结合专项原则；

5）区别对待原则。

---

① 刘玉林 . 2006. 现代篮球运动研究 . 北京：人民体育出版社：145-150.

第十三章

稳定的身体——核心力量训练

第一节　基本知识

一、基本概念

（一）核心肌群

核心肌群是一系列构成和稳定身体中心的肌肉，是脊柱和骨盆及其周围的29块肌肉，主要包括腹肌（腹横肌、腹直肌）、下背肌、盆底肌等（图2-13-1）。

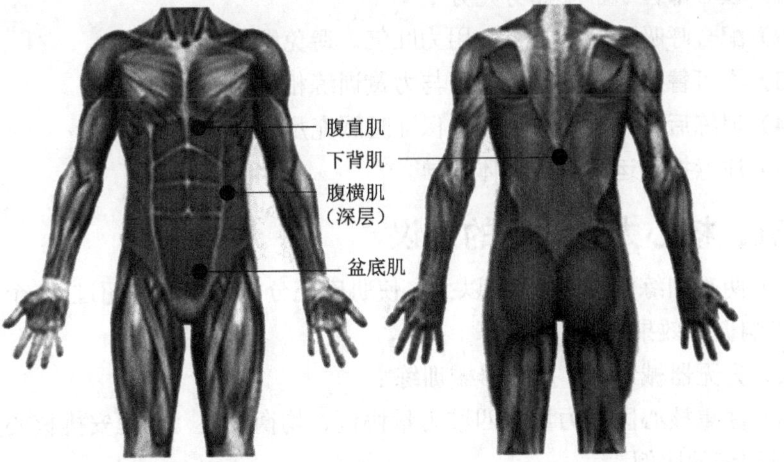

图2-13-1

（二）核心力量训练

核心力量训练是针对身体核心肌群及其深层小肌肉进行的力量、稳定、平衡等能力的训练。

二、核心力量训练的作用[①]

1）提高篮球运动员身体的控制力和平衡力；

2）稳定脊柱、骨盆，保持正确运动姿势；

3）提高上、下肢和动作间肌肉协调工作效率；

4）提高身体的变向和位移速度；

5）提高空中对抗能力和投篮技术动作的稳定性；

6）预防运动中的损伤。

三、核心力量训练的分类[②]

（一）核心稳定性力量训练

核心稳定性力量训练影响四肢肌群的用力效果和动作质量，为上、下肢力量的传递创造条件，为身体重心的位移和稳定提供合理的身体姿态。

（二）核心专门性力量训练

核心专门性力量训练是根据篮球的技术特点设计的专项动作模式的力量训练，其不是专项力量，介于稳定性力量训练和专项力量之间；能使机体稳定性力量转化为专项力量。

四、核心力量训练的注意事项

1）核心部位肌群要热身充分；

2）配合呼吸，放松吸气，用力吐气，避免憋气；

3）不可替代全部力量训练，与力量训练相结合；

4）训练后补充足够的营养，保证睡眠充足；

5）注意把握运动员的个体差异。

五、核心力量训练的建议[③]

1）两次训练间隔 24 小时以上，使肌肉充分恢复，避免超过 48 个小时，否则会影响训练效果；

2）先无器械训练，后有器械训练；

3）注重核心区域力量与四肢力量协调、均衡发展，合理安排核心力量和其他力量训练的比例；

4）训练时间可以逐渐延长；

---

① 王卫星，李海肖 . 2007. 竞技运动员的核心力量训练研究 . 北京体育大学学报，（8）：1119-1121.

② 韩春远，赵晓雯，王卫星，等 . 2013. 运动员核心力量训练的本质 . 体育学刊，20（5）：112-116.

③ 张磊，李丹 . 2012. 我国优秀篮球运动员核心力量训练的理论研究 . 当代体育科技，2（34）：23-24.

5）根据运动员达到的训练级别水平采取不同的方法；

6）篮球专项体能训练应较少静态训练。

六、篮球核心力量训练要点

1）采用与篮球技术动作发力形式和用力结构相近的手段；

2）加强薄弱肌群的针对性训练；

3）加强与篮球技术薄弱环节相对应的训练；

4）不断增加动作幅度，减少支点。

七、核心力量训练难易程度划分参考

具体内容请参考表2-13-1。

表2-13-1　核心力量训练难易程度划分参考表

	基础动作（易）	基础动作（难）	进阶动作（易）	进阶动作（难）
持续时间（静力）（秒）	60	90	60	90
次数（动力）（次）	15～20	25～30	15～20	25～30
组数（组）	3～4	5～6	3～4	5～6

注：进阶动作指在锻炼肌群和作用没有发生质变的原有基础动作上，动作完成难度和提升程度有较大的提高

第二节　核心力量训练方法

核心力量训练方法主要分为核心稳定性和专门性力量训练两种类型，每种类型又可分为静态和动态两种训练方法。

一、核心稳定性力量训练

（一）核心稳定性静态力量训练

1. 平板支撑

1）目的：①减少背部和脊柱受伤风险；②提高平衡能力和灵活性；③稳定核心，强化腹肌。

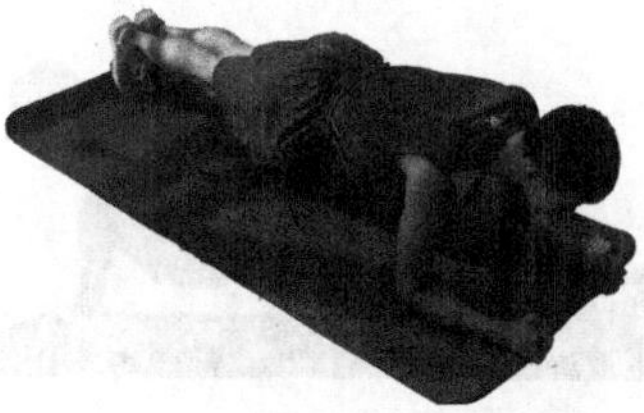

图2-13-2A　平板支撑

2）练习方法（图2-13-2A）：①俯卧，双肘弯曲前臂支撑在地面上；②双脚前脚掌踩地，身体离开地面；③躯干伸直保持

在同一平面。

3）注意事项：①任何时候保持身体挺直；②肩部与肘部连线与地面垂直，保持腹肌的持续收缩发力；③支撑点越少难度越大，支撑点离身体越远难度越大，遵循循序渐进原则。

4）进阶动作（图 2-13-2B）：在平板支撑的基础上换为直臂、屈臂单腿和直臂、屈臂单手以及直臂单手单腿等以增加难度。

图 2-13-2B　平板支撑

2. 侧支撑

1）目的：①利用肩胛带支撑，稳定脊椎于身体正中位置；②增强腹外斜肌和前锯肌的力量；③稳定核心，强化腰腹肌。

2）练习方法（图 2-13-3A）：①侧卧，靠近地面一侧手臂屈肘支撑身体，肘部与肩部垂直；②双脚并拢上下叠放，下侧脚掌外侧撑地，身体离开地面。

3）注意事项：①任何时候都要保持身体挺直；②肩部与肘部连线与地面垂直，保持腹肌的持续收缩发力；③着力点越少难度越大，遵循循序渐进原则。

4）进阶动作（图 2-13-3B）：在侧支撑的基础上，换为上手直臂举手、屈臂抬腿、直臂大字支撑以增加难度。

图 2-13-3A　侧支撑

直臂举手侧支撑　　　屈臂抬腿侧支撑　　　直臂大字侧支撑

图 2-13-3B　侧支撑

3. 靠墙坐

1）目的：①稳定核心，强化腿部及膝关节力量；②控制身体重心，将重量平均分配在双脚之间。

2）练习方法（图 2-13-4A）：①两腿分开，两脚内侧与肩同宽，屈膝下蹲；②双手叉腰，肘部、背部，头后部紧贴墙；③大腿与地面平行，膝关节夹角成 90°。

3）注意事项：①避免坐姿造成膝关节夹角低于或高于 90°；②避免把背向墙上推，使自己撑高；③着力点越少难度越大，遵循循序渐进原则。

4）进阶动作（图 2-13-4B）：①在靠墙坐的基础上，将双手水平前举，掌心向下；②在靠墙坐的基础上，双手扶膝，一腿支撑，一腿前伸。

图 2-13-4A　靠墙坐

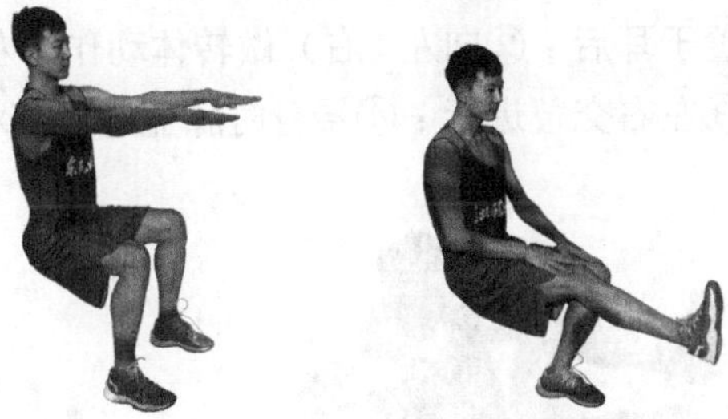

抬手靠墙坐　　　抬腿靠墙坐

图 2-13-4B　靠墙坐

4. 仰卧两头起支撑

1）目的：①提高处于完全伸展姿势时核心区肌肉的稳定控制能力；②增强腹直肌和臀部肌群力量。

2）练习方法（图 2-13-5）：①仰卧，双腿并拢，双臂伸直举过头顶；②头部保持在双臂之间，缓慢将躯干和双腿抬离地面。

3）注意事项：①不要屏住呼吸，保持稳定并均匀地呼吸；②背部尽量伸直，不要从地面弓起。

图 2-13-5　仰卧两头起支撑

（二）核心稳定性动态力量训练

1. 90° 卷腹

1）目的：①增强腹直肌、腹横肌力量；②提高髋关节的稳定性；③改善中枢神经系统。

2）练习方法（图 2-13-6）：①仰卧，收腹举腿，躯干与大腿夹角呈 90°；②抬腿，小腿与地面平行，与大腿形成 90° 角；③双手放在头后，下肢固定，上体做仰卧起坐动作。

图 2-13-6　90° 卷腹

3）注意事项：①双手不要用力抱头；②保持重心稳定，不要左右摇晃。

2. 仰卧转体

1）目的：①增加腹部耐力；②强化臀转肌。

2）练习方法（图 2-13-7）：①双腿伸直坐于地面，双脚抬离地面，身体抬高，双手置于耳后；②向左（右）做转体动作，左（右）腿屈膝成 90°，右（左）腿伸直；③左右交替进行；④转身时膝盖与肘部相碰。

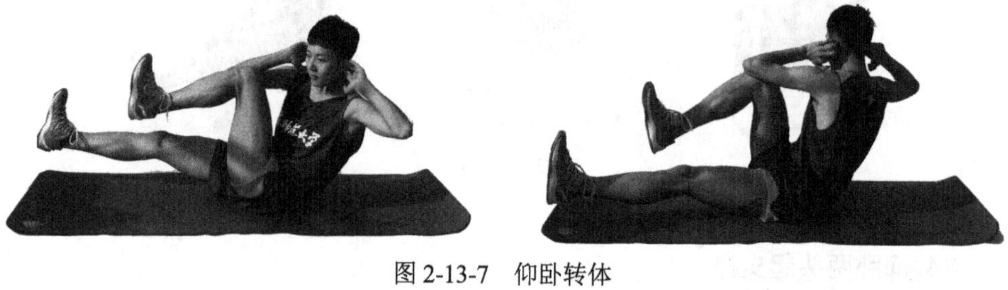

图 2-13-7　仰卧转体

3）注意事项：①双膝并拢；②颈部与肩部放松；③腹部发力，而不是肩部发力。

3. 仰卧单车

1）目的：①提高腹部肌群耐力和稳定性；②增强腹直肌、腹横肌、腹外斜肌力量。

2）练习方法（图 2-13-8）：①仰卧，双腿腾空形成骑单车姿势；②身体向上卷起，双手置于头后；③左右腿交替进行骑单车动作，动作幅度逐渐增大，相反动作换方向朝后。

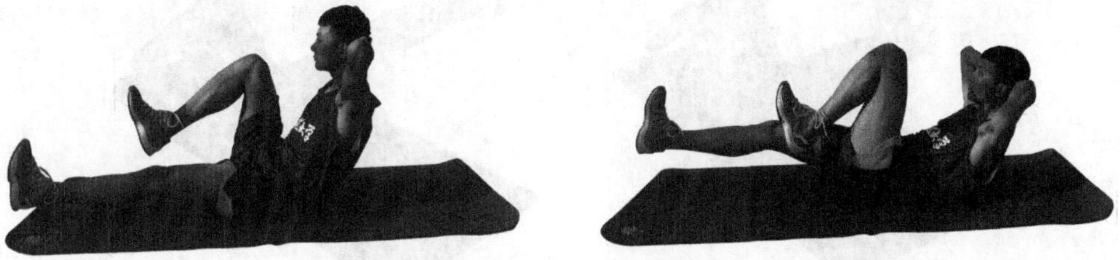

图 2-13-8　仰卧单车

3）注意事项：①双手不要用力抱头；②臀部在地面上保持稳定；③上体保持稳定，大腿靠近前胸。

4. 仰卧举腿

1）目的：①增强下腹部力量耐力；②强化核心及盆骨稳定。

2）练习方法（图 2-13-9）：①仰卧，双脚朝空中伸直；②膝部伸直，双臂伸直置于地面上；③双腿抬高与地面形成 90° 角，然后放下与地面平行。

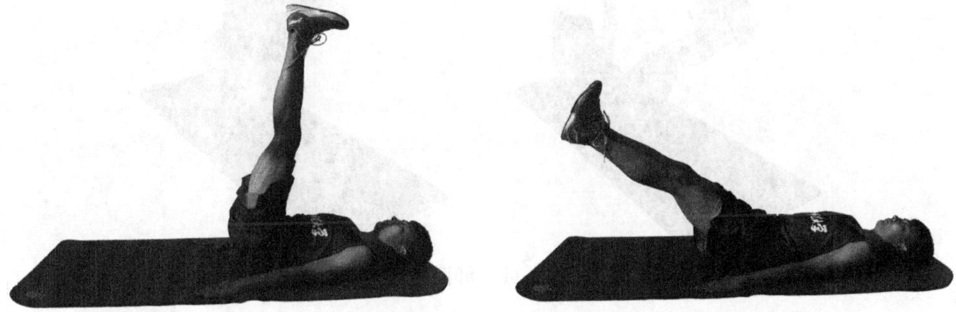

图 2-13-9　仰卧举腿

3）注意事项：①足跟不能着地；②避免猛拉惯性用力或者头部发力；③在整个动作中腿部始终保持伸直与稳定。

5. 臀转摆腿

1）目的：①强化腹部对抗重力及腿部重量的能力；②提高对抗中的转身及稳定能力。

2）练习方法（图 2-13-10）：①取坐姿，双臂放在身体后支撑身体重量；②双腿平行抬起，与身体呈 90° ；③以臀部为支点，右摆至与地面呈 45° ；④再向左摆 90° ，摆动轨迹为扇形。

3）注意事项：①用腹部和肩部保持稳定；②从一侧摆动到另一侧的时候腿

的肌肉应该拉长。

图 2-13-10　臀转摆腿

6. 仰卧两头起

1）目的：①增强腹直肌、腹横肌、下背肌力量；②强化腹背肌稳定性。

2）练习方法（图 2-13-11）：①仰卧平躺，双腿以 45°～90°抬高，双臂、双腿伸直并拢；②背部呈“C”字形，同时手臂朝脚尖伸展。

图 2-13-11　仰卧两头起

3）注意事项：①通过脊椎上下运动一节一节地堆叠；②避免惯性用力完成动作；③用腹肌抬高腿和身体。

7. 俯卧两头起

1）目的：①增加腰部肌群力量；②强化核心稳定。

2）练习方法（图 2-13-12）：①俯卧，两腿并拢，两臂前伸，全身呈“一”字形；②上体和双腿同时向上抬起。

3）注意事项：①小腿不能弯曲，大腿带动小腿抬起；②落下时，双手、双脚不能着地。

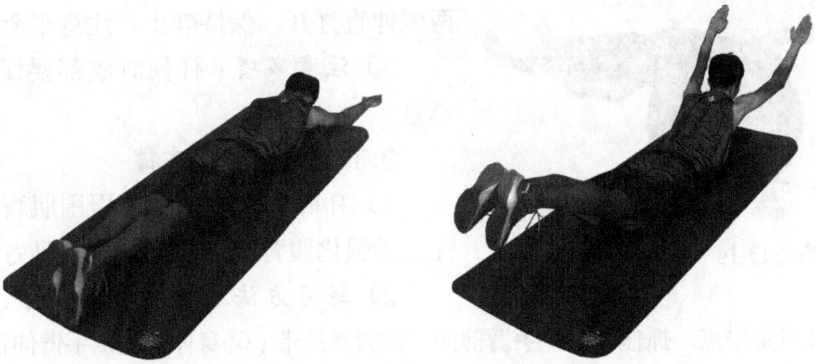

图 2-13-12　俯卧两头起

二、核心专门性力量训练

（一）核心专门性静态力量训练

1. 俯卧肘撑球

1）目的：①减少背部和脊柱受伤风险；②创造非稳定情况下关节的稳定性和恢复肌肉功能；③稳定核心，强化腹背肌。

2）练习方法（图 2-13-13A）：①俯卧，双肘弯曲，前臂支撑在瑞士球上；②双脚前脚掌踩地，身体离开地面。

3）注意事项：①任何时候保持身体挺直；②肩关节在肘部上方，保持腹肌持续收缩发力。

4）进阶动作（图 2-13-13B）：①俯卧，双手撑地，将双脚搭在瑞士球上；②提臀挺背，保持身体与地面平行。

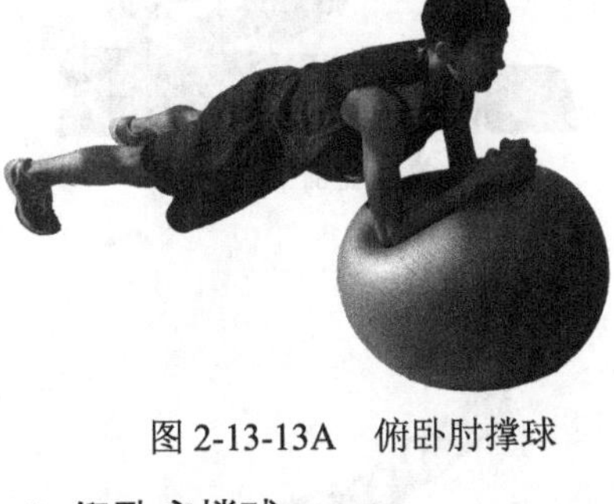

图 2-13-13A　俯卧肘撑球

图 2-13-13B　俯卧脚撑球

2. 仰卧肩撑球

1）目的：①提高平衡能力和灵活性；②提高处于不平衡状态完全伸展姿势时核心区肌肉的稳定控制能力。

2）练习方法（图 2-13-14）：①双脚分开撑地，仰卧在瑞士球上；②手臂向

图 2-13-14　仰卧肩撑球

两侧伸直打开，保持静止，注意平衡。

3）注意事项：任何时候都要保持身体挺直。

3. TRX 俯卧平板支撑

1）目的：①提高脊柱周围肌群的稳定性；②强化腹背肌，增加肱三头肌力量。

2）练习方法（图 2-13-15A）：①俯卧，背对悬挂带定锚点，抓住手柄，手臂前伸，拉紧悬挂带；②身体挺直，手臂伸直支撑。

3）注意事项：①任何时候都要保持身体挺直；②支撑点越少难度越大，支撑点离身体越远难度越大，遵循循序渐进原则。

4）进阶动作（图 2-13-15B）：①屈臂，使得平板支撑的身体尽量贴近地面；②在俯卧平板支撑基础上，一手背后，一手抓紧悬挂带支撑身体；③双手撑地，将脚踝固定在悬挂带上，提臀挺背，保持平板支撑姿势；④在手撑地平板支撑基础上，提高脚部悬挂的高度，屈臂支撑。

图 2-13-15A　TRX 俯卧平板支撑

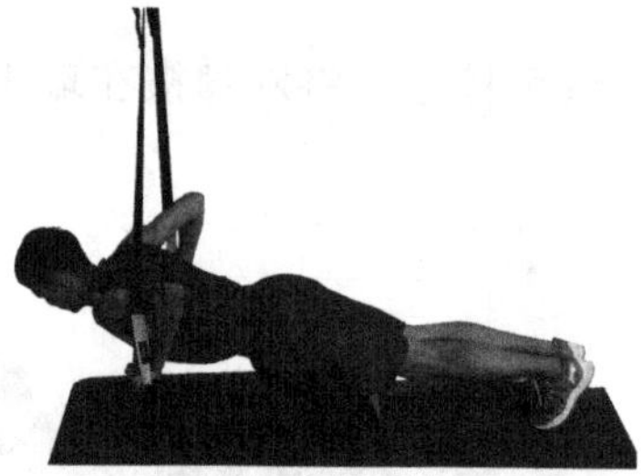

TRX 屈臂俯卧平板支撑

TRX 单臂俯卧平板支撑

TRX 手撑地平板支撑

TRX 手撑地平板支撑

图 2-13-15B　TRX 俯卧平板支撑

4.TRX 悬垂举腿

1）目的：①增强腹直肌下部、腹斜肌、前锯肌力量；②提高肩关节的稳定性；③增强空中对抗的投篮能力。

2）练习方法（图 2-13-16）：①身体直立，直臂支撑于悬挂带手柄；②双腿并拢伸直抬起，与躯干成 90°。

3）注意事项：①身体挺直，双臂在身体两侧；②腹肌收缩发力，双腿伸直。

图 2-13-16 TRX 悬垂举腿

（二）核心专门性动态力量训练

图 2-13-17 拉伸机拉伸转体

1. 拉伸机拉伸转体

1）目的：①抗旋转练习，强化核心力量；②提高防守及控球能力。

2）练习方法（图 2-13-17）：①两脚分开，与肩同宽，两膝微屈，躯干正直；②两臂伸直，双手将手柄由胸前保持同一水平线拉至身体右（左）侧；③缓慢还原至初始动作。

3）注意事项：①保持两脚固定不动；②保持躯干挺直；③保持伸展位置3 秒。

2. 拉伸机头顶拉伸

1）目的：①提高头上动作时肩部的稳定性；②提高抢篮板球的能力；③预防腰背部受伤，降低跌落时其他伤害发生的概率。

2）练习方法（图 2-13-18）：①两脚分开，与肩同宽，两膝微屈，躯干正直；②双手将手柄拉至靠近腹部的肚脐高度，收紧腹肌并屈曲髋关节；③缓慢恢复至初始姿势。

3）注意事项：①保持躯干挺直；②保持伸展位置 3 秒。

3. T 杠转体

1）目的：①提高转身的爆发力；②强化躯干肌肉；③降低背部受伤概率。

2）练习方法（图 2-13-19）：①使用一端牢固地楔入墙角的空杠铃，双臂从身前伸出，外侧手掌心朝上、内侧手掌心朝下握住杠铃另一端，杠铃在体前；②两腿分开比肩宽，屈膝下蹲，下肢蹬伸，转体，双臂抬举杠铃上摆转向；③当杠铃完全停在底部时，逆向转动到另一侧；④完整的旋转动作是一个 180° 的弧度。

图 2-13-18　拉伸机头顶拉伸

图 2-13-19　T 杠转体

3）注意事项：①由躯干带动手臂和肩部做转体动作；②控制动作，不要使用惯性或颠簸动作。

4. 背部伸展

1）目的：①有助于完成任何跳跃动作；②加强保持躯干处于良好防守姿势的肌肉力量。

2）练习方法（图 2-13-20）：①使用一台过伸机，髋部朝前屈 90°，上体倒垂；②双手放在耳后或交叉在胸前；③缓慢抬起躯干，背部挺直，在最顶部位保持 1～2 秒。

图 2-13-20　背部伸展

3）注意事项：①保持动作流畅、缓慢且可控；②不要摇晃或摆动身体；③不要超过与地面平行或过于弓起脊柱。

5. TRX 卷腹

1）目的：①改善核心、骨盆以及肩关节的稳定性；②增强腹直肌、腹横肌、下背肌的力量；③提高对抗中身体的控制能力。

2）练习方法（图 2-13-21）：①双手支撑在地，双脚置于手柄上，身体保持挺直；②腰腹发力，大腿向前胸靠拢。

图 2-13-21　TRX 卷腹

3）注意事项：①膝部内拉时背部拱起；②避免身体左右摇晃。

6. TRX 俯卧蹬腿

1）目的：①改善核心和骨盆稳定性；②提高腹部肌群耐力；③增强腹直肌、腹横肌、腹外斜肌力量。

2）练习方法（图 2-13-22）：①双手支撑在地，双脚置于手柄上，身体保持挺直；②双腿呈跑步动作。

图 2-13-22　TRX 俯卧蹬腿

3）注意事项：①身体挺直；②避免臀部抬高；③腹部发力，保证动作的连贯。

7. TRX 侧卷腹

1）目的：①稳定脊柱；②提高平衡能力和灵活性；③稳定核心，强化腰腹肌。

2）练习方法（图 2-13-23）：①身体侧向，单臂屈臂支撑于地面；②双脚置于手柄上，身体保持挺直；③腰腹用力，屈膝收腹，举腿与躯干成 90° 角。

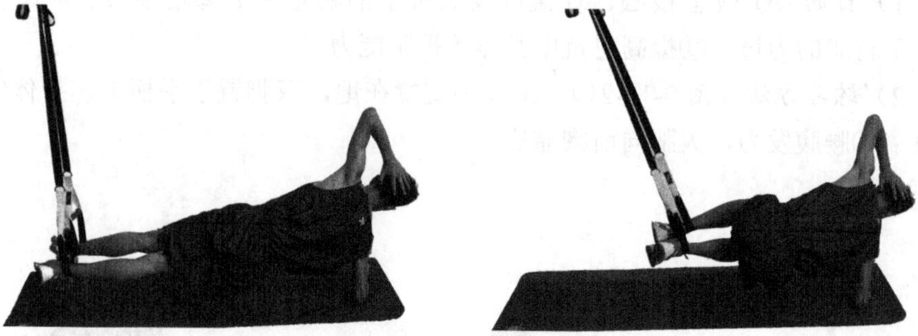

图 2-13-23　TRX 侧卷腹

3）注意事项：①双腿并拢；②做动作时避免臀部向后用力。

8. 仰卧瑞士球转体

1）目的：①提高躯干的转动能力、稳定能力；②提高核心肌肉群和上肢肌肉群的协调能力。

2）练习方法（图 2-13-24）：①仰卧在瑞士球上，肩胛骨触球，两脚分开，膝关节弯曲呈 90°；②双手合十，双臂伸直，向右(左）转体至双臂与地面平行。

图 2-13-24　仰卧瑞士球转体

3）注意事项：①转体时腹部和臀部收紧；②保持躯干、大腿与地面平行。

9. 俯卧双手撑地脚拉瑞士球

1）目的：①提高跑动时的屈髋能力；②激活肩部和腹部肌肉，保持躯干的稳定性。

2）练习方法（图 2-13-25）：①双手撑地呈俯卧撑姿势，胫骨置于瑞士球上；②双腿并拢伸直，朝上肢方向拉球。

图 2-13-25　俯卧双手撑地脚拉瑞士球

3）注意事项：①拉球过程中注意保持肘部的稳定；②保持背部平直和腹部收紧。

10. 仰卧脚拉瑞士球

1）目的：①增加大腿后侧肌群力量与耐力；②强化臀肌与骨盆的稳定性。

2）练习方法（图 2-13-26）：①仰卧，双腿伸直并拢，瑞士球置于小腿及脚下；②身体拱起，大腿与上肢呈一条直线，小腿向身体方向拉球。

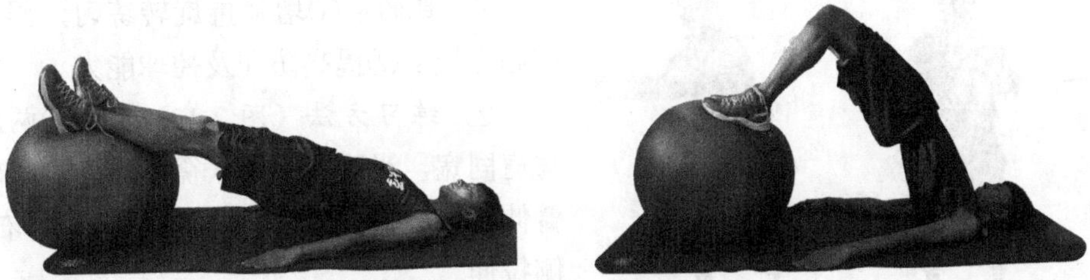

图 2-13-26　仰卧脚拉瑞士球

3）注意事项：①整个动作肩与颈部保持放松；②躯干从肩部到膝部成一条直线。

11. 滚轮俯卧撑屈膝

1）目的：①改善核心、骨盆以及肩关节的稳定性；②增强腹部肌群耐力；③强化腰腹及大腿肌群力量。

2）练习方法（图 2-13-27）：①俯卧，双手体前撑地，胫骨置于滚轮上；②收腹屈膝向躯干靠拢，拉近时身体拱起，让滚轮朝脚部方向滚动。

图 2-13-27　滚轮俯卧撑屈膝

3）注意事项：①收腹屈膝内拉时背部拱起；②颈部放松。

12. 三头肌外滚

1）目的：①改善核心和骨盆稳定性；②激活三头肌。

2）练习方法（图 2-13-28）：①跪在地面上，手腕置于滚轮上方，手指向前，掌心相对；②用前臂向前滚直至肘部位置；③还原至初始位置。

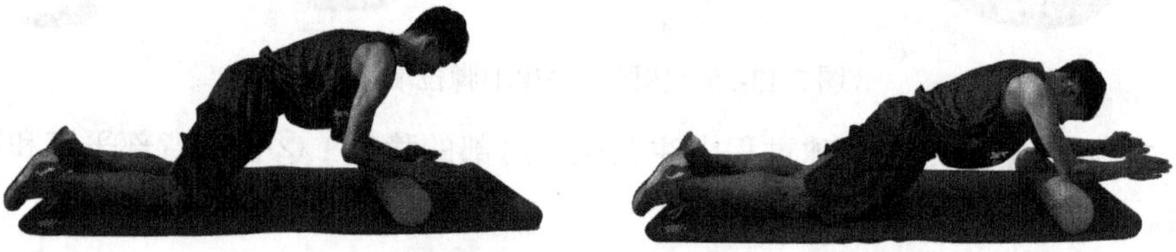

图 2-13-28　三头肌外滚

3）注意事项：①运动中肩部保持放松；②腰部与背部呈一条直线；③背拱起。

图 2-13-29　平衡半球侧拉

13. 平衡半球侧拉

1）目的：①增强抗旋转练习，强化核心力量；②提高防守及控球能力。

2）练习方法（图 2-13-29）：①两脚与肩同宽，半蹲站立在平衡半球上；②双臂伸直，将弹力带从右（左）侧向左（右）侧拉伸。

3）注意事项：①做动作时双臂伸直，腰腹用力带动身体转动；②避免手臂用力。

14. 平衡半球挤柠檬

1）目的：①强化腹肌耐力；②强化臀转肌。

2）练习方法（图 2-13-30）：①取坐姿于平衡半球上，双脚离地；②膝关节向胸前靠近，手臂向脚踝前伸；③慢慢打开，伸长腿并降低躯干位置。

3）注意事项：①整个练习中大腿肌肉绷紧；②肩部放松，避免肩部抬高。

15. 平衡半球持球转体

1）目的：①强化空中对抗能力和投篮稳定性；②强化臀转肌；③协调上、下肢肌肉用力。

2）练习方法（图 2-13-31）：①取坐姿于平衡半球上，双腿腾空；②双手持球，做左、右转体动作，同时双腿做骑单车动作。

3）注意事项：①背部拱起；②上肢做转体动作时，双腿配合骑单车动作，动作要协调。

图 2-13-30　平衡半球挤柠檬

图 2-13-31　平衡半球持球转体

第三节　训练计划制定

一、训练周期划分

以 4 月下旬至5 月中旬和 9 月中旬至10 月中旬两个竞赛周期计划为例。

1. 将年度训练周期划分为两个周期

1）第一竞赛周期：上一年度 10 月末至次年 6 月中旬；

2）第二竞赛周期：6 月下旬至10 月中旬。

2. 将每一竞赛周期分为四个小周期

分别为：①准备期；②赛前期；③比赛期；④恢复期。

二、各周期任务制定

具体内容如图 2-13-32 所示。

三、各周期核心力量训练内容选择及负荷安排

具体内容如表 2-13-2、表 2-13-3 所示。

表 2-13-2　各周期核心力量训练内容选择与负荷安排表

周期	时间	主要任务	训练内容	训练负荷	
				量	强度
第一竞赛周期					
准备期	10月末至3月上旬	以有氧耐力、全面力量为主的一般身体训练	动态训练为主，静态训练为辅	大	低
赛前期	3月中旬至4月中旬	以核心力量、专门力量、专项速度优化与速度耐力训练为主	动态专门性力量训练为主，动态稳定性力量训练为辅	中等	高

续表

周期	时间	主要任务	训练内容	训练负荷	
				量	强度
第一竞赛周期					
比赛期	4月下旬至5月中旬	以技战术与实战模拟训练为主	动态专门性力量训练为主	中等	中等
恢复期	5月下旬至6月中旬	以体能保持与疲劳消除为主	动态稳定性力量训练为主，静态训练为辅	小	低
第二竞赛周期					
准备期	6月下旬至8月上旬	以有氧耐力、全面力量为主的一般身体训练，视上半年的问题进行有针对性的弥补	动态训练为主，静态训练为辅	大	低
赛前期	8月中旬至9月上旬	以核心力量、专门力量、专项速度优化与速度耐力训练为主	动态专门性力量训练为主，动态稳定性力量训练为辅	中等	高
比赛期	9月中旬至10月中旬	视新对手练新战术	动态专门性力量训练为主	中等	中等
恢复期	10月中旬至10月末	以体能保持与疲劳消除为主	动态稳定性力量训练为主，静态训练为辅	小	低

表 2-13-3　力量训练强度区域表①

强度区域	运动负荷	强度（%）
1	超最大	>100
2	最大	90～100
3	大	80～90
4	中等	70～80
5	低	50～70
6	很低	30～50

① Bompa T O，Gregory H G. 2011．周期——运动训练理论与方法．李少丹，李艳翎译 . 北京：北京体育大学出版社：218.

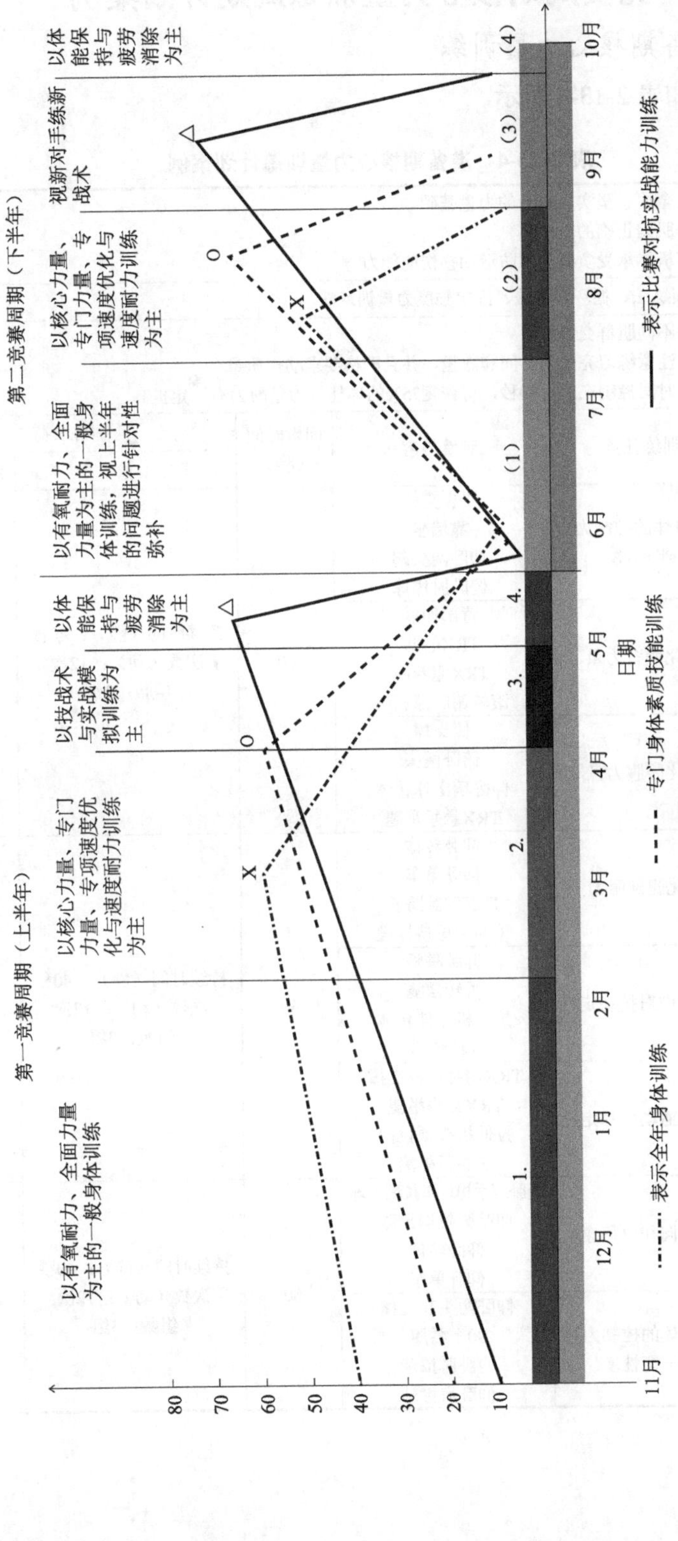

图 2-13-32　篮球双竞赛期全年训练周期节奏图

注 1：三条线表示每一项训练所占每一次训练的比重

注 2：三方面的训练负荷及训练比重需在小周期、周计划、课时计划的具体设计中贯彻体现

四、第一竞赛周期核心力量训练周期计划案例

（一）准备期核心力量训练

具体内容如表 2-13-4 所示。

表 2-13-4　准备期核心力量训练计划案例

训练目标	1.建立全面、坚实、均衡的力量基础 2.培养肌肉正确的动作感 3.提高机体承受负荷及预防运动损伤的能力					
主要方法	间歇训练法、循环训练法、固定强度力量训练法					
注意事项	1.注意不同肌群交替练习 2.不仅注意练习完成的时间和数量，并且严格要求动作质量 3.间歇时间控制在30～60秒，可恢复75%的体能，力量耐力有一定提高					
周	天	训练任务	训练内容	间歇时间（秒）	训练负荷	
					量	强度（%）
一	1	提高身体的控制力和平衡性	平板支撑 靠墙坐 仰卧两头起 俯卧肘撑球	60	持续时间（静）：40秒 次数（动）：12次 组数：3组	50～55
	2	强化腹背力量	背部伸展 TRX卷腹 TRX侧卷腹 滚轮俯卧撑屈膝			
	3	强化腰腹力量	侧支撑 俯卧两头 仰卧瑞士球转体 TRX悬垂举腿			
二	1	强化腹部耐力	仰卧转体 仰卧单车 TRX俯卧蹬腿 平衡半球挤柠檬	60	持续时间（静）：40秒 次数（动）：12次 组数：3组	50～55
	2	提高空中对抗稳定性	仰卧举腿 臀转摆腿 拉伸机拉伸转体 T杠转体			
	3	提高投篮动作稳定性	TRX俯卧平板支撑 TRX悬垂举腿 拉伸机头顶拉伸 三头肌外滚			
三	1	提高变向和位移速度	俯卧双手撑地脚拉瑞士球 仰卧脚拉瑞士球 仰卧转体 仰卧单车	60	持续时间（静）：40秒 次数（动）：12次 组数：3组	50～55
	2	提高身体的控制力和平衡性	仰卧两头起支撑 90°卷腹 俯卧肘撑球 仰卧肩撑球			

续表

周	天	训练任务	训练内容	间歇时间（秒）	训练负荷	
					量	强度（%）
三	3	强化腹背力量	背部伸展 TRX卷腹 TRX侧卷腹 滚轮俯卧撑屈膝	60	持续时间（静）：40秒 次数（动）：12次 组数：3组	50～55
	1	强化腰腹力量	侧支撑 俯卧两头 仰卧瑞士球转体 TRX悬垂举腿			
四	2	强化腹部耐力	仰卧转体 仰卧单车 TRX俯卧蹬腿 平衡半球挤柠檬	60	持续时间（静）：50秒 次数（动）：15次 组数：3组	50～55
	3	提高空中对抗稳定性	仰卧举腿 臀转摆腿 平衡半球侧拉 平衡半球持球转体			
	1	提高投篮动作稳定性	TRX俯卧平板支撑 TRX悬垂举腿 拉伸机头顶拉伸 三头肌外滚			
五	2	提高变向和位移速度	俯卧双手撑地脚拉瑞士球 仰卧脚拉瑞士球 仰卧转体 仰卧单车	50	持续时间（静）：50秒 次数（动）：15次 组数：3组	50～55
	3	提高身体的控制力和平衡性	平板支撑 靠墙坐 仰卧两头起 俯卧肘撑球			
	1	强化腹背力量	背部伸展 TRX卷腹 TRX侧卷腹 滚轮俯卧撑屈膝			
六	2	强化腰腹力量	侧支撑 俯卧两头 仰卧瑞士球转体 TRX悬垂举腿	50	持续时间（静）：50秒 次数（动）：15次 组数：4组	55～60
	3	强化腹部耐力	仰卧转体 仰卧单车 TRX俯卧蹬腿 平衡半球挤柠檬			
七	1	提高空中对抗稳定性	仰卧举腿 臀转摆腿 拉伸机拉伸转体 T杠转体	50	持续时间（静）：60秒 次数（动）：18次 组数：4组	55～60

续表

<table>
<tr><th rowspan="2">周</th><th rowspan="2">天</th><th rowspan="2">训练任务</th><th rowspan="2">训练内容</th><th rowspan="2">间歇时间（秒）</th><th colspan="2">训练负荷</th></tr>
<tr><th>量</th><th>强度（%）</th></tr>
<tr><td rowspan="2">七</td><td>2</td><td>提高投篮动作稳定性</td><td>TRX俯卧平板支撑
TRX悬垂举腿
拉伸机头顶拉伸
三头肌外滚</td><td rowspan="2">50</td><td rowspan="2">持续时间（静）：60秒
次数（动）：18次
组数：4组</td><td rowspan="2">55～60</td></tr>
<tr><td>3</td><td>提高变向和位移速度</td><td>俯卧双手撑地脚拉瑞士球
仰卧脚拉瑞士球
仰卧转体
仰卧单车</td></tr>
<tr><td rowspan="3">八</td><td>1</td><td>提高身体的控制力和平衡性</td><td>仰卧两头起支撑
90°卷腹
俯卧肘撑球
仰卧肩撑球</td><td rowspan="3">50</td><td rowspan="3">持续时间（静）：60秒
次数（动）：18次
组数：4组</td><td rowspan="3">55～60</td></tr>
<tr><td>2</td><td>强化腹背力量</td><td>背部伸展
TRX卷腹
TRX侧卷腹
滚轮俯卧撑屈膝</td></tr>
<tr><td>3</td><td>强化腰腹力量</td><td>侧支撑
俯卧两头
仰卧瑞士球转体
TRX悬垂举腿</td></tr>
<tr><td rowspan="3">九</td><td>1</td><td>强化腹部耐力</td><td>仰卧转体
仰卧单车
TRX俯卧蹬腿
平衡半球挤柠檬</td><td rowspan="3">40</td><td rowspan="3">持续时间（静）：60秒
次数（动）：18次
组数：4组</td><td rowspan="3">55～60</td></tr>
<tr><td>2</td><td>提高空中对抗稳定性</td><td>仰卧举腿
臀转摆腿
平衡半球侧拉
平衡半球持球转体</td></tr>
<tr><td>3</td><td>提高投篮动作稳定性</td><td>TRX俯卧平板支撑
TRX悬垂举腿
拉伸机头顶拉伸
三头肌外滚</td></tr>
<tr><td rowspan="3">十</td><td>1</td><td>提高变向和位移速度</td><td>俯卧双手撑地脚拉瑞士球
仰卧脚拉瑞士球
仰卧转体
仰卧单车</td><td rowspan="3">40</td><td rowspan="3">持续时间（静）：70秒
次数（动）：20次
组数：4组</td><td rowspan="3">55～60</td></tr>
<tr><td>2</td><td>提高身体的控制力和平衡性</td><td>平板支撑
靠墙坐
仰卧两头起
俯卧肘撑球</td></tr>
<tr><td>3</td><td>强化腹背力量</td><td>背部伸展
TRX卷腹
TRX侧卷腹
滚轮俯卧撑屈膝</td></tr>
</table>

续表

周	天	训练任务	训练内容	间歇时间（秒）	训练负荷	
					量	强度（%）
十一	1	强化腰腹力量	侧支撑 俯卧两头 仰卧瑞士球转体 TRX悬垂举腿	40	持续时间（静）：70秒 次数（动）：20次 组数：4组	60～65
	2	强化腹部耐力	仰卧转体 仰卧单车 TRX俯卧蹬腿 平衡半球挤柠檬			
	3	提高空中对抗稳定性	仰卧举腿 臀转摆腿 拉伸机拉伸转体 T杠转体			
	4	提高投篮动作稳定性	TRX俯卧平板支撑 TRX悬垂举腿 拉伸机头顶拉伸 三头肌外滚			
十二	1	提高变向和位移速度	俯卧双手撑地脚拉瑞士球 仰卧脚拉瑞士球 仰卧转体 仰卧单车	40	持续时间（静）：70秒 次数（动）：20次 组数：4组	60～65
	2	提高身体的控制力和平衡性	仰卧两头起支撑 90° 卷腹 俯卧肘撑球 仰卧肩撑球			
	3	强化腹背力量	背部伸展 TRX卷腹 TRX侧卷腹 滚轮俯卧撑屈膝			
	4	强化腰腹力量	侧支撑 俯卧两头 仰卧瑞士球转体 TRX悬垂举腿			
十三	1	强化腹部耐力	仰卧转体 仰卧单车 TRX俯卧蹬腿 平衡半球挤柠檬	30	持续时间（静）：80秒 次数（动）：22次 组数：4组	60～65
	2	提高空中对抗稳定性	仰卧举腿 臀转摆腿 平衡半球侧拉 平衡半球持球转体			
	3	提高投篮动作稳定性	TRX俯卧平板支撑 TRX悬垂举腿 拉伸机头顶拉伸 三头肌外滚			

续表

周	天	训练任务	训练内容	间歇时间（秒）	训练负荷	
					量	强度（%）
十三	4	提高变向和位移速度	俯卧双手撑地脚拉瑞士球 仰卧脚拉瑞士球 仰卧转体 仰卧单车	30	持续时间（静）：80秒 次数（动）：22次 组数：4组	60～65
十四	1	提高身体的控制力和平衡性	平板支撑 靠墙坐 仰卧两头起 俯卧肘撑球	30	持续时间（静）：80秒 次数（动）：22次 组数：4组	60～65
	2	强化腹背力量	背部伸展 TRX卷腹 TRX侧卷腹 滚轮俯卧撑屈膝			
	3	强化腰腹力量	侧支撑 俯卧两头 仰卧瑞士球转体 TRX悬垂举腿			
	4	强化腹部耐力	仰卧转体 仰卧单车 TRX俯卧蹬腿 平衡半球挤柠檬			
十五	1	提高空中对抗稳定性	仰卧举腿 臀转摆腿 拉伸机拉伸转体 T杠转体	30	持续时间（静）：80秒 次数（动）：22次 组数：4组	60～65
	2	提高投篮动作稳定性	TRX俯卧平板支撑 TRX悬垂举腿 拉伸机头顶拉伸 三头肌外滚			
	3	提高变向和位移速度	俯卧双手撑地脚拉瑞士球 仰卧脚拉瑞士球 仰卧转体 仰卧单车			
	4	提高身体的控制力和平衡性	仰卧两头起支撑 90°卷腹 俯卧肘撑球 仰卧肩撑球			
十六	1	强化腹背力量	背部伸展 TRX卷腹 TRX侧卷腹 滚轮俯卧撑屈膝	30	持续时间（静）：90秒 次数（动）：25次 组数：4组	65～70
	2	强化腰腹力量	侧支撑 俯卧两头 仰卧瑞士球转体 TRX悬垂举腿			

续表

周	天	训练任务	训练内容	间歇时间（秒）	训练负荷	
					量	强度（%）
十六	3	强化腹部耐力	仰卧转体 仰卧单车 TRX俯卧蹬腿 平衡半球挤柠檬	30	持续时间（静）：90秒 次数（动）：25次 组数：4组	65～70
	4	提高空中对抗稳定性	仰卧举腿 臀转摆腿 平衡半球侧拉 平衡半球持球转体			
十七	1	提高投篮动作稳定性	TRX俯卧平板支撑 TRX悬垂举腿 拉伸机头顶拉伸 三头肌外滚	30	持续时间（静）：90秒 次数（动）：25次 组数：4组	65～70
	2	提高变向和位移速度	俯卧双手撑地脚拉瑞士球 仰卧脚拉瑞士球 仰卧转体 仰卧单车			
	3	提高身体的控制力和平衡性	平板支撑 靠墙坐 仰卧两头起 俯卧肘撑球			
	4	强化腹背力量	背部伸展 TRX卷腹 TRX侧卷腹 滚轮俯卧撑屈膝			
十八	1	强化腰腹力量	侧支撑 俯卧两头 仰卧瑞士球转体 TRX悬垂举腿	30	持续时间（静）：90秒 次数（动）：25次 组数：4组	65～70
	2	强化腹部耐力	仰卧转体 仰卧单车 TRX俯卧蹬腿 平衡半球挤柠檬			
	3	提高空中对抗稳定性	仰卧举腿 臀转摆腿 拉伸机拉伸转体 T杠转体			
	4	提高投篮动作稳定性	TRX俯卧平板支撑 TRX悬垂举腿 拉伸机头顶拉伸 三头肌外滚			
十九	1	提高变向和位移速度	俯卧双手撑地脚拉瑞士球 仰卧脚拉瑞士球 仰卧转体 仰卧单车	30	持续时间（静）：90秒 次数（动）：25次 组数：4组	65～70

续表

周	天	训练任务	训练内容	间歇时间（秒）	训练负荷	
					量	强度（%）
十九	2	提高身体的控制力和平衡性	仰卧两头起支撑 90°卷腹 俯卧肘撑球 仰卧肩撑球	30	持续时间（静）：90秒 次数（动）：25次 组数：4组	65～70
	3	强化腹背力量	背部伸展 TRX卷腹 TRX侧卷腹 滚轮俯卧撑屈膝			
	4	强化腰腹力量	侧支撑 俯卧两头 仰卧瑞士球转体 TRX悬垂举腿			
二十	1	强化腹部耐力	仰卧转体 仰卧单车 TRX俯卧蹬腿 平衡半球挤柠檬	30	持续时间（静）：90秒 次数（动）：25次 组数：4组	65～70
	2	提高空中对抗稳定性	仰卧举腿 臀转摆腿 平衡半球侧拉 平衡半球持球转体			
	3	提高投篮动作稳定性	TRX俯卧平板支撑 TRX悬垂举腿 拉伸机头顶拉伸 三头肌外滚			
	4	提高变向和位移速度	俯卧双手撑地脚拉瑞士球 仰卧脚拉瑞士球 仰卧转体 仰卧单车			
二十一	1	提高身体的控制力和平衡性	平板支撑 靠墙坐 仰卧两头起 俯卧肘撑球	30	持续时间（静）：90秒 次数（动）：25次 组数：4组	65～70
	2	强化腹背力量	背部伸展 TRX卷腹 TRX侧卷腹 滚轮俯卧撑屈膝			
	3	强化腰腹力量	侧支撑 俯卧两头 仰卧瑞士球转体 TRX悬垂举腿			
	4	强化腹部耐力	仰卧转体 仰卧单车 TRX俯卧蹬腿 平衡半球挤柠檬			

（二）赛前期核心力量训练

具体内容见表 2-13-5 所示。

表 2-13-5　赛前期核心力量训练计划案例

训练目标	1.通过合理的减量训练提高比赛成绩 2.通过核心专门性力量训练将核心稳定性力量过渡到专项力量
主要方法	间歇训练法、循环训练法、固定强度训练法
注意事项	1.在重大比赛前5～7天应停止核心力量训练，让机体有充分的时间达到消除疲劳和超量恢复的效果 2.若前期的训练负荷较大，需要2周左右的时间来进行赛前减量调整；若前期的训练负荷不大，需要1周左右的时间进行减量调整，以避免机能的下降 3.要根据运动员的个体差异，区别对待，因人而异

周	天	训练任务	训练内容	间歇时间（秒）	训练负荷	
					量	强度（%）
一	1	提高空中对抗稳定性	仰卧举腿 臀转摆腿 拉伸机拉伸转体 T杠转体	60	持续时间（静）：90秒 次数（动）：25次 组数：4组	80～90
	2	提高投篮动作稳定性	TRX俯卧平板支撑 TRX悬垂举腿 拉伸机头顶拉伸 三头肌外滚			
	3	提高变向和位移速度	俯卧双手撑地脚拉瑞士球 仰卧脚拉瑞士球 仰卧转体 仰卧单车	60		
	4	提高身体的控制力和平衡性	平板支撑 靠墙坐 仰卧两头起 俯卧肘撑球			
二	1	提高投篮动作稳定性	TRX俯卧平板支撑 TRX悬垂举腿 拉伸机头顶拉伸 三头肌外滚	60	持续时间（静）：90秒 次数（动）：25次 组数：4组	80～90
	2	提高变向和位移速度	俯卧双手撑地脚拉瑞士球 仰卧脚拉瑞士球 仰卧转体 仰卧单车			
	3	提高空中对抗稳定性	仰卧举腿 臀转摆腿 拉伸机拉伸转体 T杠转体	60		
	4	提高投篮动作稳定性	TRX俯卧平板支撑 TRX悬垂举腿 拉伸机头顶拉伸 三头肌外滚			

续表

周	天	训练任务	训练内容	间歇时间（秒）	训练负荷	
					量	强度（%）
三	1	强化腹背力量	背部伸展 TRX卷腹 TRX侧卷腹 滚轮俯卧撑屈膝	60	持续时间（静）60秒 次数（动）：25次 组数：5组	80～85
	2	强化腰腹力量	侧支撑 俯卧两头 仰卧瑞士球转体 TRX悬垂举腿			
	3	强化腹部耐力	仰卧转体 仰卧单车 TRX俯卧蹬腿 平衡半球挤柠檬	60		
	4	提高空中对抗稳定性	仰卧举腿 臀转摆腿 拉伸机拉伸转体 T杠转体			
四	1	提高变向和位移速度	俯卧双手撑地脚拉瑞士球 仰卧脚拉瑞士球 仰卧转体 仰卧单车	60	持续时间（静）：60秒 次数（动）：25次 组数：5组	80～85
	2	提高空中对抗稳定性	仰卧举腿 臀转摆腿 拉伸机拉伸转体 T杠转体			
	3	提高投篮动作稳定性	TRX俯卧平板支撑 TRX悬垂举腿 拉伸机头顶拉伸 三头肌外滚			
	4	提高变向和位移速度	俯卧双手撑地脚拉瑞士球 仰卧脚拉瑞士球 仰卧转体 仰卧单车			

（三）比赛期核心力量训练

具体内容见表 2-13-6 所示。

表 2-13-6　比赛期核心力量训练计划案例

训练目标	1.提高并保持前期核心专门性力量训练效果 2.通过集中式专项训练逐步培养、保持最佳竞技状态
主要方法	间歇训练法、比赛训练法、中等强度力量训练方法
注意事项	1.每周只需要安排 2～4 次力量训练课，每次课时间控制在 20～30分钟 2.降低负荷量，与其他身体素质训练和专项技术训练协调配合

续表

周	天	训练任务	训练内容	间歇时间（秒）	训练负荷	
					量	强度（%）
一	1	提高空中对抗稳定性	仰卧举腿 臀转摆腿 拉伸机拉伸转体 T杠转体	60	持续时间（静）：90秒 次数（动）：25次 组数：4组	70～80
	2	提高投篮动作稳定性	TRX俯卧平板支撑 TRX悬垂举腿 拉伸机头顶拉伸 三头肌外滚			
	3	提高变向和位移速度	俯卧双手撑地脚拉瑞士球 仰卧脚拉瑞士球 仰卧转体 仰卧单车	60		
	4	提高空中对抗稳定性	仰卧举腿 臀转摆腿 拉伸机拉伸转体 T杠转体			
二	1	提高投篮动作稳定性	TRX俯卧平板支撑 TRX悬垂举腿 拉伸机头顶拉伸 三头肌外滚	60	持续时间（静）：90秒 次数（动）：25次 组数：4组	70～80
	2	提高变向和位移速度	俯卧双手撑地脚拉瑞士球 仰卧脚拉瑞士球 仰卧转体 仰卧单车			
	3	提高投篮动作稳定性	TRX俯卧平板支撑 TRX悬垂举腿 拉伸机头顶拉伸 三头肌外滚	60		
	4	提高空中对抗稳定性	仰卧举腿 臀转摆腿 拉伸机拉伸转体 T杠转体			
三	1	提高投篮动作稳定性	TRX俯卧平板支撑 TRX悬垂举腿 拉伸机头顶拉伸 三头肌外滚	60	持续时间（静）：90秒 次数（动）：25次 组数：4组	70～80
	2	提高变向和位移速度	俯卧双手撑地脚拉瑞士球 仰卧脚拉瑞士球 仰卧转体 仰卧单车			
	3	提高空中对抗稳定性	仰卧举腿 臀转摆腿 拉伸机拉伸转体 T杠转体			

续表

周	天	训练任务	训练内容	间歇时间（秒）	训练负荷	
					量	强度（%）
三	4	提高投篮动作稳定性	TRX俯卧平板支撑 TRX悬垂举腿 拉伸机头顶拉伸 三头肌外滚	60	持续时间（静）：90秒 次数（动）：25次 组数：4组	70～80
四	1	提高变向和位移速度	俯卧双手撑地脚拉瑞士球 仰卧脚拉瑞士球 仰卧转体 仰卧单车	60	持续时间（静）：90秒 次数（动）：25次 组数：4组	70～80
	2	提高空中对抗稳定性	仰卧举腿 臀转摆腿 拉伸机拉伸转体 T杠转体			
	3	提高投篮动作稳定性	TRX俯卧平板支撑 TRX悬垂举腿 拉伸机头顶拉伸 三头肌外滚			
	4	提高变向和位移速度	俯卧双手撑地脚拉瑞士球 仰卧脚拉瑞士球 仰卧转体 仰卧单车			

（四）恢复期核心力量训练

具体内容见表2-13-7所示。

表2-13-7　恢复期核心力量训练计划案例

训练目标	1.消除由于训练、比赛造成的疲劳 2.为下一个大周期训练做好准备					
主要方法	间歇训练法、循环训练法、低强度训练方法					
注意事项	1.运动员不应该完全停止训练，而是大幅度降低运动负荷量度，保持一般性活动 2.核心力量训练不应在运动员心理和生理上造成任何压力					
周	天	训练任务	训练内容	间歇时间（秒）	训练负荷	
					量	强度（%）
一	1	提高空中对抗稳定性	仰卧举腿 臀转摆腿 拉伸机拉伸转体 T杠转体	120	持续时间（静）：60秒 次数（动）：20次 组数：4组	40～50
	2	提高投篮动作稳定性	TRX俯卧平板支撑 TRX悬垂举腿 拉伸机头顶拉伸 三头肌外滚			

续表

周	天	训练任务	训练内容	间歇时间（秒）	训练负荷	
					量	强度（%）
二	1	提高投篮动作稳定性	TRX俯卧平板支撑 TRX悬垂举腿 拉伸机头顶拉伸 三头肌外滚	120	持续时间（静）：60秒 次数（动）：20次 组数：4组	40～50
	2	提高变向和位移速度	俯卧双手撑地脚拉瑞士球 仰卧脚拉瑞士球 仰卧转体 仰卧单车			
三	1	提高投篮动作稳定性	TRX俯卧平板支撑 TRX悬垂举腿 拉伸机头顶拉伸 三头肌外滚	120	持续时间（静）：60秒 次数（动）：20次 组数：4组	40～50
	2	提高变向和位移速度	俯卧双手撑地脚拉瑞士球 仰卧脚拉瑞士球 仰卧转体 仰卧单车			
四	1	提高变向和位移速度	俯卧双手撑地脚拉瑞士球 仰卧脚拉瑞士球 仰卧转体 仰卧单车	120	持续时间（静）：60秒 次数（动）：20次 组数：4组	40～50
	2	提高空中对抗稳定性	仰卧举腿 臀转摆腿 拉伸机拉伸转体 T杠转体			

五、核心力量训练单元计划案例

具体内容见表 2-13-8 所示。

表 2-13-8　赛前期核心力量训练教案示例

主要内容	专项速度与核心力量训练				
周期	赛前期	周次	2	训练课次	1
训练目标	1.提高运动员的起动速度及位移速度 2.使运动员掌握正确的训练方法，理解核心力量训练的重要性 3.提高运动员投篮技术动作稳定性 4.通过合理的减量训练后，提高运动员比赛成绩				
重点难点	重点：正确技术动作的掌握以及训练感受的主体适应体验 难点：训练负荷强度的控制与实施				

续表

阶段	训练内容与方法	训练负荷			
		量	强度（%）	时间	
				间歇（秒）	练习（分钟）
准备活动阶段	一、一般准备活动 1．5次全场折返跑 2．1次全场小步跑 3．1次全场高抬腿跑 4．1次全场交叉步 5．1次全场后交叉步 6．1次全场滑步 7．2次全场折返跑	2组	60	30	15
	二、专项准备活动 1．1次全场胯下运球 2．1次全场体前变向运球 3．1次全场背后运球 4．1次全场转身运球	2组	70	30	10
	三、活动各关节 （一）静态拉伸 1．颈部伸展旋转抬下颌 2．手臂体后拉伸 3．抵腰挺髋 4．仰卧交叉腿拉伸 5．跪式前臂拉伸	4×8拍	70		5
	（二）动态拉伸 1．背对背互背 2．坐位“V”字牵引 3．上步踢腿 4．手足爬行 5．振臂跳 6．行进间弓箭步转体	4×8拍	70		5
主要训练阶段	一、专项速度训练（每次练习间歇时间30秒，每组练习间歇时间60秒）				
	1．德里克·罗斯反应练习	4组		60	
	2．杠铃片+运球转身练习	4组		60	
	3．全场阻力带起动接传球练习	4组	90	60	40
	4．听信号转身收球全场冲刺跑	4组		60	
	5．重球抢篮板接加速跑练习	4组		90	
	6．3/4场地冲刺跑	6组	80	60	
	7．15×17见线折返	2组		180	
	二、核心力量训练（间歇时间60秒）				
	1．TRX俯卧平板支撑	4×25		60	
	2．TRX悬垂举腿	4×25		60	30
	3．拉伸机头顶拉伸	4×25		60	
	4．三头肌外滚	4×25		60	

续表

阶段	训练内容与方法	训练负荷			
		量	强度（%）	时间	
				间歇（秒）	练习（分钟）
放松阶段	1．仰卧抱腿交换重心 2．双人扶肩呈桥 3．坐位“V”字牵引 4．弓箭步撑地转体 5．横向皮筋牵引移动	4×8拍	60		9
场地及器材	篮球场、篮球20个、重球4个、标志桶8个				
预计生理负荷与训练密度	整体训练密度	70%～75%			
	主要训练阶段密度	80%～85%			
	平均心率	130～140次/分			
	最高心率	180次/分			
课后小结	提示：1．达到运动员的专项速度和核心力量训练标准 2．注意运动员的疲劳反应 3．训练目的：为比赛期的专项素质训练和技术训练奠定基础和起辅助作用				

第十四章

柔韧的身体——柔韧训练

第一节　基本知识

一、基本概念

1. 柔韧性

柔韧性是指人体关节韧带、肌腱、肌肉、皮肤和其他组织的弹性和伸展能力，即关节和关节系统的活动范围。

2. 拉伸

拉伸是提高或者保持关节与肌肉的柔韧性的一种练习手段，是训练和康复治疗的一个组成部分。①

二、柔韧训练的作用②

1）提高肌肉弹性、关节活动度，促进运动水平；

2）放松紧张部位，增加对抗性肌群之间的协调，减少不必要的能量消耗；

3）预防伤病，降低肌肉僵硬（黏滞性高）导致的肌肉拉伤；

4）加速恢复，能有效地减少肌肉的酸痛。

三、柔韧训练的分类

柔韧训练包括静态柔韧训练、动态柔韧训练。

四、柔韧训练的注意事项

1）训练前后都要进行拉伸练习；

---

① 王毅，潘清岩 . 2008. 发展柔韧性的最佳手段——伸展训练 . 青少年体育，（5）：68-69.

② Hoffman J R. 2015. 体能训练设计指南 . 周志雄译 . 北京：北京体育大学出版社：47-52.

2）无论是律动式或固定式（持续 30 秒以上），拉伸的动作都要缓慢而温和；

3）不可猛压或急压，最忌讳别人帮忙施加外力；

4）练习要循序渐进，逐渐增加伸展的潜力及忍受力；

5）替换拉伸的肌肉群，主动肌、协同肌、拮抗肌也必须对等拉伸；

6）在以下特定情况下不建议进行练习：①骨折或扭伤而引起的关节不稳定；②拉伸的部位有伤口，并伴有感染或者发炎；③拉伸的部位有急性损伤；④拉伸的部位有疼痛。

五、篮球专项柔韧训练建议

1. 训练前准备活动

1）有氧运动：慢跑 5 ～ 8 分钟直至身体微微出汗；

2）动态拉伸：10 分钟左右，选择与专项运动相关的拉伸方式；

3）低强度的专项运动：可以用运球、投球等活动。

4）最后转入正式专项训练内容。

2. 训练后整理活动[①]

1）进行低、中强度的有氧活动，如慢跑十分钟，以达到加速恢复的效果；

2）静态主动拉伸，或者被动静态充分拉伸 10 ～ 20 分钟。

3. 掌握个人拉伸程度

要感觉有点“张力”或“酸”，但绝不能到“痛”的程度。

4. 建立个人最适合的例行步骤，使之成为习惯

拉伸时根据个人的身体能力，按照动作和以下提示进行柔韧性练习：①主动拉长要牵引的靶向肌肉；②牵引等长收缩靶向肌肉，持续 6 秒；③主动牵引靶向肌肉达到新的活动范围。

六、篮球柔韧训练要点[②]

1）放松紧张部位，增加对抗性肌群之间的平衡；

2）降低肌肉黏滞性，增大各关节的活动范围，增强肌肉弹性；

3）有效地控制运动损伤的发生，放松肌肉，缓解疲劳；

4）为高强度对抗性训练做好预防损伤的准备；

5）为高强度对抗性训练做好预防损伤的准备与放松；

6）激活肌肉神经，促进竞技状态；

7）保持竞赛状态，消除身体疲劳；

8）为竞赛后运动员消除身体酸、胀、痛感；

---

① 杨世勇 . 2013. 体能训练 . 北京：高等教育出版社：42-45.

② 黄宗伟，刘润玲 . 2009. 篮球柔韧素质及其训练 . 内江科技，30（11）：135-173.

9）恢复、储备、调整至下一周期的最佳竞技状态。

第二节　柔韧训练方法

一、静态拉伸

静态拉伸是指保持特定的姿势并持续一定时间（一般 10 ～ 30 秒）的肢体伸展动作。

1. 颈部伸展旋转抬下颌

1）目的：①放松颈部前后侧；②防止拼抢过程中因外力导致颈部损伤。

2）练习方法（图 2-14-1）：①身体直立，目视前方，双手交叉叠放胸前；②转头抬下颌，保持 10 ～ 30 秒后还原，再反方向练习。

3）注意事项：①保持肩部放松，防止在拉伸时上抬；②如果肩锁关节感到不适，即刻停止练习。

2. 颈部旋转拉伸

1）目的：①减少颈前区域的紧张；②防止拼抢过程中因外力导致颈部损伤。

2）练习方法（图 2-14-2）：①身体正直，双手交叉叠放胸前，两眼目视前方，微收下颌；②以颈椎为轴将头以顺时针或逆时针旋转拉伸；③以 10 ～ 30 秒一圈速度为佳。

3）注意事项：①应缓慢渐进地执行，若感觉不适及时停止；②适度用力，避免颈部张力过大引发不适。

图 2-14-1　颈部伸展旋转抬下颌

图 2-14-2　颈部旋转拉伸

3. 手臂体后拉伸

1）目的：①减小手臂前部和侧部的张力；②增大肩关节的活动范围；③防止对抗过程中肩关节脱臼。

2）练习方法（图 2-14-3）：①双脚开立与肩同宽，后背挺直，目视前方；②两臂向后伸直，十指相扣，掌心向外；③两臂向后伸展，挺胸抬头，保持伸展状态 10 ～ 30 秒。

3）注意事项：①避免躯干前倾；②力量适度，避免过度牵拉。

4. 双手反交叉上举拉伸

1）目的：①减小背部区域的张力；②舒缓背部肌肉紧张。

2）练习方法（图 2-14-4）：①两脚开立与肩同宽，后背挺直，目视前方；②两臂交叉上举，两掌心相对，十指相扣；③肩、肘完全伸展至耳后，保持 10 ～ 30 秒。

3）注意事项：①避免躯干后仰；②保持稳定姿势，加强拉伸。

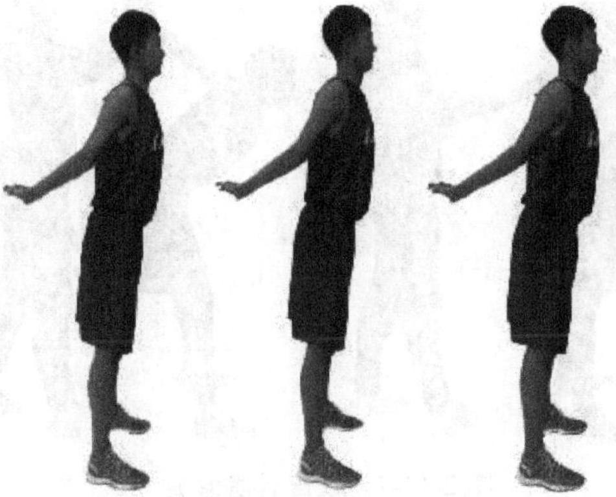

图 2-14-3　手臂体后拉伸

图 2-14-4　双手反交叉上举拉伸

5. 双臂体前交叉肩部拉伸

1）目的：①减小手臂后方和侧部区域的张力；②增大肩关节、手臂的活动范围；③提高防守的灵活性。

2）练习方法（图 2-14-5）：①右臂直臂平举立掌转摆至左肩，左臂屈肘用前臂向左肩拉伸右臂；②躯干和头部正直，拉伸 10 ～ 30 秒后两臂交换。

图 2-14-5　双臂体前交叉肩部拉伸

3）注意事项：①保持上体正直，身体不要随手臂转动；②拉伸力量适度，感到疼痛即停止。

6. 双人扶肩呈桥

1）目的：①减小背部肌肉黏滞性；②增大肩关节的活动范围。

2）练习方法（图 2-14-6）：①两人面对面站立，双手互相搭肩；②两人体前屈，双手互相压肩，躯干角度小于 90°；③有节奏地弹动拉伸。

3）注意事项：①逐渐增加力度；②手搭在对方的斜方肌处，肘关节不要弯曲。

7. 双臂后摆抬头

1）目的：①增大肩关节活动范围；②同时拉伸肩部肌肉和肱二头肌、肱三头肌。

2）练习方法（图 2-14-7）：①双脚开立，身体正直站立，双臂向后伸直；②由辅助者缓慢、逐渐抬起双臂至肘关节，腕关节高度超过头部；③该动作可以站姿和跪姿完成。

图 2-14-6　双人扶肩呈桥

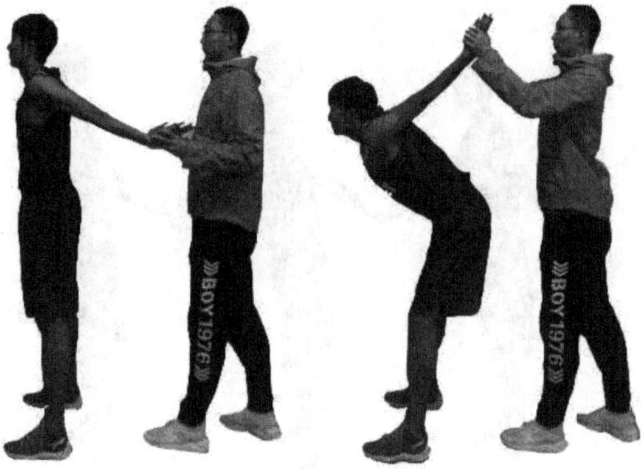

图 2-14-7　双臂后摆抬头

3）注意事项：①练习者务必挺胸抬头，避免颈椎损伤；②注意活动幅度，避免受伤。

图 2-14-8　抵腰挺髋

8. 抵腰挺髋

1）目的：①减少身体前侧肌肉紧张，激活身体前侧肌肉；②增强从上、下肢的力量传导。

2）练习方法（图 2-14-8）：①双脚开立，双手叉腰，拇指向前，肘部朝后；②向后仰头，膝关节微屈，向前挺髋，伸展髋关节。

3）注意事项：①避免在身体向前成反弓的同时头部

前伸；②控制幅度避免颈部肌肉损伤；③可根据反弓的程度进行膝关节角度的微调。

9. 仰卧抱腿交换重心

1）目的：①激活腰、背部肌群；②防止在进攻中做“变向”时造成腰背部拉伤。

2）练习方法（图 2-14-9）：①躺在垫上，双手抱膝于胸前；②臀部、背部下方与背部上方依次反复滚动着地。

图 2-14-9　仰卧抱腿交换重心

3）注意事项：①将头收至胸口处或紧贴于垫上；②头部不要紧贴膝关节，防止撞伤。

10. 仰卧交叉腿拉伸

1）目的：①拉伸下背部及臀部肌肉；②改善躯体旋转、臀部外旋及臀部屈曲；③减少急性背部拉伤的发生。

2）练习方法（图 2-14-10）：①仰卧于垫上，双臂侧平举，两肩着垫；②左腿膝关节弯曲成 90°，向右转髋摆腿，膝关节着垫；③保持 10～30 秒，两腿交换。

图 2-14-10　仰卧交叉腿拉伸

3）注意事项：①在活动中要保持正常呼吸；②避免髋关节随腿转动；③感到拉伸疼痛时即停止。

11. 单边交叉腿拉伸

1）目的：①减小臀部后侧、大腿外侧肌肉的张力；②扩大髋关节活动幅度；③增强防守时脚步移动的灵活性。

2）练习方法（图 2-14-11）：①坐于垫上，右腿伸直，左腿屈膝与右腿交叉，左脚落于右膝外侧；②身体正直向左侧转体，双手撑于身体左侧；③充分拉伸后两腿交换。

3）注意事项：①保持支撑脚固定在一点，以保证拉伸充分；②上体要与髋关节交叉扭紧。

图 2-14-11　单边交叉腿拉伸

12. 坐姿“V”形前伸

1）目的：①扩大髋关节活动度；②预防在防守侧滑步时，造成大腿内部拉伤；③拉伸背部肌肉。

2）练习方法（图 2-14-12）：①坐于垫上，两腿张开约 120°，双腿伸直，勾足尖，双手扶于膝上；②动作开始时身体前探，双手尽量伸向双脚方向。

3）注意事项：①缓慢进行拉伸，循序渐进；②如曾有背部伤病，应适当减小动作幅度。

13. 俯撑盘腿拉伸

1）目的：①拉伸大腿外侧肌肉，臀部肌肉；②增强臀部肌肉、下肢肌肉的控制力及下肢动作速度。

2）练习方法（图 2-14-13）：①俯撑于垫上，左腿内收大腿和小腿外侧紧贴地面；②右腿向后伸直，右脚背紧贴地面；③上体向前俯卧拉伸，下颌尽量触地。

图 2-14-12　坐姿“V”形前伸

图 2-14-13　俯撑盘腿拉伸

3）注意事项：①不要含胸、低头；②注意控制动作幅度，避免受伤。

14. 坐姿腘绳肌肌腱拉伸

1）目的：①增大膝关节伸展和臀部拉伸的活动范围；②减小大腿后部的张力。

2）练习方法（图 2-14-14）：①坐于垫上，右腿前伸挺直，左腿屈膝于胸前，双手支撑于臀部稍后位置；②上体前倾，右脚勾足尖，膝关节伸直；③保持

10～30秒，双腿交换。

3）注意事项：①动作过程中不可以屈膝、转髋；②感到不适立刻停止动作，避免受伤。

图 2-14-14　坐姿腘绳肌肌腱拉伸

15. 俯撑腓肠肌拉伸

1）目的：①降低腓肠肌、比目鱼肌的黏滞性；②改善跟腱弹性，提高拼抢篮板球的能力。

2）练习方法（图 2-14-15）：①俯撑姿势开始，右腿支撑，左腿屈膝点地，双脚脚尖均朝向前方；②抬起左腿，身体前倾，拉伸右腿腓肠肌；③保持 10～30 秒，两腿交换。

图 2-14-15　俯撑腓肠肌拉伸

3）注意事项：①拉伸过程中保持右腿挺直；②控制拉伸幅度，避免受伤。

16. “跨栏坐”后倒

1）目的：①减小大腿前侧、背部肌肉张力；②增大髋关节、膝关节、踝关节的灵活程度。

2）练习方法（图 2-14-16）：①由“跨栏坐”动作开始，左腿向前伸直，两腿角度大于等于 90°，右腿小腿与大腿紧贴；②身体向后倒，肩背部着地，保持 20～25 秒，换另一条腿，重复上述练习。

图 2-14-16　“跨栏坐”后倒

3）注意事项：①后倒过程中双臂要起到支撑作用，避免受伤；②量力而行，控制动作幅度。

17. 跪姿脚背支撑

1）目的：①减缓腿部前侧张力；②保持脚踝最佳活动范围。

2）练习方法（图 2-14-17）：①跪坐于垫上，双手支撑于膝关节两侧略靠前的位置；②保持脚背与垫子接触，用手臂支撑起身体的重量，使膝关节与小腿离地。

图 2-14-17　跪姿脚背支撑

3）注意事项：①力度不要太大；②感到小腿前侧或脚踝不适时立即停止。

18. 踝关节蹲坐式拉伸

1）目的：①拉伸踝关节肌肉及韧带；②降低踝关节扭伤、脱臼等伤病的发生率。

2）练习方法（图 2-14-18）：①蹲姿，臀部可坐于脚跟上，双手支撑于膝关节外侧；②左腿膝关节外展，左手支撑于左腿膝关节内侧，左踝内收，左脚外侧着地；③拉伸踝关节外侧，保持 10 ～ 30 秒，两脚交换。

3）注意事项：①支撑脚前脚掌着地，脚尖朝前；②练习脚不要外展或内收。

19. 腕部及手指屈曲

1）目的：①减小手背及前臂后侧区域的张力；②增强腕关节活动度，增强小臂上方的肌肉张力；③间接提高投篮出手时手腕对球的控制。

2）练习方法（图 2-14-19）：双手胸前合十，右手向左侧按压左手掌。

3）注意事项：①平稳发力；②循序渐进，逐渐加大力量。

图 2-14-18　踝关节蹲坐式拉伸

图 2-14-19　腕部及手指屈曲

20. 跪式前臂拉伸

1）目的：①减小小臂内侧张力；②增强对单手体侧传球的控制。

2）练习方法（图 2-14-20）：①跪坐于垫上，双手掌根朝前撑于膝关节前侧，手掌贴地；②向前倾斜躯干；③将重心后移，保持双手接触地面。

3）注意事项：①当重心后移时，如感到手腕疼痛，应立即停止或重新开始；②身体保持正直，不要向左、右倾斜。

21. 开指拉伸

1）目的：①运动前臂前面和背面的肌肉；②放松手指、手腕。

2）练习方法（图 2-14-21）：①右臂向前平举，指尖朝上，手心向前，左手抓住右手的手指；②轻轻向后拉，完成拉伸运动。

图 2-14-20 跪式前臂拉伸

图 2-14-21 开指拉伸

3）注意事项：①拉伸过程中右臂要伸直；②手掌与手指、小臂肌肉有不适感时，逐渐减小力度，然后停止练习。

二、动态拉伸

动态拉伸是指持续一定时间的从小幅度的慢速运动过渡到大幅度的快速运动的伸展动作。

1. 背对背互背

1）目的：①激活前链肌群；②调整呼吸状态。

2）练习方法（图 2-14-22）：①两人背向站立，背部紧贴；②两人手臂在背侧交叉相扣，辅助者髋关节前屈，将练习者背起；③辅助者与练习者交替进行拉伸。

3）注意事项：①练习时练习者不要用力对抗；②辅助者可逐渐加大屈髋幅度。

2. 坐位“V”字牵引

1）目的：①激活背部肌群；②提高髋关节灵活性（外展幅度）；③激活下肢肌肉。

2）练习方法（图 2-14-23）：①两名运动员面对面坐在地上；②双腿成“V”字伸直张开，一人用脚抵住另一人的脚踝内侧；③两人双手对拉，先向一方牵引后两人交替练习。

图 2-14-22　背对背互背

图 2-14-23　坐位“V”字牵引

3）注意事项：①在拉伸过程中，辅助者上体不要后仰；②练习者不要与辅助者对抗；③动作幅度要大，下颌要尽量向地面靠近，慢下、慢起。

3. 上步踢腿（后摆腿）

1）目的：①增加髋关节的灵活性；②促进全身肌肉的协调配合。

2）练习方法（图 2-14-24）：①身体正直，左腿支撑，右腿向后摆；②利用惯性前摆后，右脚落地上步成支撑腿，左腿重复以上动作；③左、右脚交换向前行进 20 米即可返回进行下一组。

图 2-14-24　上步踢腿（后摆腿）

3）注意事项：①注意手臂与腿的节奏配合；②尽最大努力摆腿。

4. 抱膝弓箭步走

1）目的：①在行进过程中对大腿前侧肌肉进行拉伸；②提高髋关节的灵活性。

2）练习方法（图 2-14-25）：①身体正直位，抬起右腿，双手在腹前位置抱右膝；②左腿伸直与右侧大腿的夹角大于 90°；③随后右腿向前做出蹬踏的动作，右脚落地后双手扶于腰间呈弓步；④左腿回收后，两腿交换进行重复动作。

图 2-14-25　抱膝弓箭步走

3）注意事项：①始终保持上体正直，不能前倾或者后仰；②前腿向前落地时要顶髋蹬踏。

5. 手足爬行

1）目的：①对全身肌肉进行小力量抗阻拉伸练习；②利用肌肉的收缩和舒张进行自我的拉伸调节。

2）练习方法（图 2-14-26）：①俯卧撑地，对侧手、脚同时向前行进；②身体一侧拉长，一侧收缩；③当腿部后侧肌群被牵拉痛感比较强烈时，双脚不动，双手向前，再次呈俯卧姿势，继续动作练习。

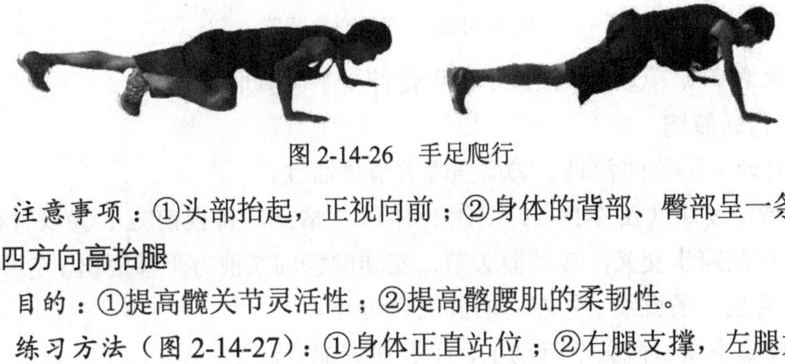

图 2-14-26　手足爬行

3）注意事项：①头部抬起，正视前方；②身体的背部、臀部呈一条直线。

6. 四方向高抬腿

1）目的：①提高髋关节灵活性；②提高髂腰肌的柔韧性。

2）练习方法（图 2-14-27）：①身体正直站位；②右腿支撑，左腿大腿积极向上摆到水平；③右脚垫步，向左侧、前侧进行抬腿练习，左脚动作同上。

图 2-14-27　四方向高抬腿

3）注意事项：①注意抬腿的角度；②注意髋的外展幅度。

7. 高重心直腿跑

1）目的：该练习主要牵拉背部、腘绳肌及躯干两侧肌群。

2）练习方法（图 2-14-28）：①身体正直站位，手背于身体后侧或于胸前平举；②迈步时左腿伸直、前脚掌着地，与右腿呈 45°～ 50°的夹角；③双腿交替，进行直腿跑。

图 2-14-28　高重心直腿跑

3）注意事项：①上体正直；②手臂伸平；③脚面绷直。

8. 平行转髋跑

1）目的：①拉伸背肌；②增强髋关节灵活性。

2）练习方法（图 2-14-29）：①身体正直站立，目视前方；②以脊柱为轴，右脚向左前侧跨步交叉，转动髋关节，左腿顺势向左前方平移迈出；③手臂侧平举，与两肩呈一条直线；④左、右腿交替进行。

3）注意事项：髋关节带动上、下肢协调配合。

图 2-14-29　平行转髋跑

9. 弓箭步撑地转体

1）目的：①减小颈部、肩部、背部、髋部、腿部肌肉的黏滞性；②增加各个关节的灵活程度。

2）练习方法（图 2-14-30）：①呈弓箭步，双手扶于膝上；②上体前倾，单手撑地向出脚的一侧进行转体；③另一只手臂与地面呈 90°，同时颈部转动看向上手的方向。

图 2-14-30　弓箭步撑地转体

3）注意事项：头部转向手臂伸起的方向，逐渐加大力度。

10. 振臂跳

1）目的：对肩部肌肉进行拉伸，扩大肩关节活动幅度。

2）练习方法（图 2-14-31）：①单脚支撑向前跳起；②支撑脚一侧手臂向上、向后振臂；③支撑脚对侧的手臂向下、向后振臂；④双脚交替重复向前行进。

3）注意事项：①准备跳起时重心不要太低；②膝关节不能超过脚尖。

11. 背向后踢腿

1）目的：拉伸大腿前侧肌肉。

2）练习方法（图 2-14-32）：①上体正直微向前倾，手背紧贴臀部；②足前掌着地，离地时足前掌用力扒地，离地后小腿顺势向后踢，与大腿折叠；③膝关节放松，足跟与手掌相碰。

图 2-14-31　振臂跳

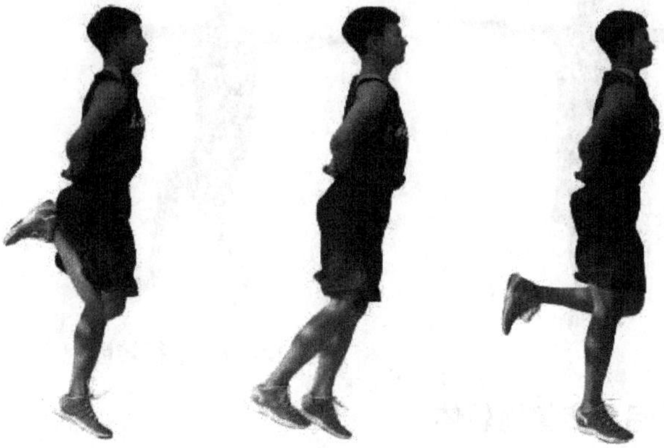

图 2-14-32　背向后踢腿

3）注意事项：①身体正直；②脚掌朝上。

12. 行进间按压膝关节

1）目的：①增加膝关节的灵活度；②预防膝关节损伤。

2）练习方法（图 2-14-33）：①右脚向前迈步伸直；②左腿膝关节屈与大腿呈约 125° 夹角；③双手交叉，抵在右腿膝关节上，逐渐发力按压。

3）注意事项：①膝关节、小腿外侧肌肉或者腘窝有酸胀的感觉时，换另一条腿继续练习；②身体前倾时不要低头。

图 2-14-33　行进间按压膝关节

13. 行进间弓箭步转体

1）目的：利用上体、下体不同的旋转姿势，刺激全身肌肉的协调用力。

2）练习方法（图 2-14-34）：①身体正直，呈弓箭步，双手叉腰；②身体向出脚的一侧旋转，手臂伸平。

3）注意事项：上体需一直保持正直、扭紧。

图 2-14-34　行进间弓箭步转体

14. 颈、腰腹、膝部球绕环

1）目的：①结合专项增加柔韧性及关节灵活性；②增强手对球的控制，提升球性。

2）练习方法（图 2-14-35）：①身体呈直立状态；②双手持球，以颈部、腰部、膝关节为中心轴，进行绕环。

图 2-14-35　颈、腰腹、膝部球绕环

3）注意事项：①注意身体的稳定性及身体姿势；②正视前方，注意手对球的控制。

15. 横向皮筋牵引移动

1）目的：①利用皮筋的拉力进行小力量抗阻练习；②增加关节和肌肉的灵活程度与韧性。

2）练习方法（图 2-14-36）：①呈半蹲状态，上体正直；②膝关节屈约呈 135°，将皮筋套在膝关节处；③一步一动，一先一后，左右移动。

3）注意事项：①上体不要因为刻意发力而向某一方倾斜；②保持正直，逐渐加快节奏。

图 2-14-36　横向皮筋牵引移动

第三节　训练计划制定

一、训练周期划分

以 4 月下旬至 5 月中旬和 9 月中旬至 10 月中旬两个竞赛周期计划为例。

1. 年度训练周期划分为两个周期

1）第一竞赛周期：上一年度 10 月末至次年 6 月中旬；

2）第二竞赛周期：6 月下旬至 10 月中旬。

2. 每一竞赛周期分为四个小周期

分别为：①准备期；②赛前期；③比赛期；④恢复期。

二、各周期任务制定

训练计划具体内容如图 2-13-32 所示。

三、各周期柔韧训练内容选择及负荷安排

具体内容参见表 2-14-1 所示。

表 2-14-1　各周期柔韧训练内容选择与负荷安排

周期	时间	主要任务	训练内容	训练负荷	
				量	强度
第一竞赛周期					
准备期	11月初至3月上旬	以有氧耐力、全面力量为主的一般身体训练	以静态拉伸为主、动态拉伸为辅	大	小
赛前期	3月中旬至4月中旬	以核心力量、专门力量、专项速度优化与速度耐力训练为主	静态拉伸、动态拉伸平均分配	中	中

续表

周期	时间	主要任务	训练内容	训练负荷	
				量	强度
第一竞赛周期					
比赛期	4月中旬至5月中旬	以技战术与实战模拟训练为主	以动态拉伸为主、静态拉伸为辅	小	大
恢复期	5月下旬至6月中旬	以体能保持与疲劳消除为主	以静态拉伸为主、动态拉伸为辅	大	小
第二竞赛周期					
准备期	6月下旬至8月上旬	以有氧耐力、全面力量为主的一般身体训练，视上半年的问题，进行针对性地弥补	以静态拉伸为主、动态拉伸为辅	大	小
赛前期	8月中旬至9月上旬	以核心力量、专门力量、专项速度优化训练与速度耐力训练为主	静态拉伸，动态拉伸平均分配	中	中
比赛期	9月中旬至10月中旬	视新对手进行新战术训练	以动态拉伸为主、静态拉伸为辅	小	大
恢复期	10月中旬至10月末	以体能保持与疲劳消除为主	以静态拉伸为主、动态拉伸为辅	大	小

四、第一竞赛周期柔韧训练周期计划案例

（一）准备期柔韧训练

具体内容参见表2-14-2所示。

表2-14-2 准备期柔韧训练计划案例

训练目标	1.降低肌肉黏滞性，为有氧训练做准备 2.增加各关节的活动范围，增强肌肉弹性，为全面力量训练做准备 3.有效地控制运动损伤发生，放松肌肉，缓解疲劳				
主要方法	1.以非专项性柔韧拉伸训练为主 2.主要利用静态拉伸，配合一到两个动态拉伸				
注意事项	1.柔韧训练时避免突然发力，应逐渐发力 2.柔韧训练时如痛感严重，立即停止训练 3.严格要求动作质量				

周	天	训练任务	训练内容	间歇时间（秒）	训练负荷	
					量	强度
一	6	提高关节活动度，肌肉弹性	颈部伸展、旋转、抬下颌 手臂体后拉伸 双人扶肩呈桥 抵腰挺髋 仰卧抱腿交换重心 俯撑盘腿拉伸	20	4×8拍 4×8拍 4×8拍 30秒/组×2 10次/组×2 4×8拍	运动员平均心率达到110±5次/分钟

续表

周	天	训练任务	训练内容	间歇时间（秒）	训练负荷	
					量	强度
一	6	提高关节活动度，肌肉弹性	俯撑腓肠肌拉伸	20	4×8拍	运动员平均心率达到110±5次/分钟
			踝关节蹲坐式拉伸		4×8拍	
			开指拉伸		4×8拍	
			行进间弓箭步转体		20米/组×2	
			颈、腰腹、膝部球绕环		左、右各15次/部位	
二	6	增加肌肉韧性	颈部旋转拉伸	20	左、右各10次/部位	运动员平均心率达到110±5次/分钟
			双手反交叉上举拉伸		4×8拍	
			双臂后摆抬头		4×8拍	
			仰卧交叉腿拉伸		4×8拍	
			俯撑盘腿拉伸		4×8拍	
			坐姿腘绳肌肌腱拉伸		4×8拍	
			跪姿脚背支撑		4×8拍	
			腕部及手指屈曲		4×8拍	
			背对背互背		10次/组×2	
			平行转髋跑		25米/腿×2	
			行进间按压膝关节		20次/腿×2	
三	6	增加肌肉伸展性，激活神经	颈部伸展旋转抬下颌	20	4×8拍	运动员平均心率达到110±5次/分钟
			前侧手臂后拉		4×8拍	
			腕部及手指屈曲		4×8拍	
			抵腰挺髋		30秒/组×2	
			仰卧抱腿交换重心		10次/组×2	
			跨栏坐拉伸接后倒		4×8拍	
			俯地成正桥腓肠肌拉伸		4×8拍	
			踝旋转和脚趾蹲坐式拉伸		4×8拍	
			双臂后摆抬头		4×8拍	
			坐姿腘绳肌肌腱拉伸		4×8拍	
			上步踢腿（后摆腿）		15米/组（左右腿）	
四	6	进一步增强关节灵活性，增加动作幅度	颈部伸展旋转抬下颌	20	4×8拍	运动员平均心率达到110±5次/分钟
			双臂体前交叉肩部拉伸		4×8拍	
			仰卧抱腿交换重心		10次/组×2	
			单边交叉腿拉伸		4×8拍	
			俯撑腓肠肌拉伸		4×8拍	
			踝关节蹲坐式拉伸		4×8拍	
			腕部及手指屈曲		4×8拍	
			开指拉伸		4×8拍	
			抱膝弓箭步走		20米/腿×2	
			四方向高抬腿		15次/腿×2	
			振臂跳		25米/组×2	
五	6	使肌肉温度升高，降低肌肉黏滞性	颈部旋转拉伸	20	4×8拍	运动员平均心率达到110±5次/分钟
			双人扶肩呈桥		4×8拍	
			双臂后摆抬头		4×8拍	
			仰卧交叉腿拉伸		4×8拍	
			坐姿“V”形前伸		4×8拍	
			坐姿腘绳肌肌腱拉伸		4×8拍	
			俯撑腓肠肌拉伸		4×8拍	

续表

周	天	训练任务	训练内容	间歇时间（秒）	训练负荷	
					量	强度
五	6	使肌肉温度升高，降低肌肉黏滞性	跨栏坐后倒	20	4×8拍	运动员平均心率达到110±5次/分钟
			开指拉伸			
			背对背互背		10秒/组×3	
			高重心直腿跑		25米/组×2	
			颈、腰腹、膝部球绕环		左、右各15次/部位	
六	6	提高肌肉收缩能力	颈部伸展、旋转、抬下颌	20	4×8拍	运动员平均心率达到115±5次/分钟
			双手反交叉上举拉伸		4×8拍	
			双臂体前交叉肩部拉伸		4×8拍	
			抵腰挺髋		4×8拍	
			坐姿“V”形前伸		4×8拍	
			跨栏坐后倒		4×8拍	
			踝关节蹲坐式拉伸		4×8拍	
			开指拉伸		4×8拍	
			上步踢腿（后摆腿）		20米/组×2	
			背向后踢腿		30米/组×2	
			横向皮筋牵引移动		15米×2腿/组×2	
七	6	提高肌肉兴奋性	颈部伸展、旋转、抬下颌	20	4×8拍	运动员平均心率达到115±5次/分钟
			手臂体后拉伸		4×8拍	
			双人扶肩呈桥		4×8拍	
			抵腰挺髋		4×8拍	
			俯撑盘腿拉伸		4×8拍	
			俯撑腓肠肌拉伸		4×8拍	
			踝关节蹲坐式拉伸		4×8拍	
			开指拉伸		4×8拍	
			背对背互背		10秒/组×3	
			平行转髋跑		25米/组×2	
			行进间弓箭步转体		20米/腿×2	
八	6	提高关节活动度，肌肉弹性	颈部伸展、旋转、抬下颌	20	4×8拍	运动员平均心率达到115±5次/分钟
			手臂体后拉伸		4×8拍	
			双人扶肩呈桥		4×8拍	
			抵腰挺髋		30秒/组×2	
			仰卧抱腿交换重心		10次/组×2	
			俯撑盘腿拉伸		4×8拍	
			俯撑腓肠肌拉伸		4×8拍	
			踝关节蹲坐式拉伸		4×8拍	
			开指拉伸		4×8拍	
			行进间弓箭步转体		20米/组×2	
			颈、腰腹、膝部球绕环		左、右各15次/部位	
九	6	增加肌肉韧性	颈部旋转、拉伸	20	左、右各10次/部位	运动员平均心率达到115±5次/分钟
			双手反交叉上举拉伸		4×8拍	
			双臂后摆抬头		4×8拍	
			仰卧交叉腿拉伸		4×8拍	
			俯撑盘腿拉伸		4×8拍	
			坐姿腘绳肌肌腱拉伸		4×8拍	
			跪姿脚背支撑		4×8拍	

续表

周	天	训练任务	训练内容	间歇时间（秒）	训练负荷	
					量	强度
九	6	增加肌肉韧性	腕部及手指屈曲 背对背互背 平行转髋跑 行进间按压膝关节	20	4×8拍 10次/组×2 25米/腿×2 20次/腿×2	运动员平均心率达到115±5次/分钟
十	6	增加肌肉伸展性，激活神经	颈部伸展旋转抬下巴 前侧手臂后拉 腕部及手指屈曲 抵腰挺髋 仰卧抱腿交换重心 跨栏坐拉伸接后倒 俯地成正桥腓肠肌拉伸 踝旋转和脚趾蹲坐式拉伸 双臂后摆抬头 坐姿腘绳肌肌腱拉伸 上步踢腿（后摆腿）	20	4×8拍 4×8拍 4×8拍 30秒/组×2 10次/组×2 4×8拍 4×8拍 4×8拍 4×8拍 4×8拍 15米/组（左右腿）	运动员平均心率达到115±5次/分钟
十一	6	进一步增强关节灵活性，增加动作幅度	颈部伸展旋转抬下颌 双臂体前交叉肩部拉伸 仰卧抱腿交换重心 单边交叉腿拉伸 俯撑腓肠肌拉伸 踝关节蹲坐式拉伸 腕部及手指屈曲 开指拉伸 抱膝弓箭步走 四方向高抬腿 振臂跳	20	4×8拍 4×8拍 10次/组×2 4×8拍 4×8拍 4×8拍 4×8拍 4×8拍 20米/腿×2 15次/腿×2 25米/组×2	运动员平均心率达到120±5次/分钟
十二	6	使肌肉温度升高，降低肌肉黏滞性	颈部旋转拉伸 双人扶肩呈桥 双臂后摆抬头 仰卧交叉腿拉伸 坐姿“V”形前伸 坐姿腘绳肌肌腱拉伸 俯撑腓肠肌拉伸 跨栏坐后倒 开指拉伸 背对背互背 高重心直腿跑 颈、腰腹、膝部球绕环	20	4×8拍 4×8拍 4×8拍 4×8拍 4×8拍 4×8拍 4×8拍 4×8拍 4×8拍 10秒/组×3 25米/组×2 左、右各15次/部位	运动员平均心率达到120±5次/分钟
十三	6	提高肌肉的收缩能力	颈部伸展旋转抬下颌 双手反交叉上举拉伸 双臂体前交叉肩部拉伸 抵腰挺髋 坐姿“V”形前伸 跨栏坐后倒 踝关节蹲坐式拉伸	20	4×8拍 4×8拍 4×8拍 4×8拍 4×8拍 4×8拍 4×8拍	运动员平均心率达到120±5次/分钟

续表

周	天	训练任务	训练内容	间歇时间（秒）	训练负荷	
					量	强度
十三	6	提高肌肉的收缩能力	开指拉伸 上步踢腿 背向后踢腿 横向皮筋牵引移动	20	4×8拍 20米/组×2 30米/组×2 15米×2腿/组×2	运动员平均心率达到120±5次/分钟
十四	6	提高肌肉兴奋性	颈部伸展旋转抬下颌 手臂体后拉伸 双人扶肩呈桥 抵腰挺髋 俯撑盘腿拉伸 俯撑腓肠肌拉伸 踝关节蹲坐式拉伸 开指拉伸 背对背互背 平行转髋跑 行进间弓箭步转体	20	4×8拍 4×8拍 4×8拍 4×8拍 4×8拍 4×8拍 4×8拍 4×8拍 10秒/组×3 25米/组×2 20米/腿×2	运动员平均心率达到120±5次/分钟
十五	6	提高关节活动度，肌肉弹性	颈部伸展旋转抬下颌 手臂体后拉伸 双人扶肩呈桥 抵腰挺髋 仰卧抱腿交换重心 俯撑盘腿拉伸 俯撑腓肠肌拉伸 踝关节蹲坐式拉伸 开指拉伸 行进间弓箭步转体 颈、腰腹、膝部球绕环	20	4×8拍 4×8拍 4×8拍 30秒/组×2 10次/组×2 4×8拍 4×8拍 4×8拍 4×8拍 20米/组×2 左、右各15次/部位	运动员平均心率达到120±5次/分钟
十六	6	增加肌肉韧性	颈部旋转拉伸 双手反交叉上举拉伸 双臂后摆抬头 仰卧交叉腿拉伸 俯撑盘腿拉伸 坐姿腘绳肌肌腱拉伸 跪姿脚背支撑 腕部及手指屈曲 背对背互背 平行转髋跑 行进间按压膝关节	20	4×8拍 4×8拍 4×8拍 4×8拍 4×8拍 4×8拍 4×8拍 4×8拍 10次/组×2 25米/腿×2 20次/腿×2	运动员平均心率达到125±5次/分钟
十七	6	增加肌肉伸展性，激活神经	颈部伸展旋转抬下巴 前侧手臂后拉 腕部及手指屈曲 抵腰挺髋 仰卧抱腿交换重心 跨栏坐拉伸接后倒 俯地正桥腓肠肌拉伸 踝旋转脚趾蹲坐拉伸	20	4×8拍 4×8拍 4×8拍 30秒/组×2 10次/组×2 4×8拍 4×8拍 4×8拍	运动员平均心率达到125±5次/分钟

续表

周	天	训练任务	训练内容	间歇时间（秒）	训练负荷	
					量	强度
十七	6	增加肌肉伸展性，激活神经	双臂后摆抬头 坐姿腘绳肌肌腱拉伸 上步踢腿（后摆腿）	20	4×8拍 4×8拍 15米/组（左右腿）	运动员平均心率达到125±5次/分钟
十八	6	进一步增强关节灵活性，增加动作幅度	颈部伸展、旋转、抬下颌 双臂体前交叉肩拉伸 仰卧抱腿交换重心 单边交叉腿拉伸 俯撑腓肠肌拉伸 踝关节蹲坐式拉伸 腕部及手指屈曲 开指拉伸 抱膝弓箭步走 四方向高抬腿 振臂跳	20	4×8拍 4×8拍 10次/组×2 4×8拍 4×8拍 4×8拍 4×8拍 4×8拍 20米/腿×2 15次/腿×2 25米/组×2	运动员平均心率达到125±5次/分钟
十九	6	使肌肉温度升高，降低肌肉黏滞性	颈部旋转、拉伸 双人扶肩呈桥 双臂后摆抬头 仰卧交叉腿拉伸 坐姿“V”形前伸 坐姿腘绳肌肌腱拉伸 俯撑腓肠肌拉伸 跨栏坐后倒 开指拉伸 背对背互背 高重心直腿跑 颈、腰腹、膝部球绕环	20	4×8拍 4×8拍 4×8拍 4×8拍 4×8拍 4×8拍 4×8拍 4×8拍 10秒/组×3 25米/组×2 左、右各15次/部位	运动员平均心率达到125±5次/分钟
二十	6	提高肌肉的收缩能力	颈部伸展、旋转、抬下颌 双手反交叉上举拉伸 双臂体前交叉肩部拉伸 抵腰挺髋 坐姿“V”形前伸 跨栏坐后倒 踝关节蹲坐式拉伸 开指拉伸 上步踢腿 背向后踢腿 横向皮筋牵引移动	20	4×8拍 4×8拍 4×8拍 4×8拍 4×8拍 4×8拍 4×8拍 4×8拍 20米/组×2 30米/组×2 15米×2腿/组×2	运动员平均心率达到125±5次/分钟
二十一	6	提高肌肉兴奋性	颈部伸展、旋转、抬下颌 手臂体后拉伸 双人扶肩呈桥 抵腰挺髋 俯撑盘腿拉伸 俯撑腓肠肌拉伸 踝关节蹲坐式拉伸 开指拉伸	20	4×8拍 4×8拍 4×8拍 4×8拍 4×8拍 4×8拍 4×8拍 4×8拍	运动员平均心率达到125±5次/分钟

续表

周	天	训练任务	训练内容	间歇时间（秒）	训练负荷	
					量	强度
二十一	6	提高肌肉兴奋性	背对背互背 平行转髋跑 行进间弓箭步转体	20	10秒/组×3 25米/组×2 20米/腿×2	运动员平均心率达到125±5次/分钟

（二）赛前期柔韧训练

具体内容参见表2-14-3所示。

表2-14-3　赛前期柔韧训练计划案例

训练目标	1.进一步提高肌肉的弹性，降低黏滞性，完成力量、速度训练 2.为高强度对抗性训练做好预防损伤的准备
主要方法	动态与静态拉伸各半的柔韧性训练
注意事项	1.在各项训练结束后利用静态拉伸进行放松 2.动态拉伸时动作幅度加大 3.严格要求动作质量

周	天	训练任务	训练内容	间歇时间（秒）	训练负荷	
					量	强度
一	6	提高关节活动度，肌肉弹性	颈部伸展旋转抬下颌 双臂后摆抬头 单边交叉腿拉伸 踝关节蹲坐式拉伸 腕部及手指屈曲 行进间按压膝关节 上步踢腿 平行转髋跑 背向后踢腿 行进颈、腰腹、膝部球绕环 振臂跳	20	左、右各10次/部位 4×8拍 4×8拍 4×8拍 4×8拍 20次/腿×2 15米/组（左右腿） 25米/组×2 30米/组×2 左、右各15次/部位 25米/组×2	运动员平均心率达到120±5次/分钟
二	6	增加肌肉伸展性，激活神经	颈部旋转拉伸 双臂体前交叉肩拉伸 坐姿“V”形前伸 踝关节蹲坐式拉伸 腕部及手指屈曲 背对背互背 坐位“V”字牵引 上步踢腿 抱膝弓箭步走 行进颈、腰腹、膝部球绕环 横向皮筋牵引移动	20	4×8拍 4×8拍 4×8拍 4×8拍 4×8拍 15秒/组×2 4×8拍 4×8拍 10次/组×2 25米/腿×2 20次/腿×2	运动员平均心率达到125±5次/分钟
三	6	使肌肉温度升高，降低肌肉黏滞性	颈部伸展旋转抬下颌 双臂后摆抬头 抵腰挺髋 仰卧交叉腿拉伸	20	左、右各10次/部位 4×8拍 4×8拍 4×8拍	运动员平均心率达到130±5次/分钟

续表

周	天	训练任务	训练内容	间歇时间（秒）	训练负荷	
					量	强度
三	6	使肌肉温度升高，降低肌肉黏滞性	踝关节蹲坐式拉伸 开指拉伸 抱膝弓箭步走 手足爬行 平行转髋跑 行进间弓箭步转体 横向皮筋牵引移动	20	4×8拍 4×8拍 20米/腿×2 20米/组×2 20米/腿×2 15次/腿×2 15米×2腿/组×2	运动员平均心率达到130±5次/分钟
四	6	提高肌肉兴奋性	颈部旋转拉伸 双手反交叉上举拉伸 双臂体前交叉肩拉伸 仰卧交叉腿拉伸 俯撑腓肠肌拉伸 开指拉伸 上步踢腿 抱膝弓箭步走 手足爬行 四方向高抬腿 行进颈、腰腹、膝部球绕环 横向皮筋牵引移动	20	4×8拍 4×8拍 4×8拍 4×8拍 4×8拍 4×8拍 20米/组×2 20米/组×2 20米/组×2 15次/腿×2 左、右各15次/部位 15米×2腿/组×2	运动员平均心率达到135±5次/分钟

（三）比赛期柔韧训练

具体内容参见表 2-14-4 所示。

表 2-14-4　比赛期柔韧训练计划案例

训练目标	1.保持肌肉的弹性，降低黏滞性，完成实战训练 2.为高强度对抗性训练做好预防损伤的准备与放松 3.激活肌肉神经，增加关节最大活动度，保持最佳竞技状态
主要方法	以动态拉伸为重点，配合2～3个静态拉伸
注意事项	1.在各项训练结束后，利用柔韧性训练中的静态拉伸进行适时恢复 2.提高强度，在赛前给予运动员充分的刺激 3.严格要求动作质量

周	天	训练任务	训练内容	间歇时间（秒）	训练负荷	
					量	强度
一	6	进一步增强关节灵活性，增加动作幅度	颈部伸展旋转抬下颌 踝关节蹲坐式拉伸 腕部及手指屈曲 跨栏坐后倒 行进间按压膝关节 上步踢腿 平行转髋跑 背向后踢腿 振臂跳	20	左、右各10次/部位 4×8拍 4×8拍 20次/腿×2 15米/组（左右腿） 25米/组×2 30米/组×2	运动员平均心率达到125±5次/分钟

续表

周	天	训练任务	训练内容	间歇时间（秒）	训练负荷	
					量	强度
一	6	进一步增强关节灵活性，增加动作幅度	行进颈、腰腹、膝部球绕环 横向皮筋牵引移动	20	正反各15次/部位 15米×2腿/组×2	运动员平均心率达到125±5次/分钟
二	6	使肌肉温度升高，降低肌肉黏滞性	颈部旋转拉伸 双臂体前交叉肩拉伸 踝关节蹲坐式拉伸 腕部及手指屈曲 背对背互背 坐位“V”字牵引 上步踢腿 抱膝弓箭步走 平行转髋跑 背向后踢腿 行进颈、腰腹、膝部球绕环 横向皮筋牵引移动	20	4×8拍 4×8拍 4×8拍 4×8拍 10秒/组×3 15秒/组×2 20米/腿×2 25米/组×2 30米/组×2 正、反各15次/部位 15米×2腿/组×2	运动员平均心率达到130±5次/分钟
三	6	提高肌肉的收缩能力	颈部伸展旋转抬下颌 双臂后摆抬头 抵腰挺髋 仰卧交叉腿拉伸 踝关节蹲坐式拉伸 开指拉伸 抱膝弓箭步走 手足爬行 平行转髋跑 行进间弓箭步转体 横向皮筋牵引移动	20	左、右各10次/部位 4×8拍 4×8拍 4×8拍 4×8拍 4×8拍 20米/腿×2 20米/组×2 20米/腿×2 15次/腿×2 15米×2腿/组×2	运动员平均心率达到135±5次/分钟
四	6	提高兴奋性，及神经支配肌肉的能力	颈部旋转拉伸 双手反交叉上举拉伸 双臂体前交叉肩拉伸 仰卧交叉腿拉伸 俯撑腓肠肌拉伸 开指拉伸 上步踢腿 抱膝弓箭步走 手足爬行 四方向高抬腿 行进颈、腰腹、膝部球绕环 横向皮筋牵引移动	20	4×8拍 4×8拍 4×8拍 4×8拍 4×8拍 4×8拍 20米/组×2 20米/组×2 20米/组×2 15次/腿×2 正反各15次/部位 15米×2腿/组×2	运动员平均心率达到140±5次/分钟

（四）恢复期柔韧训练

具体内容参见表2-14-5所示。

表 2-14-5　恢复期柔韧训练计划案例

<table>
<tr><td colspan="2">训练目标</td><td colspan="5">1.保持竞赛状态，消除身体疲劳
2.为竞赛后运动动员身体消除酸、胀、痛感
3.恢复、储备、调整至下一周期的最佳竞技状态</td></tr>
<tr><td colspan="2">主要方法</td><td colspan="5">以静态拉伸为主，1～2个动态拉伸配合练习</td></tr>
<tr><td colspan="2">注意事项</td><td colspan="5">1.训练结束前、后都要进行柔韧性训练
2.降低训练强度和训练量
3.保证动作质量</td></tr>
<tr><td rowspan="2">周</td><td rowspan="2">天</td><td rowspan="2">训练任务</td><td rowspan="2">训练内容</td><td rowspan="2">间歇时间（秒）</td><td colspan="2">训练负荷</td></tr>
<tr><td>量</td><td>强度</td></tr>
<tr><td>一</td><td>6</td><td>放松肌肉，缓解疲劳</td><td>颈部伸展旋转抬下颌
双手反交叉上举拉伸
双臂体前交叉肩拉伸
抵腰挺髋
仰卧交叉腿拉伸
坐姿“V”形前伸
坐姿腘绳肌肌腱拉伸
俯撑腓肠肌拉伸
跨栏坐后倒
跪姿脚背支撑
背对背互背
上步踢腿</td><td>20</td><td>正反各10次/部位
4×8拍
4×8拍
4×8拍
4×8拍
4×8拍
4×8拍
4×8拍
4×8拍
4×8拍
10秒/组×3
15米/腿×2</td><td>运动员平均心率达到110±5次/分钟</td></tr>
<tr><td>二</td><td>6</td><td>消除竞赛后肌肉的酸、胀、痛感</td><td>颈部旋转拉伸
手臂体后拉伸
双人扶肩呈桥
仰卧抱腿交换重心
坐姿腘绳肌肌腱拉伸
跨栏坐后倒
跪式前臂拉伸
背对背互背
背向后踢腿
横向皮筋牵引移动</td><td>20</td><td>4×8拍
4×8拍
4×8拍
4×8拍
4×8拍
4×8拍
4×8拍
10秒/组×3
20米/组×2
15米×2腿/组×2</td><td>运动员平均心率达到115±5次/分钟</td></tr>
<tr><td>三</td><td>6</td><td>调整肌肉、关节的韧性、活动度</td><td>颈部伸展旋转抬下颌
双臂后摆抬头
抵腰挺髋
手臂体后拉伸
坐姿腘绳肌肌腱拉伸
仰卧交叉腿拉伸
踝关节蹲坐式拉伸
开指拉伸
平行转髋跑
横向皮筋牵引移动</td><td>20</td><td>正、反各10次/部位
4×8拍
4×8拍
4×8拍
4×8拍
4×8拍
4×8拍
4×8拍
15次/腿×2
15米×2腿/组×2</td><td>运动员平均心率达到120±5次/分钟</td></tr>
<tr><td>四</td><td>6</td><td>提高肌肉兴奋性，增加关节活动度，进入准备期</td><td>颈部旋转拉伸
双臂体前交叉肩拉伸
双人扶肩呈桥
抵腰挺髋
仰卧抱腿交换重心
坐姿腘绳肌肌腱拉伸</td><td>20</td><td>4×8拍
4×8拍
4×8拍
4×8拍
4×8拍
4×8拍</td><td>运动员平均心率达到125±5次/分钟</td></tr>
</table>

续表

周	天	训练任务	训练内容	间歇时间（秒）	训练负荷	
					量	强度
四	6	提高肌肉兴奋性，增加关节活动度，进入准备期	跨栏坐后倒 跪式前臂拉伸 背对背互背 横向皮筋牵引移动	20	4×8拍 4×8拍 10秒/组×3 15米×2腿/组×2	运动员平均心率达到125±5次/分钟

五、柔韧训练单元计划案例

具体内容参见表2-14-6所示。

表2-14-6　比赛期柔韧训练教案示例

主要内容	柔韧训练				
周期	比赛期	周次	1	训练课次	1
训练目标	1.保持肌肉的弹性，降低黏滞性，完成实战训练 2.为高强度对抗性训练做好预防损伤的准备与放松 3.激活肌肉神经，增加关节最大活动度，保持最佳竞技状态				
重点难点	重点：正确拉伸方式运用，达到状态调整的目的 难点：训练负荷强度的控制与实施				

阶段	训练内容与方法	训练负荷		
		量	强度（%）	时间（分钟）
准备活动阶段	一、一般准备活动 1.篮球场半场慢跑5分钟 2.全场见线折返跑5次 3.全场小步跑1次 4.全场高抬腿跑1次 5.全场交叉步1次 6.全场后交叉步1次 7.全场滑步1次	1组	70	
	二、专项准备活动 1.全场胯下运球1次 2.全场体前变向运球1次 3.全场背后运球1次 4.全场转身运球1次	1组	80	10
主要训练阶段	活动各关节 （一）静态拉伸 1.颈部伸展旋转抬下颌 2.抵腰挺髋 3.俯撑腓肠肌拉伸 4.跨栏坐后倒 5.踝关节蹲坐式拉伸 6.开指拉伸	 4×8拍 4×8拍 4×8拍 4×8拍 4×8拍 4×8拍	70	

续表

阶段	训练内容与方法	训练负荷		
		量	强度（%）	时间（分钟）
主要训练阶段	（二）动态拉伸 1.背对背互背 2.坐位“V”字牵引 3.上步踢腿 4.抱膝弓箭步走 5.平行转髋跑 6.背向后踢腿 7.四方向高抬腿 8.上步踢腿（后摆腿） 9.颈、腰腹、膝部球绕环 10.横向皮筋牵引移动	 10秒/组×3 15秒/组×2 20米/腿×2 25米/组×2 30米/组×2 30米/组×2 15次/腿×2 20米/组×2 正、反各15次/部位 15米×2腿/组×2	80	15
放松阶段	1.仰卧抱腿交换重心 2.双人扶肩呈桥 3.俯撑盘腿拉伸 4.背对背互背	4×8拍 4×8拍 4×8拍 4×8拍	60	5
场地及器材	篮球场、篮球20个、标志桶8个、皮筋10条			
预计生理负荷与训练密度	整体训练密度	70%～75%		
	主要训练阶段密度	75%～80%		
	平均心率	135±10次/分		
	最高心率	150次/分		
课后小结与提示	一、本次课训练目的 1.保持竞赛状态，消除身体疲劳 2.保持肌肉的弹性，降低黏滞性，完成实战训练 3.激活肌肉神经，增强关节最大活动度，保持最佳竞技状态 二、该阶段训练目的 为高强度对抗性训练做好预防损伤的准备与放松			

第十五章
灵动的身体——速度训练

第一节　基本知识

一、基本概念

1. 篮球速度

快速的启动、短程的冲刺以及各种技术动作的快速完成，这是篮球项目快速完成动作的能力表现。[①]

2. 反应速度

反应速度是指运动员对外界刺激快速应变的能力。

3. 动作速度

动作速度是指运动员快速完成某一动作的能力。

4. 移动速度

移动速度是指单位时间内运动员通过一定距离的能力。

5. 组合速度

组合速度是指运动员连续、快速完成多个动作的能力。

二、篮球速度的作用

篮球速度素质水平可直接决定和影响运动员技、战术水平的发挥，决定了运动员是否能够获得空间上的主动权或优势，是决定竞争能力强弱与比赛胜负的重要因素。

---

① 田麦久.2006. 运动训练学. 北京：人民体育出版社：194-195.

三、篮球速度的分类

（一）分类标准

根据篮球运动的表现形式，可将速度素质划分为反应速度、动作速度、移动速度、组合速度（图 2-15-1）。[①]

根据项目特征可将篮球速度素质训练方法划分为一般速度训练（无球练习为主的基础性方法）和专项速度训练（结合球练习为主的专门性方法）。

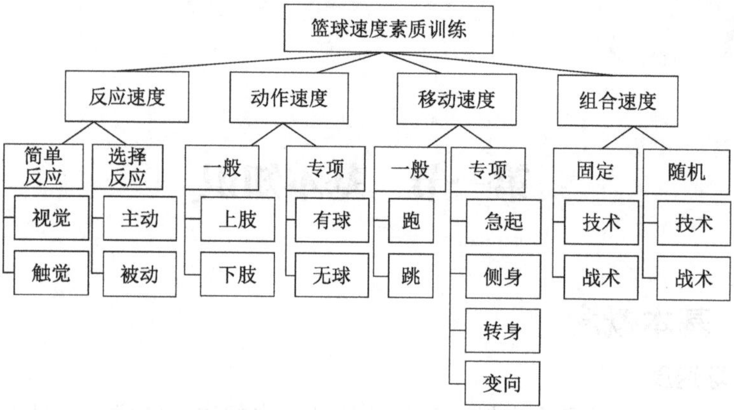

图 2-15-1　篮球速度的分类

（二）一般速度训练与专项速度训练关系

一般速度是专项速度的基础，一般速度和专项技术是影响专项速度的共同因素。

在篮球项目的速度素质训练过程中，应当注意在准备期、赛前期、比赛期、恢复期做到循序渐进，一般速度训练为专项速度训练打基础，一般速度训练向专项速度训练转化过渡的关系。

四、篮球速度训练的注意事项

1）速度训练尽量安排在训练课的开始阶段，并保证练习前做好热身活动；

2）合理安排速度训练的顺序、时间，间歇设计合理；

3）注意进行速度训练时人体要处在适宜的工作状态，正确预防和消除“速度障碍”；

4）应清楚地掌握球队、运动员的速度风格及主、弱项，结合其特点和篮球专项需要，尽量结合场地预设相关情景进行合理化训练；

① 李文龙 . 2015. 对高校篮球专项学生速度素质训练手段指标评价与模型分析的研究——以武汉体育学院篮球专项学生为例 . 上海体育学院学报，2（9）：56-62.

5）预设运动方向；

6）要培养运动员对时空特征的反应判断能力，并强调人体重心的稳定性、应变性、隐蔽性；

7）应注意其年龄特征，注意掌握少儿速度的自然发展规律，以便科学地安排速度训练。

五、速度训练后的建议

1）在速度训练后，应重视积极的肌肉放松整理活动以及乳酸消除与肌肉恢复，预防伤病的出现；

2）教练员要根据运动员的具体情况来安排有针对性的整理活动，调动运动员进行整理活动的积极性，以达到整理活动的最佳效果。

六、篮球速度训练要点

1）抓住青少年速度发展敏感期，提高中枢神经系统的灵活性；

2）应多采用竞赛性和对抗性练习；

3）一般速度素质训练与专项速度素质训练相结合；

4）速度素质训练与各种专项技术训练相结合；

5）速度素质训练和其他素质（力量、协调性、柔韧性、耐力）训练相结合；

6）应在最大强度下进行训练，并使练习手段与篮球项目动作技术保持一致；

7）在发展队员最高位移速度练习中，突出强度练习时不应超过 7 秒；

8）尽量避免频繁使用相同或相似的篮球速度训练手段进行练习；

9）重复训练要保证在不降低速度的情况下进行；

10）制定训练计划应遵循速度训练的负荷特征（表 2-15-1）。

表 2-15-1　速度训练的持续时间、强度与间歇①

练习的目的	练习时间（秒）	练习强度（%）	间歇时间（秒）
提高绝对速度	5～10	95～100	40～90
	15～20	95～100	10～60
	30～40	90～95	30～45
提高起动速度	5以下	95～100	90～120
提高变向速度	6以下	95～100	40～120
	—	95～100	30～90

① 杨烨，李宗浩，池建 . 2007. 运动训练学导论 . 北京：北京体育大学出版社：53.

第二节　速度训练方法

一、一般速度素质训练方法

（一）反应速度练习方法

1. 三点支撑地听信号起动跑

1）目的：提高队员反应速度，加强起跑能力。

2）训练方法（图 2-15-2）：①队员位于出发点线后站立，双脚前后开立，前脚对侧手臂支撑地面，五指自然张开；②当听到教练员发出信号后，做起跑加速跑练习。

图 2-15-2　三点支撑地听信号起动跑

3）建议：队员在完成起动加速之后，进行 20 米加速跑。

2. 俯卧撑听信号起动跑

1）目的：提高队员反应速度，加大起跑动作的难度，加强起跑能力。

2）训练方法（图 2-15-3）：①队员位于出发点线后，双手撑地，双脚自然分开与肩同宽，肘关节伸直，五指自然张开向前；②当听到教练员发出信号后，做起跑加速跑练习。

图 2-15-3　俯卧撑听信号起动跑

3）建议：队员在完成起动加速之后，进行 20 米加速跑。

3. 听信号六角移动练习

1）目的：①通过对不同口令信号的快速正确识别，提高队员的反应、判断速度；②提高短距离快速移动的能力。

图 2-15-4　听信号六角移动练习

2）练习方法（图 2-15-4）：①队员站于六边形中央位置，分别于六边形各顶点放置标志桶，间隔 5 米；②教练员指明各种步法（例如攻击步触 1 号标志桶）的口令引导运动员触 1 ～ 6 号标志桶，运动员根据教练员的指令随机做出练习动作，返回中央起点位置。

3）注意事项：①队员要始终保持高度集中的注意力，并试图以最快速度完成动作；②教练员的口令要清晰准确。

4）建议：练习 7 ～ 10 次。

5）进阶练习：教练员可根据此训练模式，将移动触标志桶晋升为运球触标志桶等练习内容，提升难度。

4. 抛接网球练习

1）目的：①通过对不规则运动轨迹目标信号的快速判断，提高队员的反应速度；②提高手脚协同配合的快速移动能力；③提高手臂快速伸展及手指快速抓握能力。

2）练习方法（图 2-15-5）：教练员双手各持一个网球，随机向不同方向抛网球，队员迅速做出反应，上步接住球，再递交给教练员，连续练习。

图 2-15-5　抛接网球练习

3）注意事项：①运动员要始终保持高度集中的注意力，迅速做出反应；②第一步移动速度要做到最快。

4）建议：练习 7 ～ 10 次。

（二）动作速度练习方法

1. 网球练习

1）目的：①发展队员上肢动作速度；②提高手臂快速绕环及手指快速抓握能力。

2）练习方法（图 2-15-6）：运动员手持网球，将网球向上轻抛，随即手臂绕网球环一周后接住网球。

3）注意事项：①正向、反向绕环都应练习；②可提升绕环难度（半径）。

图 2-15-6　网球练习

2. 健身球练习

1）目的：①加大器械重量增加阻力（负荷），利用运动后效作用传导来发展上肢动作速度；②加快篮球传球速度。

2）练习方法：①相隔 3 ～ 5 米站立（或单人对墙），持健身球做双手胸前传接球（图 2-15-7）；②相隔 3 ～ 5 米站立（或单人对墙），持健身球做双手头上传接球（图 2-15-8）；③平卧，借助同伴，接自由下落的健身球后，向上做传球动作（图 2-15-9）。

图 2-15-7　健身球练习（1）

图 2-15-8　健身球练习（2）

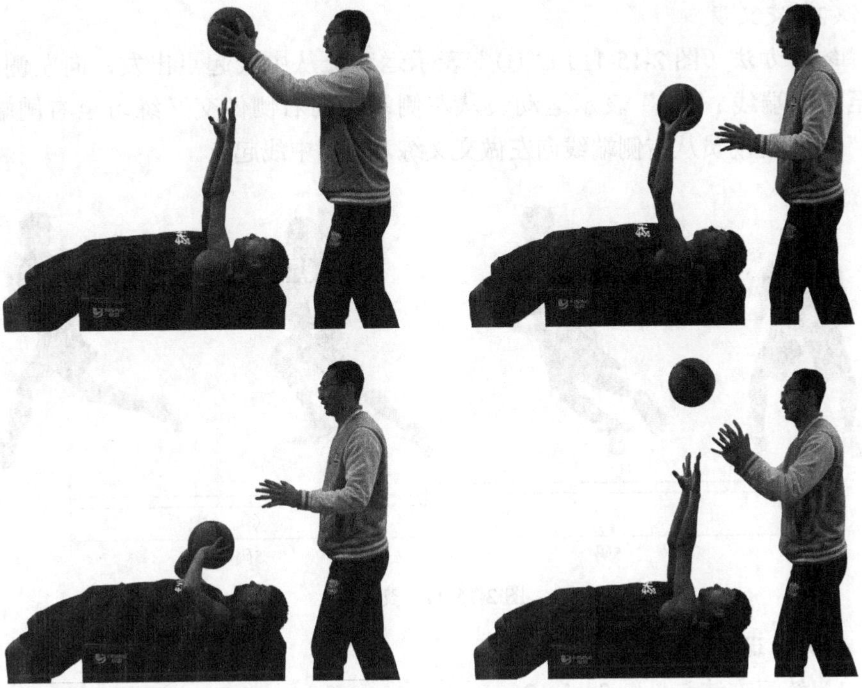

图 2-15-9　健身球练习（3）

3）注意事项：①手臂爆发性发力做练习动作；②保持合理的节奏。

4）建议：练习 10 ～ 12 次。

3. 基本步法练习

（1）横向滑步

练习方法（图 2-15-10）："①"表示运动员从中线起点出发，向左侧做练习至左侧端线；"②"表示运动员从左侧端线向右侧做练习至右侧端线；"③"表示运动员从右侧端线做练习返回中线起点。

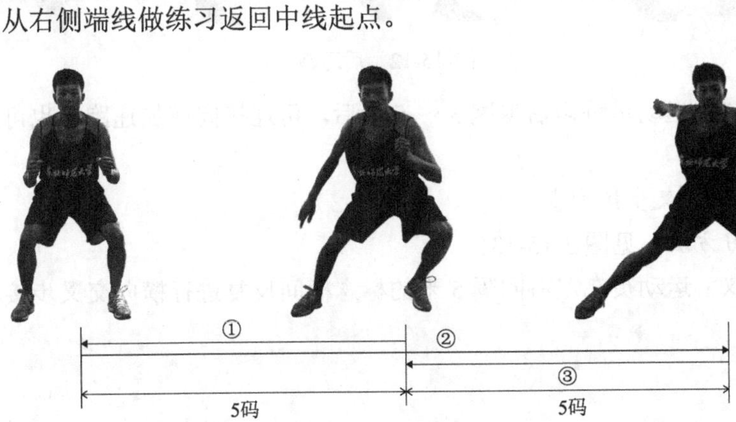

图 2-15-10　横向滑步

注：1 码 ≈ 0.9144 米，下同

（2）交叉步

练习方法（图 2-15-11）：“①”表示运动员从中线起点出发，向左侧做练习至左侧端线；“②”表示运动员从左侧端线向右侧做交叉练习至右侧端线；“③”表示运动员从右侧端线向左做交叉练习返回中线起点。

图 2-15-11　交叉步

（3）后退跑

1）练习方法：见图 2-15-12。

图 2-15-12　后退跑

2）建议：运动员练习后退跑 3 ～ 5 米后，可连接向前加速跑，也可连接转身加速跑。

（4）横向交叉步接滑步

1）练习方法：见图 2-15-13。

2）建议：运动员在左右间隔 5 米的标志桶间反复进行横向交叉步接滑步的练习。

图 2-15-13　横向交叉步接滑步

（5）基本步法组合练习

1）目的：基本步法的熟悉运用、衔接练习。

2）练习方法（图 2-15-14）：①在 A 点完成原地高抬腿练习 20 次；②小步跑练习跑至 B 点，做向左侧的“横向交叉步接滑步”练习至 C 点；③做向右侧的“横向交叉步接滑步”练习至 D 点；④做向左侧的“横向交叉步接滑步”练习第二次至 B 点；⑤做后退跑返回 A 点。

3）注意事项：①始终保持标准的身体姿势；②始终保持目视前方；③在动作幅度标准的情况下强调动作速率，重点为动作的熟悉掌握和衔接。

4）建议：教练员可根据此训练模式安排不同的练习内容。

4. 跳箱练习

1）目的：提高下肢动作速度。

2）练习方法：①运动员面向箱子站立，身体微前倾，左右脚交替踏上箱子，在 10 ～ 30 秒内尽可能重复最多的次数（图 2-15-15）；②运动员侧向站在箱子一侧，左右脚交替横向踏上箱子，在 10 ～ 30 秒内尽可能重复最多的次数（图 2-15-16）。

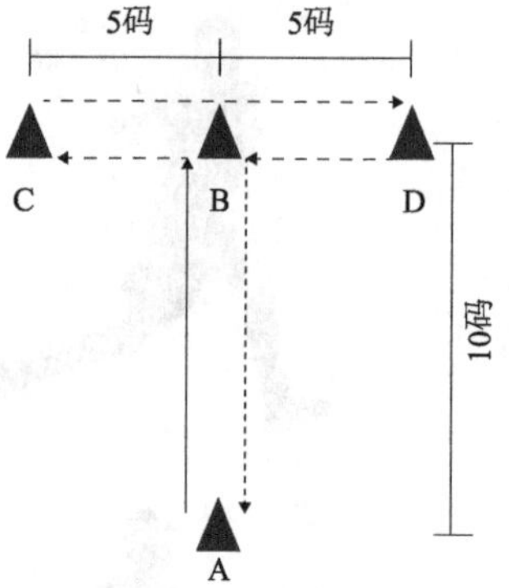

图 2-15-14　基本步法组合练习

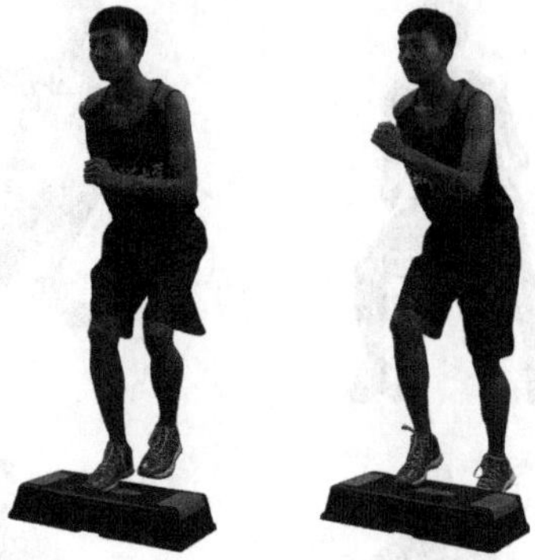
图 2-15-15　跳箱练习

图 2-15-16　跳箱练习

5. 小栏架 + 软梯 + 海绵块辅助器材练习

（1）纵向高抬腿过栏架

1）目的：发展下肢动作速度，提高加速跑能力。

2）练习方法：高抬腿纵向移动，依次跨过至最后一个栏架，接 15 米加速跑（图 2-15-17）。

图 2-15-17　纵向高抬腿过栏架

3）注意事项：①减少脚掌接触地面时间，加快动作频率；②注意蹬摆的配合。

4）建议：教练员可根据运动员身体素质情况调整栏架数量，一般建议3～6个栏架为佳。

5）进阶练习：教练员可根据此练习模式，利用不同的辅助性训练器材安排练习内容，例如锥桶、绳梯、海绵块等器材。

（2）横向高抬腿过栏架

1）目的：发展下肢动作速度，提高横向移动速度和快速变向的能力。

2）练习方法：高抬腿横向移动，依次跨过至最后一个栏架外侧(图 2-15-18)。

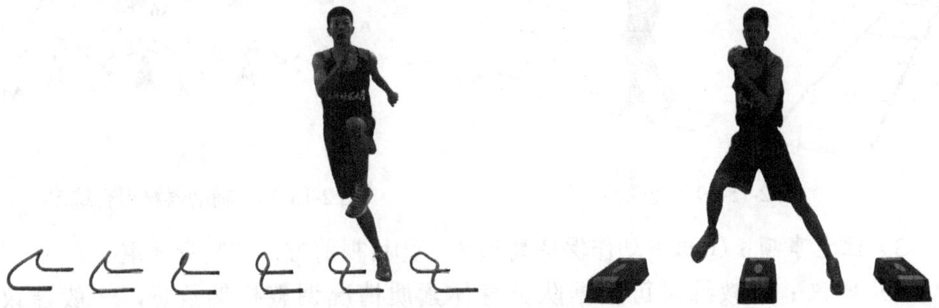

图 2-15-18　横向高抬腿过栏架

3）注意事项：①减少脚掌接触地面时间，加快动作频率；②注意蹬、摆的配合。

4）建议：教练员可根据队员身体素质情况调整栏架数量，一般建议 3 ～ 6 个栏架为佳。

5）进阶练习：教练员可根据此练习模式利用不同的辅助性训练器材安排练习内容，如锥桶、绳梯、海绵块等。

（3）绳梯跑

1）目的：提高下肢动作速率，提高多方向的移动速度。

2）练习方法（图 2-15-19）：①背向绳梯站立，重心后移，高抬腿向后移动；②双脚依次踏入绳梯方格，直至通过最后一个方格；③转身加速跑。

3）注意事项：①减少脚掌接触地面时间，加快动作频率；②注意控制身体重心及蹬摆的配合。

4）进阶练习：教练员可根据此练习模式，利用不同的辅助性训练器材安排练习内容，如锥桶、绳梯、海绵块等。

（4）辅助器材组合练习

1）目的：①提高队员多方向移动速度和加速能力；②提高队员快速动作下

的动作衔接能力，重心的转移与控制能力。

2）练习方法（图 2-15-20）：①队员从 A1 出发加速跑 6 米至 A2，右转身；②做高抬腿练习依次通过 A3、A4 标志物，转身依次通过标志物至 A5，再转身继续依次通过标志物返回至 A2，左转身；③加速跑 6 米至 A6，向右横向高抬腿依次通过标志物后，向左依次通过标志物后返回 A6；④向前冲刺跑 10 米。

图 2-15-19　绳梯跑

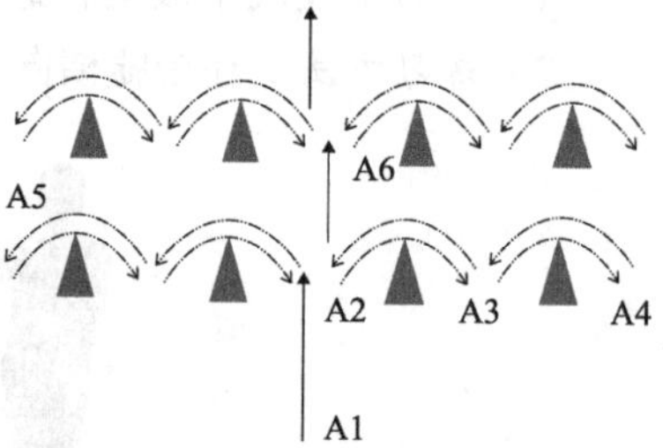

图 2-15-20　辅助器材组合练习

3）注意事项：①脚下动作保持高频率；②目视前方，控制身体重心。

4）建议：①教练员可根据队员身体素质情况调整栏架数量，一般建议 3 ～ 5 个栏架为佳；②教练员可根据此练习模式，利用不同的辅助性训练器材安排练习内容。

6. 折线变向移动

1）目的：发展队员低重心状态下的快速变向移动的能力。

2）练习方法（图 2-15-21）：身体内侧手臂触及标志物，按照规定路线依次穿绕标志物后接加速跑练习。

3）注意事项：①滑步时降低身体重心，穿绕标志物时重心迅速向左 / 右变换；②减速动作尽可能在三步内完成，变向制动时注意两脚内 / 外侧着地发力。

4）建议：教练员可根据队员身体素质情况调整标志圈数量，一般建议 3 ～ 6 个标志圈为佳。

5）进阶练习：教练员可根据此练习模式利用不同的辅助型训练器材安排练习内容；如假人、沙袋等。

7. 快速脚步与制动

1）目的：发展队员脚下动作速度，提高队员制动能力和变向能力。

2）练习方法（图 2-15-22）：①左脚踏点为“L 单数”，右脚踏点为“R 双数”；②左右交替，依次踏步制动练习。

3）注意事项：①脚下动作频率和动作速率是此练习的关键；②屈膝降低身

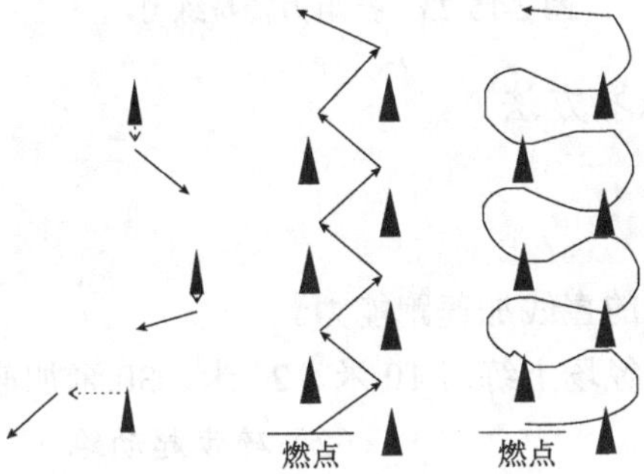

图 2-15-21　折线变向移动

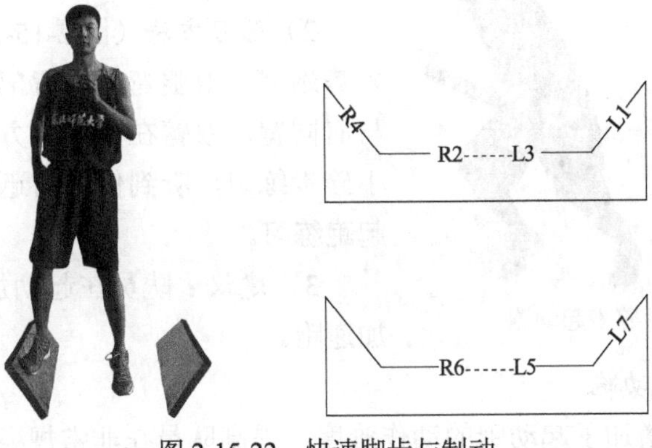

图 2-15-22　快速脚步与制动

体重心，踏点时注意脚尖朝前。

8. 抗阻力转身练习

1）目的：①发展全身转体动作速度；②提高队员快速前、后转身的能力。

2）练习方法：队员髋关节绑拉力带，做左、右转体 180° 的转身练习（图 2-15-23）。

3）注意事项：①屈膝降低身体重心，保持上体正直；②腰和髋主动发力，完成转体动作。

4）进阶练习：①队员身穿沙袋，做左、右转体 180° 的转身练习；②队员双手头后持杠铃片，做左、右转体 180° 的转身练习。

图 2-15-23　抗阻力转身练习

（三）位移速度练习方法

1. 起动速度练习

（1）田径场加速跑

1）目的：提高队员的直线加速跑能力。

2）练习方法：在田径场上练习 10 米、20 米、30 米加速跑。

（2）碎步起动跑

1）目的：提高队员快频率动作下的起动速度。

2）练习方法（图 2-15-24）：①保持运动姿势站立，双腿弯曲，背部挺直，双脚距离与肩同宽，双臂在身体前方弯曲；②原地做小碎步练习，听到信号后迅速起动向前加速起跑练习。

3）建议：队员在起动加速后完成 15 米加速跑。

图 2-15-24　碎步起动跑

（3）坐姿起动跑

1）目的：增加了起动跑的动作难度，提高队员在非常规姿势下的起跑加速能力。

2）练习方法（图 2-15-25）：①队员以正（背）向坐地准备姿势开始，双膝微屈，双脚合并，双手置于臀部两侧，两眼目视前方；②听到信号后迅速(转身)起动向前加速起跑。

3）建议：队员在起动加速之后，完成 15 米加速跑。

（4）起动跑接过顶传球

1）目的：通过接过顶传球，间接增加了起动跑的难度，提高队员起动加速能力。

2）练习方法（图 2-15-26）：①队员双膝微屈，双脚前后开立，重心前仰，教练员位于队员正后方持球站立；②教练员发出信号的同时，将球以过顶传球方式向队员正前方抛出；③当听到信号后，队员迅速转头观察教练员传球路线，并启动向前加速起跑接住过头顶传球。

3）建议：教练员应根据运动员的个人特点，酌情处理传球的难度（距离、球速等）。

图 2-15-25　坐姿起动跑

图 2-15-26　起动跑接过顶传球

2. 加速跑训练

（1）篮球场追逐跑

1）目的：提高队员反应速度、加速跑能力。

2）练习方法（图2-15-27）：①两名队员面对面站立于边线的两侧，间隔4步；②听到信号后，边线内侧队员迅速转身从场内“逃”向对侧边线，边线外侧队员则快速起动进行追赶，跑至对侧后继续由线外队员追赶线内队员，来回反复为一

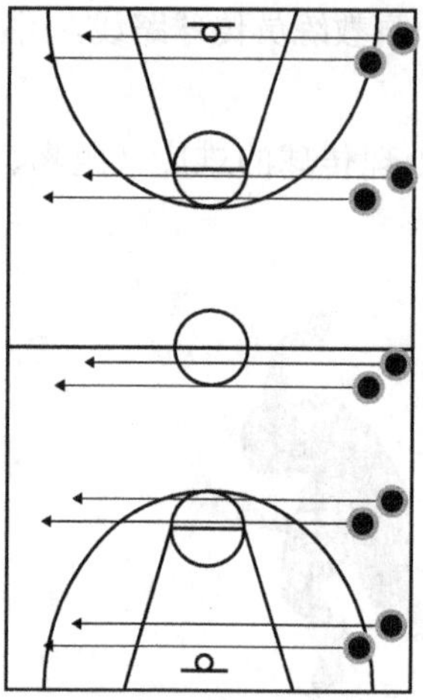

图 2-15-27　篮球场追逐跑

组，每人三组。

3）注意事项：①每次练习均应全力以赴；②分组时注意两人跑动能力应相当；③练习的次数不宜过多，导致该练习靠近速度耐力训练效果。

4）进阶练习：①侧面相对站立，背对背站立；②前排背对后排坐地上，距离增加至 10 步。

（2）“X”形跑练习

1）目的：提高队员在篮球场地范围内的连续加速跑能力。

2）练习方法（图 2-15-28）：①队员面对球场，从起点出发，沿对角线加速跑至起点的对角；②沿端线防守滑步至另一侧场角，转身面向球场沿对角线加速跑至对角；③沿端线向左侧滑步至终点为一个循环；④重复“X”形跑 2 ～ 3 次循环。

3）注意事项：①队员全程面向球场；②每次练习均应全力以赴；③滑步注意重心降低，步幅要大。

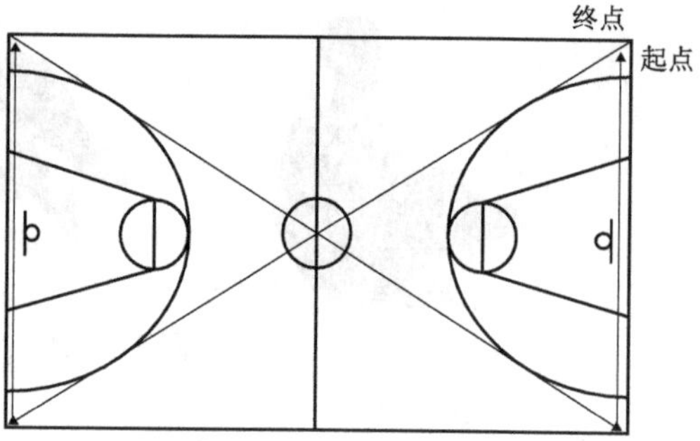

图 2-15-28　“X”形跑练习

（3）全场 3/4 冲刺跑

1）目的：提高队员的直线加速跑能力。

2）练习方法：队员从球场一侧端线准备，听到信号后全速跑过球场对侧罚篮线（图 2-15-29）。

3）注意事项：队员应当合理运用跑动技术。

3. 加速—减速制动训练

（1）见线折返

1）目的：提高队员加速跑、减速制动能力。

2）练习方法（图 2-15-30）：①队员从球场一侧端线准备，加速跑至罚球线，单脚踩线制动折返跑回出发端线；②随即制动折返跑至球场中线，制动折返回出发的端线；③队员再次制动折返跑到球场对侧罚球线，制动折返回出发的端线；④最后再一次制动折返跑到对侧端线，制动折返跑回起点。

3）建议：①后卫、前锋为一组，中锋为一组；②注意整个过程要全速完成，注意单脚踩线。

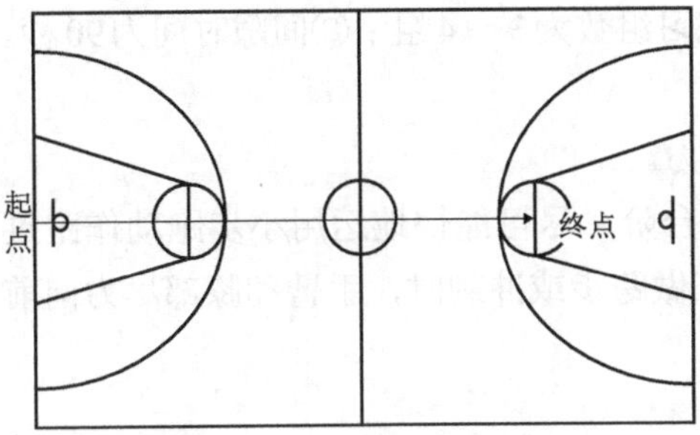

图 2-15-29　全场 3/4 冲刺跑

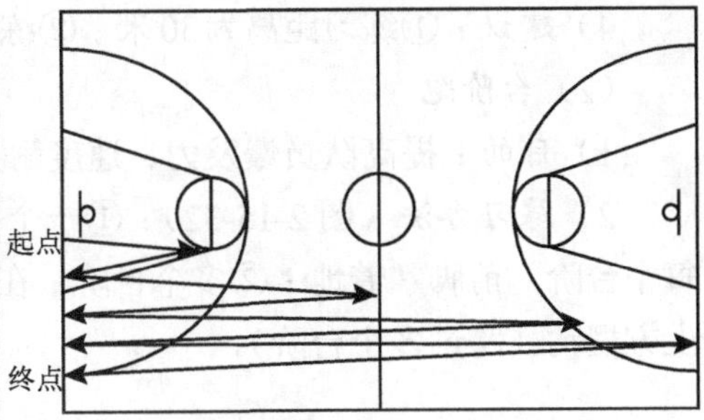

图 2-15-30　见线折返

（2）加速—减速制动—加速—减速制动的移动训练

1）目的：①提高队员加速和减速制动的能力；②提高队员从静止到运动、由运动到静止的身体控制能力。

2）练习方法：队员在端线后出发，加速跑至罚球线减速制动，继续加速跑至中线位置减速制动，再加速跑至对侧罚球线位置减速制动，加速冲过对侧端线。

3）注意事项：①加速时尽量用最少的步数完成加速；②减速制动时尽量用最少步数完成制动。

4. 最高速度练习

（1）田径场速度跑

1）目的：提高队员最大速度能力。

2）练习方法：在田径场完成速度跑练习，跑动距离可以由短至长（40 米、60 米、80 米、100 米、150 米）。

（2）途中跑练习

1）目的：提高队员最大速度能力。

2）练习方法：教练员截取固定 40 米的测试距离，队员从场地一端开始起动加速，以最高速度跑过测试段后减速，跑动距离可以由短至长（40 米、60 米、80 米、100 米、150 米）。

5. 抗阻速度练习

（1）上坡跑

1）目的：增加队员跑动时的外界阻力，提高队员快速跑的能力。

2）练习方法（图 2-15-31）：①全力向前上方摆动双臂和膝部，通过膝部和肘部的最大摆动来实现良好的跑动形式；②从短距离开始，并逐渐加长距离。

3）注意事项：①每次练习均应全力以赴；②从短距离开始，并逐渐加长距离；③上坡跑的角度可根据练习的目的不同，在 6°～10°之间选择（任何超过这个范围的坡度都会导致步幅减小，使得训练效果打折扣）。

4）建议：①练习距离为30米；②练习组数为3～4组；③间隙时间为90秒。

（2）台阶跑

1）目的：提高队员爆发力、速度耐力。

2）练习方法（图2-15-32）：①一个台阶：尽可能快地运用小步跑动作跑过每个台阶，前脚掌着地；②多个台阶：在做跨步或冲刺时，手臂和膝部尽力向前上方摆动（跨过多个台阶）。

图2-15-31　上坡跑

图2-15-32　台阶跑

3）注意事项：①为安全起见，在做练习时一定要调整好自己的落脚点；②可根据外线或内线、后卫或锋线的原则进行分组，安排训练量；③练习时应酌情考虑台阶高度和台阶长度。

4）建议：①台阶数量为20～40台阶；②练习组数为3～4组；③间隙时间为90秒。

（3）阻力带

1）目的：①提高速度力量、爆发力；②提高队员在有对抗阻力下的加速跑能力。

2）练习方法（图2-15-33）：①练习者在辅助人员施加阻力带阻力的作用下做直线加速练习；②练习者在辅助人员施加阻力带阻力的作用下做横向滑步练习、横向交叉步练习等；③练习者在辅助人员施加阻力带阻力的作用下做前攻击步练习等；④也可将阻力带的另一端拴在轮胎，练习方法同上。

3）注意事项：①练习加速跑时，阻力带应拴在队员肩后背部；②练习高速跑时，阻力带应拴在队员髋部；③在整个练习过程中，应注意阻力带的拉力不能松或断；④练习所用的时间超出运动员标准时间（不加阻力带的跑动用时）的10%，那么阻力可能过大，应当酌情减小。

4）建议：①练习距离为10～30米；②练习组数为3～4组；③间隙时间为40～90秒。

图 2-15-33　阻力带

(4) 阻力带“L”(M / V) 形组合训练

1) 目的：提高队员短距离的加速、减速，前进、后退及左右滑步能力。

2) 练习方法（图 2-15-34）：①在字母“L”的起始位置及拐点分别放置一个标志桶，队员站于起点处，腰缚橡皮带，辅助者站在起点后 5 米处拉紧阻力带；②开始后队员迅速向左侧滑步至“A”点，过“A”点后迅速向前冲刺至“B”点，减速手触标志桶后迅速后退跑至“A”点，过“A”点迅速向右滑步，回到起点后再重复一次往返。

3) 注意事项：①每次练习均应全力以赴；②滑步时重心要低，减速动作尽可能在三步内完成。

4) 建议：练习距离约 25 米。

5) 进阶练习：教练员可根据此练习模式完成不同形式的训练内容，如“米”型路线组合练习、“V”型路线组合练习等。

6. 助力速度练习：下坡跑

1) 目的：通过超速度训练提高队员加速能力。

2) 练习方法：运动员应从与上坡跑训练时的类似坡路（1° ～ 3.5° 的坡度）完成下坡跑练习（图 2-15-35）。

3) 注意事项：①每次练习均应全力以赴；②跑的时候注意大腿前摆幅度。

4) 建议：①练习距离为 15 ～ 30 米；②练习组数为 3 ～ 4 组；③间隙时间为 40 ～ 90 秒。

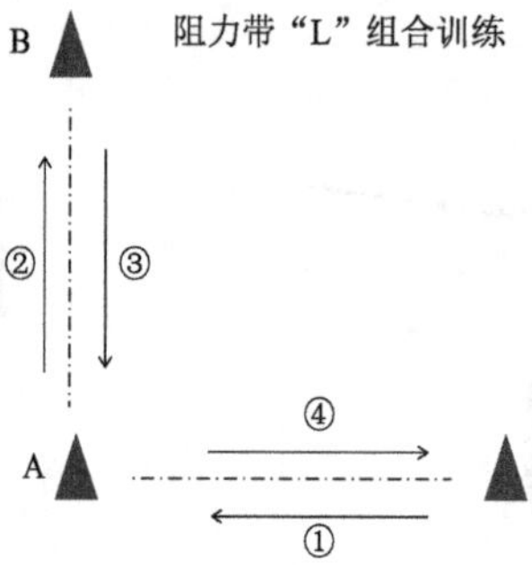

图 2-15-34　阻力带“L”（M / V）形组合训练

图 2-15-35　下坡跑

7. 速度耐力练习

（1）3 分钟绕“棱形障碍架”快速跑 12 圈练习

1）目的：提高队员的速度耐力。

2）练习方法（图 2-15-36）：①罚球线中点和中线与边线交点处分别放置 4 个标志桶；②练习开始，运动员要在 3 分钟内以最快的速度按逆时针方向“棱形绕跑”跑完 12 圈（1 分钟 4 圈）。

3）注意事项：教练员要定时大声通报跑过的时间和完成的圈数，并记录每次跑完 12 圈的准确时间。

4）建议：后卫、前锋为一组，中锋为一组。

（2）15×17 见线折返

1）目的：提高队员的速度耐力。

2）练习方法：队员应以最快的速度在两侧边线内完成 17 次折返跑练习（图 2-15-37）。

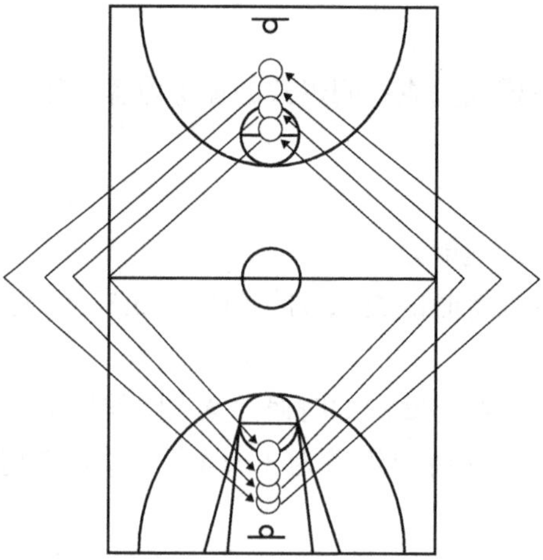

图 2-15-36　3 分钟绕“棱形障碍架”快速跑 12 圈练习

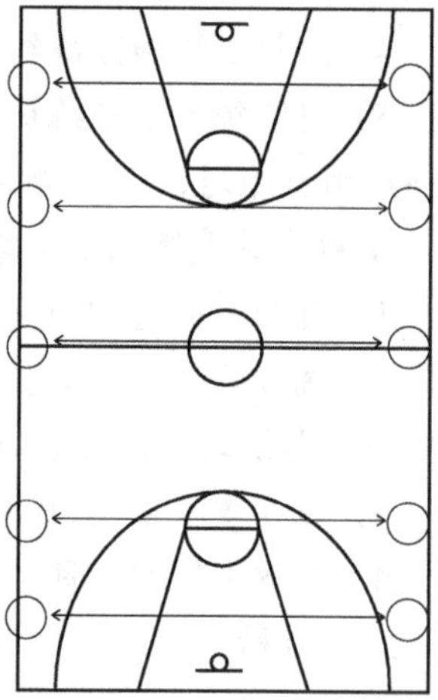

图 2-15-37　15×17 见线折返

3）注意事项：教练员要定时大声通报跑过的时间和完成的次数，并记录每次跑完的准确时间。

4）建议：后卫、前锋组为①③⑤⑦⑨；中锋组为②④⑥⑧⑩；见线折返时一脚必须踩线。

（3）12 分钟见端线折返跑

1）目的：提高队员的速度耐力。

2）练习方法（图 2-15-38）：①按跑步速度快慢将全队分组，分别站于两侧端线；②练习开始，两块表同时开始计时（同时计数各组往返跑的次数）；③两组队员以加速跑至对侧端线后，慢跑回起点端线，然后再加速跑至对侧端线，如此反复不断折返跑完 12 分钟。

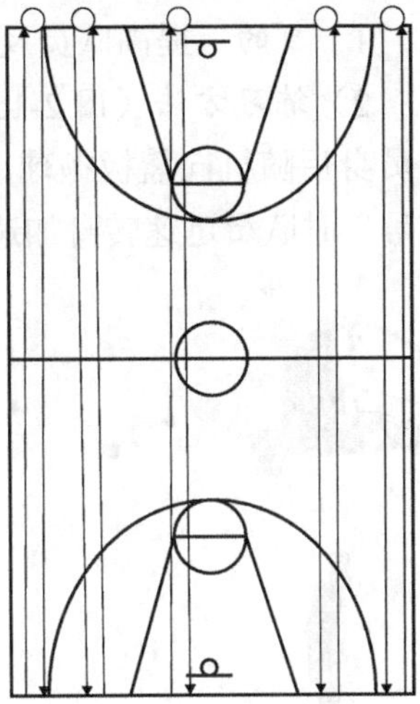
图 2-15-38　12 分钟见端线折返跑

3）注意事项：①教练员要定时大声通报跑过的时间和完成的次数，并记录 12 分钟到时队员跑过的折返次数；②队员一定要全力地快速冲刺跑到对面端线，然后慢跑返回，不能片刻停留。

4）建议：后卫、前锋为一组，即①③⑤⑦⑨。

（4）田径场 400 米；200 米间歇跑

1）目的：提高队员的速度耐力及抗乳酸堆积能力。

2）练习方法：①间歇跑方法一：400 米 ×4 次 × 两组，组次间歇为 30 ～ 60 秒，组间间歇为 3 分钟。计时原则：单次练习，后卫组 65 秒以内完成，前锋组 70 秒以内完成，中锋组 75 秒以内完成；②间歇跑方法二：200 米 ×10 次 × 两组，组次间歇为 60 ～ 90 秒，组间间歇为 5 分钟。计时原则：后卫、前锋组在 28 ～ 32 秒完成，中锋组在 33 ～ 38 秒完成。在以上两种间歇跑练习过程中，完不成任务的队员要在练习结束后补跑。

3）注意事项：教练员可根据队员的身体状态调整训练量。

（5）田径场降级变距、变速跑

1）目的：间歇跑训练法可提高队员的速度耐力，增强抗乳酸堆积能力。

2）练习方法：队员 75 秒跑完 400 米，150 秒慢跑回起点；57 ～ 59 秒跑完 350 米，123 秒慢跑回起点；47 ～ 51 秒跑完 300 米，145 秒慢跑回起点；35 ～ 38 秒跑完 250 米，106 秒慢跑回起点；30 ～ 32 秒跑完 200 米，80 秒慢跑回起点；20 ～ 22 秒跑完 150 米，75 秒慢跑回起点；13 ～ 16 秒跑完 100 米，50 秒慢跑回起点；6 ～ 7 秒跑完 50 米，20 秒慢跑回起点，练习结束。

3）注意事项：教练员可根据队员的身体状态调整训练量、训练强度。

二、专项速度素质训练方法

（一）反应速度练习方法

1. 听信号转身收球练习

1）目的：提高队员反应速度、起动速度和加速跑的能力。

2）练习方法（图 2-15-39）：①队员站在篮板下方，背对球场；②教练员在队员身后随机向篮板抛球，球触篮板的声音即为“动作信号”；③当听到“动作信号”时队员迅速转身加速跑追上并控制篮板球，抢到球的队员加速运球上篮。

图 2-15-39　听信号转身收球练习

3）注意事项：队员不能回头看教练员抛球时机，要求队员在保证无准备的状态下实现快速反应。

2. 追困难球练习

1）目的：①增加队员起跑的难度，提高起动速度、加速跑能力；②加强对地板球的控制。

2）练习方法（图 2-15-40）：①队员俯卧于球场；②教练员在队员身后随机向队员前方场内的不同方向掷出快速不规则运动轨迹的球；③队员迅速起身加速跑追上并控制球，加速运球上篮。

图 2-15-40　追困难球练习

3）注意事项：①队员不能回头看教练员传球时机，要求队员保证在无准备状态下的快速反应；②教练员根据队员的速度、灵敏、协调能力，酌情处理球速和方向。

4）进阶练习（图 2-15-41）：教练员可根据此练习模式将训练内容晋升为地滚球改为长传球、单手运球追地滚球、连续追两个“困难”球。

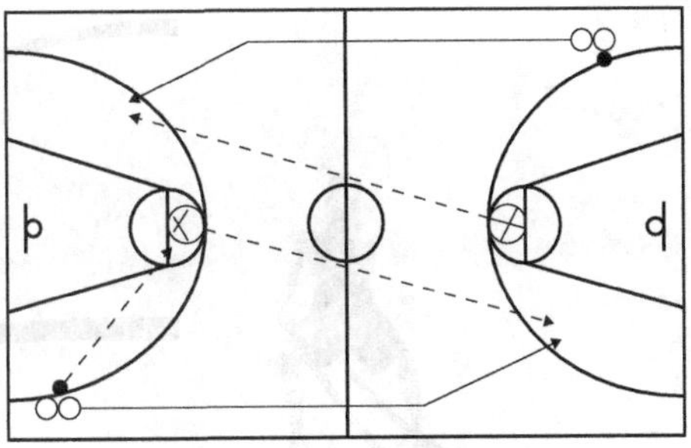

图 2-15-41　进阶练习

3. 限制区内抢断球

1）目的：①提高队员小范围内的快速变向移动能力；②增强队员多方向防守滑动脚步的移动速度。

2）练习方法：①四名队员分别站于限制区的四角；②练习队员在限制区内抢断其余四名队员之间的相互传球。

3）注意事项：①队员要始终保持高速移动来争取抢断球；②传球者可利用各种姿势传球，但是不能移动。

4）建议：练习时间为 45 ～ 60 秒（如果抢断成功则练习结束）。

4. 德里克·罗斯反应练习

1）目的：提高队员应对防守的反应速度，加强运球变向躲闪能力。

2）练习方法（图 2-15-42）：①练习者背向墙面运球，目视前方，躲避飞来的橡皮球并触碰两侧标志桶；②左右手均衡交替练习。

图 2-15-42　德里克・罗斯反应练习

3）注意事项：教练员在向练习者投掷橡皮球时注意区域及高度。

4）建议：①持续时间为 60 ～ 90 秒；②触碰标志桶次数为 13 ～ 15 次。

（二）动作速度练习方法

1. 甩绳结合专项练习

1）目的：提高队员动作速度，提高队员运球速度，加强控球能力。

2）练习方法（图 2-15-43）：①队员双手持甩绳，完成多种运球、虚晃动作模仿练习；②甩绳模仿动作练习结束后，衔接运球、虚晃动作做完整练习。

图 2-15-43　甩绳结合专项练习

3）注意事项：①甩绳练习结束后即刻衔接运球练习或虚晃动作练习；②注意甩绳动作的运用与正确篮球技术的动作方式要一致。

4）建议：①甩绳练习的时间应保持在 6 ～ 7 秒；②运球 20 次为佳；③虚晃动作做 10 次为佳。

5）进阶练习：此方法为范例，其他方法类同。教练员可根据此练习模式完成不同形式的训练内容。

2. 重球结合专项练习

（1）重球运球练习

1）目的：①提高队员运球时的动作速度；②提升两手动作的协同能力，利用动作后效作用强化手臂动作速度。

2）练习方法（图 2-15-44）：队员一手持篮球，另一手持重球，交替做各种变向运球练习。

图 2-15-44　重球运球练习

3）注意事项：①保持双手交替速率，保证不失误；②加快队员变向运球速度。

4）建议：练习 20 次以内。

5）进阶练习：此方法为范例，其他运球方法类同。教练员可根据此练习模式完成不同形式的训练内容，如胯下变向运球、背后变向运球等。

（2）重球抢篮板练习

1）目的：①提高队员抢篮板时的上肢动作速度；②突出全身协调用力，强化抢篮板球的能力。

2）练习方法（图 2-15-45）：队员双手持重球，做上步纵跳使球触篮板练习。

图 2-15-45　重球抢篮板练习

3）注意事项：①垫步动作不要违例；②手臂举球、上摆动作迅速有力。

4）建议：练习 8 ～ 12 次。

5）进阶练习：教练员可根据此练习模式加大练习强度，或拓展练习形式，如队员双手绑沙袋、阻力带进行练习等。

3. 结合软梯辅助器材的专项练习

（1）基本练习

1）目的：提高队员脚下动作速度和运球加速能力。

2）练习方法（图 2-15-46）：队员持球利用绳梯做各种绳梯运球练习，接加速运球上篮得分。

3）进阶练习：此方法为范例，其他方法原理类同，教练员可根据此练习模式安排不同的组合训练内容，来提升队员的持球脚下动作速度和运球加速能力，如运球锥桶跳接加速运球上篮，运球高抬腿过栏架接加速运球上篮，横向、背向运球过软梯等。

图 2-15-46　基本练习

（2）组合练习

1）目的：发展队员动作速度，提高队员多方向移动速度和加速运球能力。

2）练习方法（图 2-15-47）：①队员从 A1 出发运球加速跑 6 米至 A2，右转身；②做高抬腿运球练习依次通过 A3、A4 标志物，转身依次通过标志物至 A5，转身继续依次通过标志物返回至 A2，左转身；③加速跑 6 米至 A6，向右横向高抬腿运球依次通过标志物后，向左依次通过标志物后返回 A6；④向前冲刺运球 10 米。

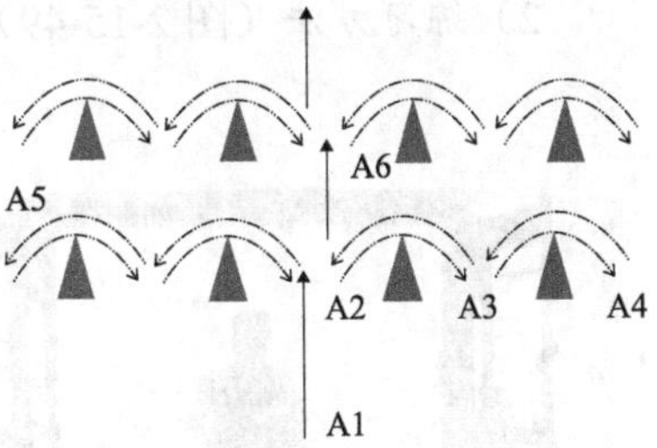

图 2-15-47　组合练习

3）注意事项：①保持脚下动作的高频率；②控制身体重心，保证运球不失误。

4）建议：①教练员可根据队员身体素质情况调整小栏架数量，一般建议 3 ～ 5 个小栏架为佳；②教练员可根据此练习模式，利用不同的辅助性训练器材安排练习内容。

4. 阻力带结合专项练习

（1）阻力带结合持球突破第一步练习

1）目的：提高队员持球突破第一步的动作速度。

2）练习方法（图 2-15-48）：队员双脚绑阻力带，单手运球或双手同时运球，做上步突破动作练习。

3）注意事项：①运球姿势正确，保证运球速度；②上步（第一步）动作速率快、幅度大。

图 2-15-48　阻力带结合持球突破第一步练习

4）建议：练习时间为 60 秒；练习次数为各 30 次。

5）进阶练习：此方法为范例，其他运球方法类同，教练员可根据此练习模式完成不同形式的训练内容，如同侧步突破、交叉步突破等。

（2）阻力带结合投篮起跳练习

1）目的：提高队员投篮起跳的动作速度。

2）练习方法（图 2-15-49）：队员髋关节绑阻力带，做快速投篮蹬摆腿练习。

图 2-15-49　阻力带结合投篮起跳练习

3）注意事项：①运球时上体正直，姿势正确；②蹬摆速度快，发力向上。

4）建议：①练习时间为 60 秒；②练习次数为 25 ～ 35 次。

（三）位移速度练习方法

1. 起动速度

（1）起跑加速器练习

1）目的：增加阻力，增强队员起动蹬地的能力，巩固跑动速度。

2）练习方法(图 2-15-50)：队员双手推起跑加速器，向前加速蹬地起跑 20 米。

图 2-15-50　起跑加速器练习

3）注意事项：①身体重心尽可能压低，不要翘臀部，大腿充分前摆；②抬头目视前方。

4）建议：练习距离 20 米以上。

（2）阻力带起动接传球练习

1）目的：利用后效作用强化队员的起跑加速能力。

2）练习方法（图 2-15-51）：①队员腰部绑阻力带，起动跑加速；②起动加速后，脱离阻力，加速接长传球。

3）注意事项：教练员在队员完成起动加速的几步后，撒手脱离阻力带。

（3）半场起动加速运球练习

1）目的：提高队员运球加速能力。

2）练习方法：队员从端线运球出发，只允许拍两次球，将球运过中场。

3）注意事项：队员需要快速起动，加速，不能持球违例。

图 2-15-51　阻力带起动接传球练习

2. 加速度练习

（1）综合运球过移动标志桶

1）目的：加强队员持球突破速度。

2）练习方法：①练习者单手 / 双手快速运球突破；②从不同方向练习者的进攻路线推送移动标志桶；③运球躲避标志桶后，“运一步”上篮得分；④运球动作连贯且有节奏。

3）注意事项：教练员在向练习者推动标志桶时注意先后顺序及方向。

4）建议：①推荐距离：7 ～ 9 米；②组数及重复次数：全速运球的情况下，成功完成 15 ～ 20 组练习动作为佳；③恢复时间：90 ～ 120 秒。

（2）抢篮板接全场快攻练习

1）目的：提高队员篮板球后快攻加速能力。

2）练习方法：①分两组分别站于限制区边线，两队员双手持球连续 3 次的纵跳球触篮板；②将球传给下一名队员后极速跑向另一侧场地，并上篮触篮板。

3）注意事项：①队员持球纵跳时要求用尽全力，落地立即起跳，不应有片刻停留；②极速跑时要求用尽全力加速。

（3）全场绕标志桶“Z”形、“S”形等综合运球练习

1）目的：提升队员全场多方向、多技术结合运用的运球速度。

2）练习方法（图 2-15-52）：练习者单手 / 双手快速运球穿越、绕过规定路线上的标志桶（规定过标志桶的运球动作），上篮得分。

3）建议：①标志桶数量：3 ～ 4 个；②组数及重复次数：1 ～ 2 趟折返；③恢复时间：60 ～ 90 秒。

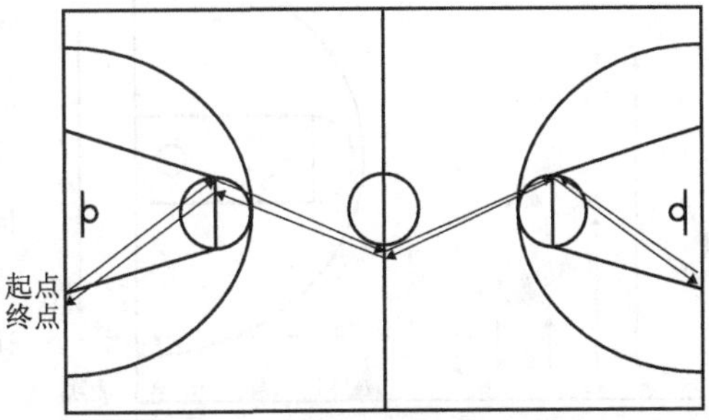

图 2-15-52　全场绕标志桶“Z”形、“S”形等综合运球练习

（4）跳深训练接全场快攻冲刺

1）目的：①加强队员连续跳跃起跳速度；②增强队员加速跑能力。

2）练习方法（图 2-15-53）：①队员在场地一侧完成不同高度的跳深练习；②完成跳深练习后进行全场加速冲刺跑，接传球上篮。

图 2-15-53　跳深训练接全场快攻冲刺

3）建议：①跳箱数量：3～4 个；②恢复时间：45～60 秒。

3. 加速—减速制动训练

（1）快频步后退绕标志桶加速向前运球练习

1）目的：提高队员加速、减速制动运球能力。

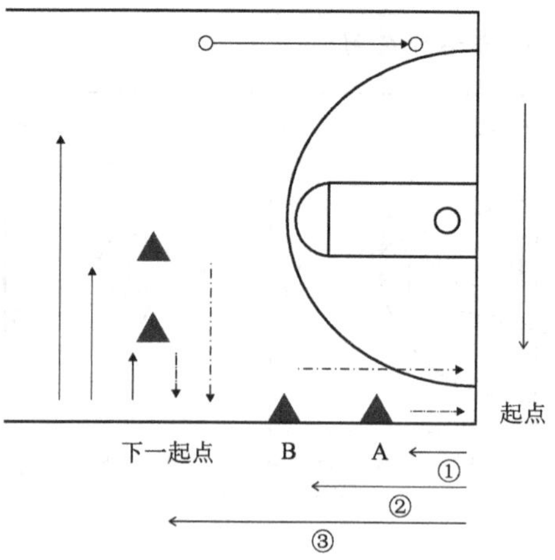

图 2-15-54　快频步后退绕标志桶加速向前运球练习

2）练习方法（图 2-15-54）：①分四组，每组两人分别站于半场四角；②开始时队员持球向前加速至标志桶 A 减速制动，变向运球后退至起点；③接着队员运球加速至标志桶 B，减速制动，变向运球后退至起点，运球加速至下一起点；④队员围绕场地按顺时针方向循环进行练习。

3）注意事项：①加速、减速制动与运球的结合要紧凑；②运球加速要用尽全力。

4）进阶练习：①教练员可根据此

训练模式安排类似的加速、减速制动运球练习；②将纵向前后的练习改变为左右滑步运球的练习动作组合。

（2）双手运球听信号急停急起练习

1）目的：①提高队员运球的急停、急起能力；②提高队员利用移动速度变换节奏的能力。

2）练习方法：①队员双手运球，在教练员的口令信号下完成急停、急起的运球练习；②完成口令动作练习后，持球上篮。

4. 抗阻力速度

阻力带全场综合运球组合训练

1）目的：提高队员在对抗阻力状态下的综合运球加速能力。

2）练习方法（图 2-15-55）：队员在对抗阻力的状态下完成单手或双手的运球，运球过程中可模拟实战情况，运用不同的技术动作进行不同方向（正向、侧向、斜向）的组合运球练习。

图 2-15-55　阻力带全场综合运球组合训练

3）注意事项：①教练员要根据指定队员所练习的动作而改变阻力带的受力方向；②阻力带应绑在髋关节部位。

4）建议：阻力带运球训练尽可能完成全场距离的训练。

5）进阶练习：教练员可根据此练习模式安排不同的组合训练内容，来提升队员的持球加速能力。

5. 速度耐力

（1）全场抛篮板接力练习

1）目的：结合篮板球技术的速度耐力训练。

2）练习方法：①分两组分别站于球场两侧罚篮线；②队员持球抛篮板后跑向对侧罚篮线，依次接力。

3）注意事项：①队员抛篮板的成功率要有保证，注意接力的时机和节奏；②加速跑向对侧罚球线，准备接力。

4）建议：此练习方法可规定接力时间为 2 ～ 3 分钟，或者规定抛篮板接力的次数为 100 次左右。

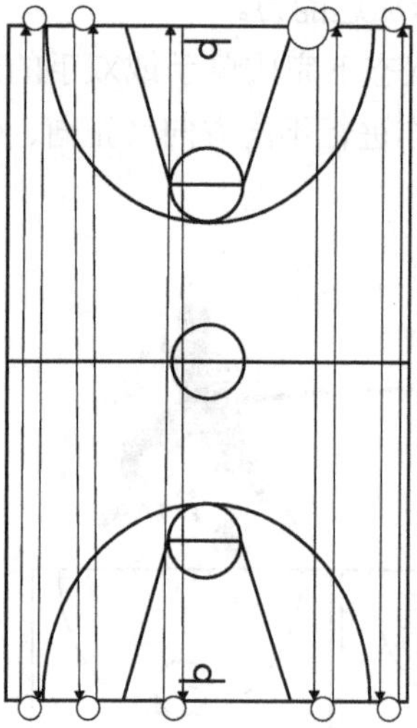

图 2-15-56　1、3、5、7、9 升级与 9、7、5、3、1 降级折返练习

（2）1、3、5、7、9 升级与 9、7、5、3、1 降级折返练习

1）目的：提高队员速度耐力。

2）练习方法（图 2-15-56）：①将全队分为两组分别站于球场两侧端线；②开始练习，一组先以最快的速度（5 秒 1 趟）跑到对面端线，二组也同样用（5 秒 1 趟）的最快速度跑到对面端线；③接着一组要连续完成 15 秒 3 趟的见端线折返，二组也同样用（5 秒 1 趟）的最快速度跑到对面端线；④如此两组还要连续、逐次地完成 25 秒 5 趟、35 秒 7 趟和 45 秒 9 趟，共 25 趟逐步升级的见端线折返跑练习；⑤然后两组再从 45 秒 9 趟、35 秒 7 趟、25 秒 5 趟、15 秒 3 趟、5 秒 1 趟逐步降级地见端线折返跑练习。

3）注意事项：①教练员要定时大声通报跑过的时间和完成的次数，并记录每次跑完相应趟数的准确时间；②在进行逐步升级和逐步降级见端线折返跑时，每次开始都由一组率先开始，二组紧跟，每级跑之间不能休息。

4）建议：后卫、前锋为一组：①③⑤⑦⑨；中锋为二组：②④⑥⑧⑩。

（3）见线折返间歇跑

1）目的：提高队员的速度耐力。

2）练习方法（图 2-15-57）：①队员在两侧边线之间极速跑 15 次，间歇 1 分钟；②队员在两侧边线之间极速跑 12 次，

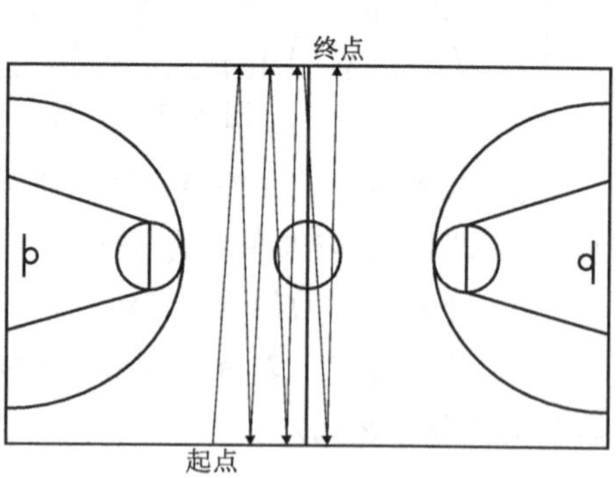

图 2-15-57　见线折返间歇跑

间歇 45 秒；③队员在两侧边线之间极速跑 9 次，间歇 30 秒；④队员在两侧边线之间极速跑 6 次，以上即为完成一组见线折返间歇跑。

3）注意事项：教练员要定时大声通报运动员跑过的次数，并严格控制间歇时间。

4）建议：后卫、前锋为一组：①③⑤⑦⑨；中锋为二组：②④⑥⑧⑩。

第三节　训练计划制定

一、训练周期划分

以 4 月下旬至 5 月中旬和 9 月中旬至 10 月中旬两个竞赛周期计划为例。

1. 年度训练周期划分为两个周期

1）第一竞赛周期：上一年度 10 月末至次年 6 月中旬。

2）第二竞赛周期：6 月下旬至 10 月中旬。

2. 每一竞赛周期分为四个小周期

分别为：①准备期；②赛前期；③比赛期；④恢复期。

二、各周期任务制定

具体内容如图 2-13-32 所示。

三、各周期速度训练内容选择及负荷安排

具体内容见表 2-15-2 所示。

表 2-15-2　各周期速度训练内容选择及负荷安排表

周期	时间	主要任务	训练内容	训练负荷	
				量	强度
第一竞赛周期					
准备期	10月末至3月上旬	以有氧耐力、全面力量为主的一般身体训练	一般速度素质为主，专项速度素质为辅	大	中
赛前期	3月中旬至4月中旬	以核心力量、专门力量，专项速度优化与速度耐力训练为主	专项速度素质和速度耐力为主	适中	高
比赛期	4月中旬至5月中旬	以技战术与实战模拟训练为主	以专项速度素质中结合实战的练习为主，专项速度素质为辅	适中	适中
恢复期	5月下旬至6月中旬	以体能保持与疲劳消除为主	低强度一般速度素质练习，防止心率与负荷的增加	小	低

续表

周期	时间	主要任务	训练内容	训练负荷	
				量	强度
第二竞赛周期					
准备期	6月下旬至8月上旬	以有氧耐力为主、全面力量为主的一般身体训练，视上半年的问题进行针对性弥补	一般速度素质和速度耐力为主，专项速度素质为辅	大	中
赛前期	8月中旬至9月上旬	以核心力量、专门力量和专项速度优化与速度耐力训练为主	专项速度素质和速度耐力为主	适中	高
比赛期	9月中旬至10月中旬	视新对手情况练新战术	以专项速度素质结合实战的练习为主，专项速度素质为辅	适中	适中
恢复期	10月中旬至10月末	以体能保持与疲劳消除为主	低强度一般速度素质练习为主，也可采用游戏法	小	低

四、第一竞赛周期速度训练周期计划案例

（一）准备期速度训练

具体内容见表2-15-3所示。

表2-15-3 准备期速度训练计划案例

训练目的	1.实现肌肉神经的唤醒，建立全面的速度素质基础 2.为提高篮球运动员的技、战术水平做储备，提升整体攻防速度及对抗性 3.根据球队技、战术风格及队员特点制定有针对性的训练，达到技、战术目标 4.为接下来紧张而又漫长的赛季做准备					
主要方法	重复训练法、间歇训练法、循环训练法、持续训练法					
注意事项	1.尽量安排在训练课的开始阶段，并保证在练习前做好热身活动 2.合理安排速度训练的顺序、时间，间歇设计合理 3.保证运动员处在适宜的工作状态，正确预防和消除“速度障碍” 4.要培养运动员对时空特征的反应判断能力 5.速度与技术相结合，保证速度练习的动作方法正确，以免运动员受伤 6.练习结束后注意肌肉的放松 7.速度素质训练与其他素质训练相结合					
周	天	训练任务	训练内容	间歇时间（秒）	训练负荷	
					量（组）	强度（%）
一	1	反应速度 动作速度	三点支撑地听信号起动跑 俯卧撑听信号起动跑 基本步法练习：横向滑步、交叉步、后退跑、横向交叉步接滑步	60	3	95
	2	反应速度 动作速度	听信号六角移动练习 抛接网球练习 基本步法组合练习	45 60 60	3 3 3	90 100 95
二	1	反应速度 动作速度	听信号六角移动练习 网球练习 健身球练习 跳箱练习	45 45 90 30	3 5 5 5	90 95 95 90

续表

周	天	训练任务	训练内容	间歇时间（秒）	训练负荷	
					量（组）	强度（%）
二	2	动作速度	基本步法组合练习 小栏架+软梯+海绵块辅助器材练习：纵向高抬腿过栏架、横向高抬腿过栏架、绳梯跑	60	3	95
三	1	动作速度 起动速度	健身球练习 辅助器材组合练习 折线变向移动 田径场加速跑	90 60 60 120	5 5 5 3	95
	2	起动速度 动作速度	碎步起动跑 坐姿起动跑 辅助器材组合练习 快速脚步与制动	90 90 60 40	5	95
四	1	动作速度 起动速度 加速能力	抗阻力转身练习 起动跑接过顶传球 篮球场追逐跑	90 90 45	5 10 3	95 95 90
	2	加速能力	全场3/4冲刺跑 “X”形跑练习 见线折返	60	5 5 2	95
五	1	加速能力	全场3/4冲刺跑 加速—减速制动—加速—减速制动的移动训练	60	8	95
	2	加速能力 最大速度 整体动作速度	上坡跑 途中跑练习 抗阻力转身练习	60 60 90	6 3 6	85 80 95
六	1	绝对速度 变向速度能力 速度耐力	台阶跑 阻力带“L”（M/V）形组合训练 3分钟绕“梭形障碍架”快速跑12圈练习	60 45 120	7 5 2	85 95 90
	2	最大速度	下坡跑 途中跑练习	45 60	8 6	95 80
七	1	速度耐力	田径场400米间歇跑	60	8	85
	2	起动速度 速度耐力	全场3/4冲刺跑 起动跑接过顶传球 12分钟见端线折返跑	60 60 300	8 6 2	95 95 90
八	1	速度耐力	田径场200米间歇跑	60	15	80
	2	速度耐力	田径场200米间歇跑	60	16	80
九	1	速度耐力	田径场降级变距、变速跑	300	2	85
	2	加速能力 反应速度	全场3/4冲刺跑 篮球场追逐跑 抛接网球练习	60 45 60	8 3 3	95 90 100
十	1	多项速度	田径场间歇训练方法一	300	3	90
	2	动作速度 加速能力	辅助器材组合练习 折线变向移动 见线折返	60 60 90	2 5 3	95 95 90

续表

周	天	训练任务	训练内容	间歇时间（秒）	训练负荷	
					量（组）	强度（%）
十一	1	多项速度 动作速度	田径场间歇训练方法二 健身球（重球）练习	300 90	3 5	90 95
	2	动作速度	篮球场组合练习方法一	180	2	95
十二	1	反应速度 速度耐力	听信号转身收球练习 追困难球练习 限制区内抢断球 12分钟见端线折返跑	60 90 60 \	5 5 5 1	95
	2	动作速度 加速能力	甩绳结合专项练习 辅助器材组合练习 阻力带“L”（M/ V）组合训练 15米×17见线折返	40 60 45 \	5 3 3 1	95
十三	1	动作速度 加速能力 速度耐力	德里克·罗斯反应练习 重球运球练习 重球抢篮板练习 起跑加速器练习 见线折返间歇跑	60 60 60 45 \	4 4 4 4 1	95
	2	动作速度 加速能力	限制区内抢断球 结合软梯辅助器材的专项练习 半场起动加速运球练习 抢篮板接全场快攻练习	60	5	90
十四	1	多项速度	田径场间歇训练法方法二	300	3	85
	2	动作速度 加速能力	阻力带结合持球突破第一步练习 阻力带结合投篮起跳练习 阻力带起动接传球练习 综合运球过移动标志桶 全场3/4冲刺跑	60	10 10 5 5 3	95
十五	1	多项速度	田径场训练法一	300	2	
	2	加速能力	跳深训练接全场快攻冲刺 全场绕标志桶“Z”形、“S”形等综合运球练习 阻力带全场综合运球组合训练	60	10 5 6	95
十六	1	多项速度	田径场训练法二	300	2	90
	2	反应速度 动作速度 加速能力 速度耐力	德里克・罗斯反应练习 结合软梯辅助器材的专项练习 见线折返 1、3、5、7、9升级9、7、5、3、1降级折返练习	60 60 \ \	5 5 1 1	90
十七	1	多项速度	阻力带全场综合运球组合训练 双手运球听信号急停急起练习 篮球场综合训练方法二	60 60 300	5 5 2	90
	2	多项速度	田径场训练法一	300	3	80
十八	1	多项速度	田径场训练法二	300	2	80
	2	多项速度	篮球场综合训练方法二	300	2	80

续表

周	天	训练任务	训练内容	间歇时间（秒）	训练负荷	
					量（组）	强度（%）
十九	1	多项速度 最大速度能力	田径场训练法一 途中跑练习	300 60	2 3	80
	2	加速能力	阻力带起动接传球练习 半场起动加速运球练习 综合运球过移动标志桶 抢篮板接全场快攻练习 全场绕标志桶“Z”形、“S”形等综合运球练习	60	5	90
二十	1	加速能力 速度耐力	3/4场地冲刺跑 “X”形跑 15×17见线折返 见线折返	60 60 \ 180	10 10 1 2	90
	2	反应速度 起动速度 加速能力	德里克·罗斯反应练习 限制区内抢断球练习 困难球练习 半场起动加速运球练习	60 90 60 60	3 3 10 10	90
二十一	1	加速能力 速度耐力	3/4场地冲刺跑 后退跑 “X”形跑 15×17见线折返	60 60 60 300	12 12 8 3	90
	2	加速能力 速度耐力	篮球场追逐跑 1、3、5、7、9升级与9、7、5、3、1降级折返练习	180 300	3 3	85

（二）赛前期速度训练

具体内容见表2-15-4所示。

表2-15-4　赛前期速度训练计划案例

训练目的	1.达到最佳的运动竞技状态 2.达到速度与其他素质相平衡的身体状态
主要方法	重复训练法、间歇训练法、循环训练法、持续训练法
注意事项	1.在重大比赛之前3～5天应减少速度训练，让机体有充分的时间达到消除疲劳和超量恢复的效果 2.为保证肌肉的神经状态，赛前期不可不练速度素质 3.强调人体重心的稳定性、应变性、隐蔽性 4.练习结束后注意肌肉的放松 5.结合自身特点和篮球专项的战术需要，结合实战的针对性训练

周	天	训练任务	训练内容	间歇时间（秒）	训练负荷	
					量（组）	强度（%）
一	1	专项速度 速度耐力	双手运球听信号急停急起练习 阻力带全场综合运球组合训练 全场绕标志桶“Z”形、“S”形等综合运球练习 抢篮板接全场运球快速跑 15×17见线折返	60 60 60 60 180	4 4 4 3 3	90

续表

周	天	训练任务	训练内容	间歇时间（秒）	训练负荷 量（组）	训练负荷 强度（%）
一	2	起动速度 动作速度 加速能力 速度耐力	追困难球练习	60	3	90
			限制区内抢断球	60	3	
			阻力带结合持球突破第一步练习	60	6	
			阻力带结合投篮起跳练习	60	3	
			跳深训练接全场快攻冲刺	45	3	
			见线折返间歇跑	180	2	
二	1	反应速度 动作速度 起动速度 速度耐力	德里克•罗斯反应练习	60	4	90
			抗阻力后转身+运球转身练习	60	4	
			全场阻力带起动接传球练习	60	4	
			听信号转身收球全场运球上篮	60	4	
			重球抢篮板接加速跑练习	90	4	
			3/4场地冲刺跑	60	6	
			15×17见线折返	180	2	
	2	起动速度 动作速度 加速能力	起跑加速器接加速跑练习	45	3	95
			阻力带起动接传球练习	60	3	
			阻力带全场综合运球组合训练	60	3	
			重球运球接加速上篮练习	60	3	
			综合运球过移动标志桶	60	10	
			3分钟绕“棱形障碍架”快速跑12圈练习	\	1	
三	1	绝对速度 速度耐力	阻力带全场综合运球组合训练	60	5	95
			全场绕标志桶“Z”形、“S”形等综合运球练习	60	4	
			全场一打一攻防训练	60	5	
			3/4场地冲刺跑	60	5	
			1、3、5、7、9升级与9、7、5、3、1降级折返练习	300	2	
	2	绝对速度 速度耐力	全场折返3人传接球练习	60	5	95
			全场三打二攻防练习	60	10	
			3/4场地冲刺跑	60	8	
			3分钟绕“棱形障碍架”快速跑12圈练习	120	3	
四	1	反应速度 绝对速度	下坡跑	60	3	85
			听信号六角移动练习	60	3	
			听信号转身收球练习	60	3	
			全场一打一攻防训练	60	3	
			全场二打二攻防练习	60	3	
			全场四打三攻防训练	60	3	
			见线折返	60	2	
	2	加速能力 绝对速度	3/4场地冲刺跑	45	3	80
			全场绕标志桶“Z”形、“S”形等综合运球练习	60	3	
			快频步后退绕标志桶加速向前运球练习	60	3	
			抢篮板接全场快攻练习	60	3	
			全场抛篮板接力练习	180	2	

（三）比赛期速度训练

具体内容见表2-15-5所示。

表2-15-5　比赛期速度训练计划案例

训练目的	保证队员良好的肌肉神经状态，保持良好的竞技状态					
主要方法	重复训练法、比赛训练法、变换训练法					
注意事项	1.1～2小时高强度地演练、竭力地训练，努力奔跑和全力防守 2.因人而异，如果队员没有得到足够多的上场时间和额外的训练，需要额外增加赛前体能训练，以保证其有充分的体能去应对接下来的比赛 3.在赛会制比赛中，球队会在每一天都进行单场或两场高强度比赛，故比赛期间也可不进行速度素质训练 4.比赛期的速度训练不可产生过度疲劳状态 5.保证队员的肌肉处于放松状态，注意对肌肉的放松，保证消除心理疲劳 6.降低负荷量，与其他身体素质训练和专项技术训练协调配合					
周	天	训练任务	训练内容	间歇时间（秒）	训练负荷	
					量（组）	强度（%）
一	1	保持速度素质	快攻战术配合 抢篮板接全场运球快速跑 见线折返	60 60 \	5 2 1	85
	2	保持速度素质 保证攻防速度	全场二打一攻防训练 全场四打三攻防训练 抢篮板接全场三打二攻防训练	60 60 60	4 4 4	85
二	1	根据球队需要保持专项速度	快攻战术配合 全场三打三攻防训练 见线折返	60 90 \	5 4 1	80
	2	保持反应速度 保持起动和运球加速能力	追困难球练习接一打一攻防训练 综合运球跑接一打一攻防训练	60 60	4 4	90
三	1	保持专项速度	阻力带起动接全场传球练习 全场二打二攻防练习 连续触篮板接半场二打一攻防练习	60 60 60	3 5 3	85
	2	根据球队需要保持专项速度	全场折返3人传接球练习 全场绕标志桶"Z"形、"S"形综合运球练习 骑功率自行车	60 60 \	4 4 1	85
四	1	保证比赛期最后阶段运动员的绝对速度能力	快攻战术配合 全场快频步后退绕标志桶加速向前运球练习 3/4场地冲刺跑	60 60 60	4 4 3	80
	2		快攻战术配合	60	5	85

（四）恢复期速度训练

具体内容见表2-15-6所示。

表 2-15-6　恢复期速度训练计划案例

训练目的	1.从上一赛季中快速地恢复，消除疲劳，恢复伤病 2.针对比赛期暴露的具体问题制定训练计划，有针对性地练习
主要方法	体育游戏法、间歇训练法、变换训练法、重复训练法
注意事项	1.练习强度保持低强度，一旦出现高强度训练会产生疲劳，影响恢复效果 2.因人而异，以恢复伤病为主 3.针对比赛期各球队暴露出的不足及问题，布置有针对性的低强度训练 4.队员不要完全停止训练，而是要大幅度降低运动负荷量度，保持一般性活动 5.多样性原则，提高队员训练兴趣，保持积极性 6.速度素质训练不应给运动员在心理和生理上造成任何压力

周	天	训练任务	训练内容	间歇时间（秒）	训练负荷	
					量（组）	强度（%）
一	1	神经放松 心理疲劳恢复	足球游戏	\	\	\
	2		田径场400米	180	4	70
二	1	低强度体能恢复	田径场400米	180	6	70
	2		田径场400米 田径场200米	180 90	4 4	70
三	1	低强度体能恢复	田径场100米 田径场80米 田径场60米	30	2 2 12	70
	2		全场一次折返跑 半场——全场折返跑 60秒往返边线折返跑	90	3 3 1	70
四	1	—	针对比赛期暴露的具体问题 制定训练计划	\	\	\
	2		针对比赛期暴露的具体问题 制定训练计划	\	\	\

注：组合训练方法解析

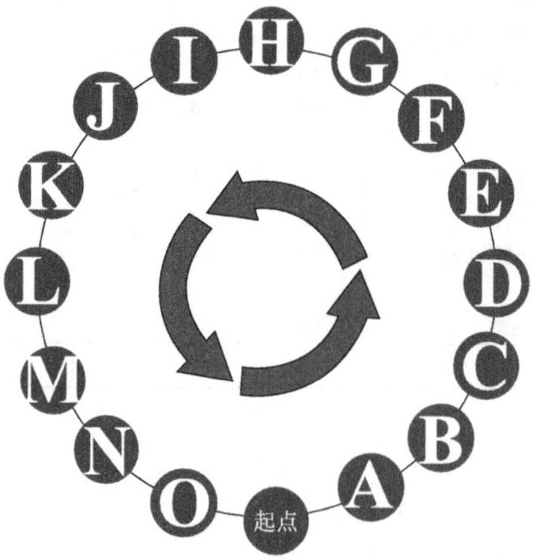

图 2-15-58　田径场间歇训练方法一

（五）田径场间歇训练方法一

在田径场分设 15 个练习区，分别以 A—O 表示（图 2-15-58），各练习区内训练内容如下：A【俯卧撑听信号起动 10 米跑】×1+B【纵向高抬腿过栏架】×5 栏架 ×2 次 +C【30 米加速跑】×1+D【抛接六角球练习】×1+E【30 米加速跑】×1+F【跳箱练习】×2+G【30 米加速跑】×1+H【10 秒钟碎步跑】×1+I【30 米加速跑】×1+J【俯卧撑 15 个】×1+K【30 米加速跑】×1+L【抱头仰卧起坐 20 个】×1+ 米【30 米加速跑】×1+N【听信号六角移动触标志桶练习】×1+O【阻力带加速跑 20 米】×1。

强度：90% ～ 95%；

间歇时间：5 分钟，心率脉搏：120 次；

组数：3 组；

注意事项：运动员在做每一项练习时应尽可能保证用尽全力。

（六）田径场间歇训练方法二

在田径场分设反应速度区、动作速度区、阻力速度区、沙坑跳跃、重球训练区、区加速跑区，各练习区内训练内容分别以 A-G 表示（图 2-15-59）：A【六角移动触标志桶练习】×1+B【结合小栏架 + 软梯 + 海绵块辅助器材组合练习】×1+C【甩绳练习】×1+D【阻力带“L”（M / V）组合训练】×1+E【沙坑跳跃练习】×1+F【抛重球练习】×1+G【30 米加速跑】×5。

图 2-15-59　田径场间歇训练方法二

强度：90% ～ 95%；

间歇时间：5 分钟，心率脉搏：120 次；

组数：3 组；

注意事项：队员在做每一项练习时应尽可能保证用尽全力。

（七）篮球场组合练习方法一

包括基本步法组合练习；加速减速制动练习；“X”形跑训练，综合运球过移动标志桶；全场绕标志桶“Z”形、“S”形综合运球练习；见线折返练习；篮球场追逐跑。

强度：90% ～ 95%；

间歇时间：5 分钟，心率脉搏：120 次；

组数：2 ～ 3 组；

注意事项：队员在做每一项练习时应尽可能保证用尽全力。

（八）篮球场组合练习方法二

包括起跑加速器练习，阻力带半场加速跑，结合软梯辅助器材的专项基本练习，阻力带全场综合运球组合训练，跳深训练接全场快攻冲刺。

强度：90% ～ 95%。

间歇时间：5 分钟；心率脉搏：120 次。

组数：2～3组。

注意事项：运动员在做每一项练习时应尽可能保证用尽全力。

五、速度训练单元计划案例

具体内容见表2-15-7所示。

表2-15-7　速度训练教案范例

<table>
<tr><td>主要内容</td><td colspan="6">专项速度与核心力量训练</td></tr>
<tr><td>周期</td><td>赛前期</td><td>周次</td><td>二</td><td>训练课次</td><td colspan="2">2</td></tr>
<tr><td>训练目标</td><td colspan="6">1.通过肌肉神经的唤醒，提高队员的各项速度素质
2.提高队员结合球的专项起动速度、动作速度、加速能力
3.通过速度的练习、核心力量练习，促进队员身体素质的全面发展
4.为后期的专项训练奠定基础和辅助作用</td></tr>
<tr><td>重点难点</td><td colspan="6">重点：正确技术动作的掌握及正确贯彻每种练习的目的和功能
难点：训练负荷强度的控制与实施</td></tr>
<tr><td rowspan="3">阶段</td><td rowspan="3">训练内容与方法</td><td colspan="4">训练负荷</td></tr>
<tr><td rowspan="2">训练量</td><td rowspan="2">强度（%）</td><td colspan="2">时间</td></tr>
<tr><td>间歇（秒）</td><td>练习（分钟）</td></tr>
<tr><td rowspan="4">准备活动阶段</td><td>一、基础热身
1.10圈半场慢跑
2.100次传递四角传球练习
3.自由投篮</td><td>1组</td><td>60</td><td>30</td><td>10</td></tr>
<tr><td>二、静态拉伸
1.腕部及手指屈
2.双臂体前交叉肩部拉伸
3.踝关节蹲坐式拉伸</td><td>4×8拍
4×8拍
4×8拍</td><td>60</td><td>20</td><td>5</td></tr>
<tr><td>三、动态拉伸
1.背对背互背
2.坐位“V”字牵引
3.上步踢腿
4.抱膝弓箭步走
5.行进颈、腰腹、膝部球绕环
6.横向皮筋牵引移动</td><td>15秒/组×2
4×8拍
4×8拍
10次/组×2
25米/腿×2
20次/腿×2</td><td></td><td></td><td></td></tr>
<tr><td>四、针对性热身
1.半场后退跑接半场大跨步
2.全场后退快频步接“Z”型防守滑步
3.全场“X”型跑
4.全场传接球上篮</td><td>2组</td><td>60</td><td>30</td><td>10</td></tr>
<tr><td>主要训练阶段</td><td>一、速度素质训练
1.起跑加速器接加速跑练习
2.阻力带起动接传球练习
3.阻力带全场综合运球组合训练
4.重球运球接加速上篮练习
5.综合运球过移动标志桶</td><td>3组
3组
3组
3组
10组</td><td>95</td><td>45
60
60
60
90</td><td>40</td></tr>
</table>

续表

阶段	训练内容与方法	训练负荷			
		训练量	强度（%）	时间	
				间歇（秒）	练习（分钟）
主要训练阶段	二、核心力量训练 1.俯卧双手撑地脚拉瑞士球 2.仰卧脚拉瑞士球 3.仰卧转体 4.仰卧单车	 4×25 4×25 4×25 4×25	90	 60 60 60 60	30
	三、速度耐力训练 3分钟绕“梭形障碍架”快速跑12圈练习	1组		\	3
放松阶段	1.仰卧抱腿交换重心 2.双人扶肩呈桥 3.坐位“V”字牵引 4.弓箭步撑地转体 5.横向皮筋牵引移动	4×8拍	60	20	5
器材	篮球20个、起跑加速器3个、阻力带若干、重球5个、可移动标志桶8个、瑞士球3个				
预计生理负荷与训练密度	整体训练密度	70%～75%			
	主要训练阶段密度	80%～85%			
	平均心率	130～140次/分			
	最高心率	180次/分			
课后小结	1.注意掌握队员的疲劳程度及疲劳反应 2.核心力量训练动作标准，准确练习制定肌肉区域 3.速度及速度耐力的强度控制要因人而异 4.注意练习速度时队员是否出现“速度障碍”情况 5.掌握专项速度训练方法效果如何、队员是否明确练习目的				

第十六章

永恒的动力——耐力训练

第一节　基本知识

一、基本概念

1. 耐力

耐力素质是指人体长时间活动或抵御神经、肌肉疲劳的能力[①]。

2. 耐力训练

耐力训练指提高机体承受劳动负荷的能力或提高机体对环境因素影响耐受性的训练。

3. 一般耐力训练

一般耐力训练指发展和提高运动员心脏血管系统和呼吸系统的机能，为提高人体肌肉对抗疲劳进行长时间活动能力的训练[②]。

4. 专项耐力训练

专项耐力训练指为提高运动员在篮球场上攻防转换的适应能力和在高强度的对抗下的稳定性，从而在比赛过程中克服疲劳的能力而安排的训练。

二、篮球耐力训练的作用

1）提高运动员抗疲劳及疲劳后快速恢复的力；

2）提高运动员的呼吸系统、血液循环系统的功能；

3）在比赛中为快速攻防转换提供了体能基础；

4）运动员能适应高强度的比赛节奏，为篮球比赛稳定的发挥提供了保障。

---

① 田麦久 . 2006. 运动训练学 . 北京：高等教育出版社：188.

② 杨桦，李宗浩，池建 . 2007. 运动训练学导论 . 北京：北京体育大学出版社：57-59.

三、耐力训练的分类

1. 有氧耐力

有氧耐力是指长时间进行有氧供能的工作能力。负荷强度为人体最大负荷强度的 75% ～ 85%，心率一般在 140 ～ 170 次 / 分。

2. 无氧耐力

无氧耐力是指缺氧状态下，长时间对肌肉收缩供能的工作能力。常采用短时间，最大用力和短暂休息的重复运动的方法进行。负荷强度为人体最大负荷强度的 80% ～ 90%，心率一般在 150 ～ 180 次 / 分。①

四、耐力的训练方法②

1. 间歇式训练法

间歇性训练中，两次练习之间有一个严格控制休息时间，运动员要在尚未完全恢复体力时便开始下一组练习。

间歇练习法休息后心率一般在 115 ～ 135 次 / 分，练习时心率一般在 165 ～ 175 次 / 分，负荷强度为 65% ～ 90%，有利于提高机体的无氧代谢能力。

2. 重复式训练方法

重复式耐力训练的特点是让受训者在经过一定时间的运动后立刻彻底休息一次。

3. 完整练习法

完整练习法指从技术动作或战术配合的开始到结束，不分部分和环节，完整地进行练习的训练方法。可用于单一动作训练和多远动作训练。

4. 持续训练法

持续训练法是一种负荷强度低、负荷时间较长、不间断连续进行训练的练习方法。持续训练主要用于发展一般耐力训练。

五、耐力训练的注意事项

1）有球和无球相结合进行耐力训练；

2）合理安排周期性训练计划；

3）应重视训练后的主动恢复；

4）注意队员的不同训练水平，区别对待；

5）耐力训练必须长期坚持，按周期安排训练。

---

① 杨桦，李宗浩，池建 . 2007. 运动训练学导论 . 北京：北京体育大学出版社：57.

② 杨桦，李宗浩，池建 . 2007. 运动训练学导论 . 北京：北京体育大学出版社：109-114.

六、耐力训练的建议

1）注意有氧耐力和无氧耐力的训练比重；

2）及时补充能量，避免过度训练；

3）进行罚篮放松练习，提升体能下降时的投篮准确性；

4）进行拉伸训练，促进乳酸的消除与利用，减少肌肉的延迟性酸痛，有助于疲劳的消除；

5）耐力训练的量、训练的任务、训练的方式、训练方法及运动的负荷强度的确定应该从运动员的身体素质出发，并与实际情况相结合。

七、篮球耐力训练要点

1）为更好地发展篮球耐力，应与力量和速度结合训练；

2）根据运动员的身体差异，控制好训练负荷的量和强度；

3）在耐力训练中，应先发展一般耐力，为专项耐力打下基础；

4）在篮球运动员的耐力训练中一定要注意以无氧耐力训练为主，并在一般耐力基础上提高专项耐力；

5）系统、持续、循序渐进地组织训练过程；

6）根据运动员特点、重大赛事安排规律和竞技状况呈现特征组织训练过程；

7）处理好负荷量、负荷强度的关系是正确安排运动负荷的关键。

第二节　耐力训练方法

一、一般耐力训练方法

（一）有氧耐力

1. 3000 米定时跑

1）目的：①提高运动员的有氧耐力跑动能力；②是准备期提升运动员的体能储备的重要手段。

2）练习方法：3000 米的目标时间为总时 12 分钟，1000 米为 4 分钟，200 米为 48 秒。

3）注意事项：①根据运动员实际情况对时间进行改动；②分配好体力。

2. 3000 米加速跑

1）目的：①通过不断变换速度使运动员的心肺功能等到提升；②增强抗疲劳能力。

2）练习方法：3000 米的目标时间为总时 12 分钟，1000 米为 245 秒（4 分 05 秒），1000 米为 240 秒（4 分），1000 米为 235 秒（3 分 55 秒）。

3）注意事项：①注意呼吸，按照要求时间完成训练；②不是最开始就全力冲刺，而是通过逐渐提升速度提升耐力。

3. 6000 米匀速跑

1）目的：①通过有氧训练锻炼运动员的耐力；②为高强度的比赛提供体能保障。

2）注意事项：①呼吸要均匀；②步幅一致。

4. 蹬车训练

1）目的：①通过有氧练习，在小强度情况下对腿部及全身肌肉的刺激；②提高运动员的耐乳酸能力。

2）注意事项：①动作要标准、到位；②匀速摆腿。

5. 追逐跑

1）目的：①使运动员在短时间内增加运动强度；②模拟比赛时的快速回防。

2）练习方法：

①篮球场追逐跑：将运动员分为两组，第一组快跑第二组慢跑，第一组追上第二组时，第二组快跑第一组慢跑，依次交替进行。

②篮球场半场追逐跑：将运动员分为两组，第一组快跑第二组慢跑，第一组追上第二组时，第二组快跑第一组慢跑，依次交替进行。

3）注意事项：①两组速度对比要明显；②跑动时注意调整呼吸。

（二）无氧耐力

1. 10 米折返跑

1）目的：①通过训练，运动员在比赛中可适应强度更大的攻防转换；②对运动员的体能储备有很大的提升作用。

2）注意事项：①不可提前折返；②折反时转身要连贯。

2. 强度递增变速跑

1）目的：①使运动员能够承担更大强度的训练；②能使身体得到更快的恢复；③为比赛打好体能基础。

2）练习方法：① 6 分钟低强度 40 米变速折返跑。两名教练员分别协助计时，队员听到教练哨声之后 20 秒跑到折回点，听到教练鸣哨后再 10 秒跑回起点。12 个折返为一组，共三组，组间休息 4 分钟。② 6 分钟中强度 16 米变速折返跑。运动员听到教练鸣哨后 10 秒跑到折回点→听到鸣哨后 10 秒跑回起点→听到鸣哨后 20 秒跑到折回点→听到鸣哨后 20 秒回到起点→ 3 秒冲刺到折回点→ 27 秒返回起点。6 分钟为一组，组间休息 4 分钟。③ 6 分钟大强度 16 米变速跑。运动员听哨声用 3 秒冲刺到折回点，听第二声哨声后 7 秒回到起点；而后再听哨声 20 秒跑到折回点，20 秒回到起点；然后 10 秒冲刺到折回点，10 秒返回起点。6 分钟为一组，共三组，组间休息 4 分钟。

3）注意事项：①跑动过程中不能停；②严格控制时间；③利用呼吸调节体能。

3. 变速跑

100 米快跑、100 米慢跑，慢跑要求 50 秒内 20 组，总量为 4 公里。

1）目的：①通过多组次训练提高运动员的自我恢复能力；②提高运动员的速度耐力水平。

2）注意事项：①快慢结合，呼吸要有节奏；②严格按照时间完成训练；③慢跑时注意自我放松。

4. 变速跑

50 米快跑、50 米慢跑，20 次一组，跑动距离为 2 公里，组数为两组，总跑动距离为 4 公里。

1）目的：①提高运动员的耐力极限；②提高运动员的速度耐力水平。

2）注意事项：①快慢结合；②呼吸要有节奏。

5. 组合跑

1）目的：组合跑的负荷强度与比赛比较相似，因此可提高运动员对比赛的适应能力。

2）练习方法：① 100 米快跑—60 米慢跑—40 米快跑为一组，共 10 组；② 400 米快跑—200 米慢跑—100 米快跑为一组，共 10 组。

3）注意事项：①合理地分配体能；②组间进行放松。

二、专项耐力训练方法

（一）有氧耐力训练方法

1. 综合性脚步移动练习

1）目的：①掌握篮球场上实用的基本步法；②在高强度比赛当中运用出来；③通过多组次训练，从脚步移动训练上升到耐力训练。

2）练习方法：①练习一（图 2-16-1）：在场内运动员根据路线及要求做起动、急停转身及各种跑和滑步练习；前一名做到中线时后一名跟上。②练习二（图 2-16-2）：队员在端线起动，根据标志盘所规定的线路进行脚步移动。

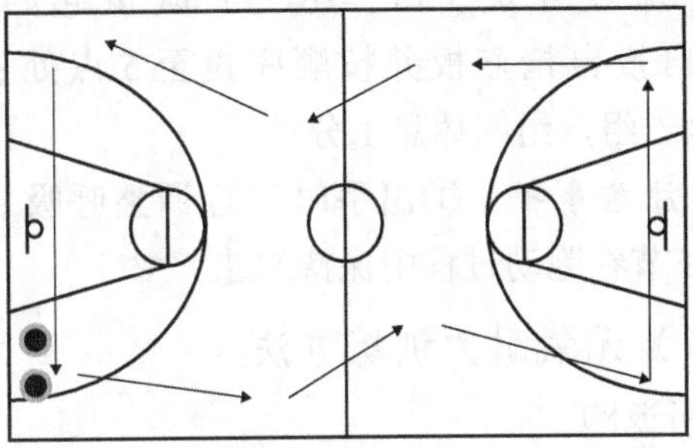

图 2-16-1　练习一

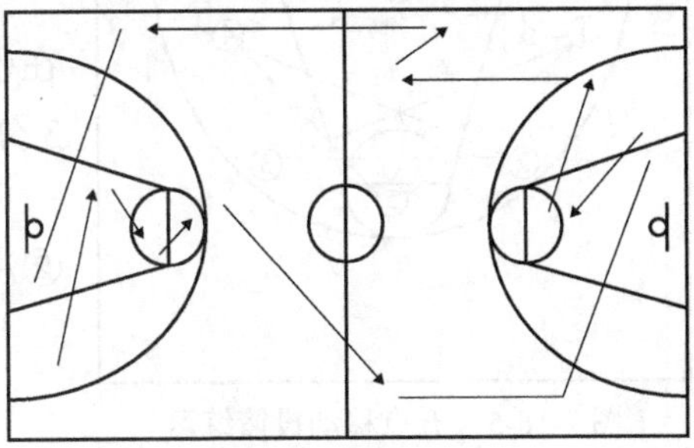

图 2-16-2　练习二

3）注意事项：①技术动作之间的衔接要紧密；②以最快速度去完成。

2. 滑步练习

1）目的：①增强运动员的防守能力；②滑步在篮球比赛的防守中经常用到，通过连续重复该动作可以熟练掌握；

2）练习方法（图 2-16-3）：①两人一组防守者按照持球进攻队员的运动轨迹进行滑步防守；②到达底线两人攻防转换；③交替进行。

3）注意事项：①防守者要跟住进攻者；②双手手臂张开阻止持球者向前运球。

3. 上下跑位投篮练习

1）目的：①提高运动员跑动中急停投篮的能力；②提升运动员在对抗情况下的投篮稳定性；③通过无氧耐力训练提高运动员的抗疲劳能力。

2）练习方法（图 2-16-4）：①“C”为教练员，“R”负责将篮板球传回教练员；②队员①、②交互投篮。

3）注意事项：①跑到指定地点再投篮；②投篮要注意节奏。

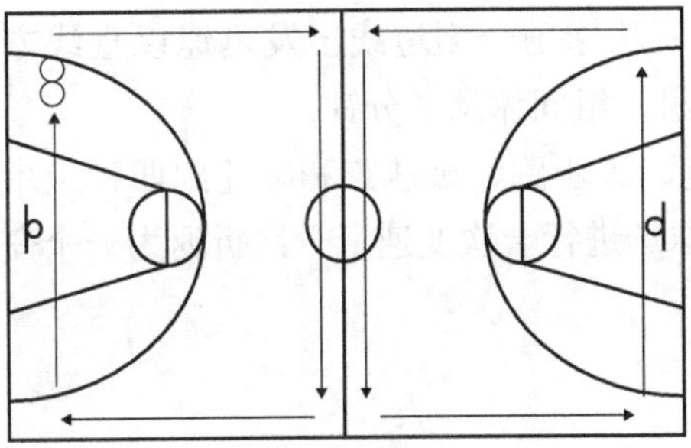

图 2-16-3　滑步练习

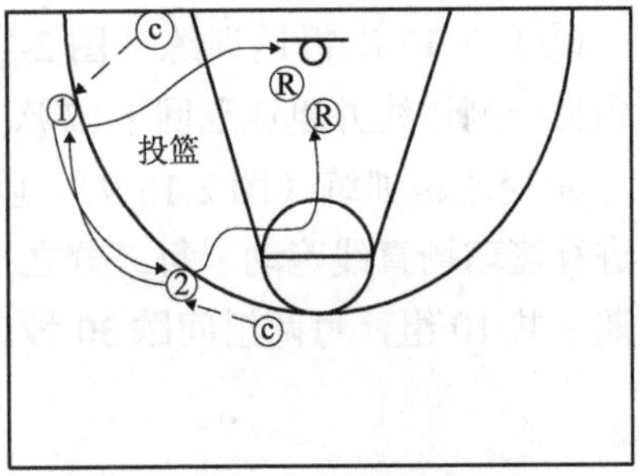

图 2-16-4　上下跑位投篮练习

4. 五点移动投篮练习

1）目的：①提高运动员在行进间的投篮能力；②提高运动员投篮的准确性；③自我调整投篮的节奏。

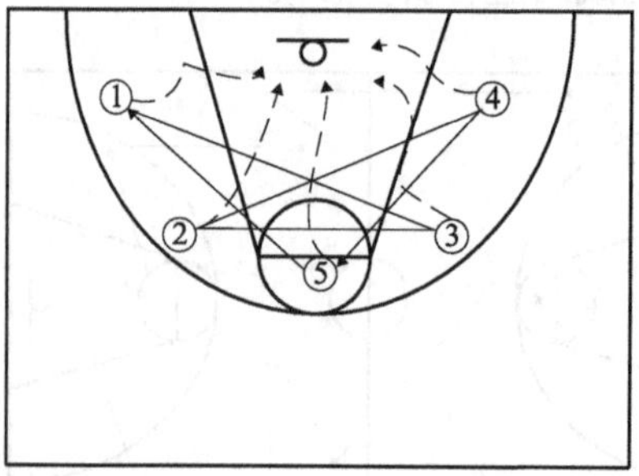

图 2-16-5　五点移动投篮练习

2）练习方法（图 2-16-5）：队员起始在①点自投自抢篮板并按顺序投至 5 点处；3 分钟为一组，组间休息 1 分钟。

3）注意事项：①出手时注意调整呼吸；②注意在节奏跑动过程中保持匀速。

（二）无氧耐力训练方法

1. 折返跑

1）目的：①通过重复训练法提升运动员的往返跑动能力；②此方法可用于比赛中的急停、转换进攻、快速回防等多种情况；③在大强度的运动下提升运动员调节呼吸的能力及突破耐力极限。

2）练习方法：

①变距折返跑（图 2-16-6）：近端罚球线、中场线、远端罚球线和远端底线；共 5 组，组间休息 1 分钟。

②纵向 6 次跑训练（图 2-16-7）：从一侧端线出发，迅速以直线方式跑到另一侧端线，然后再跑回起点；3 次一组，共 5 组。

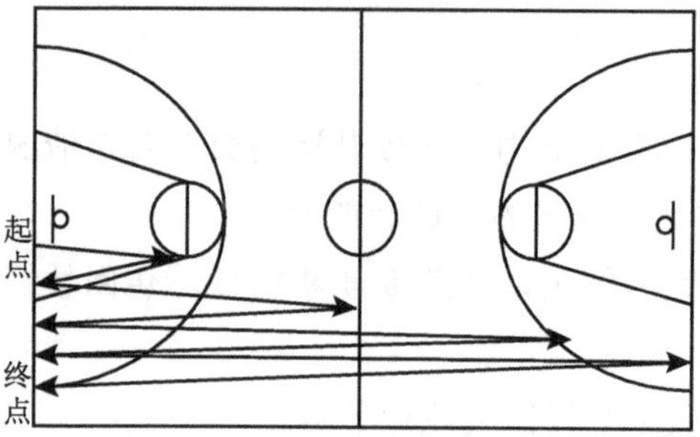

图 2-16-6　变距折返跑

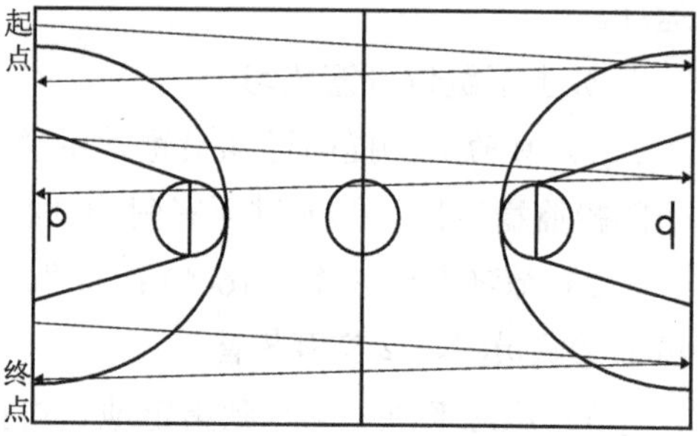

图 2-16-7　纵向 6 次跑训练

③ 15×17 次折返训练（图 2-16-8）：从球场一侧边线出发迅速以直线方式跑到另一侧边线并迅速返回；17 次为一组，组间休息 3 分钟。

④变速跑训练（图 2-16-9）：以慢跑、大步跑、极速跑和减速跑四种跑步方式进行篮球场直线跑动；每二分之一篮球场进行一次变速；一次折返为一个变速周期；共 10 组，每两组间歇 30 秒。

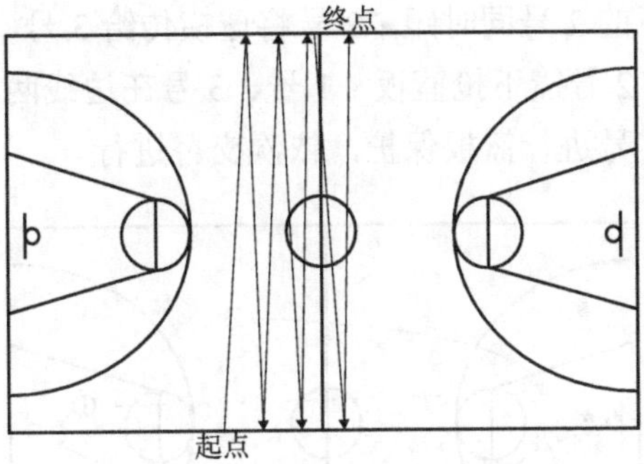

图 2-16-8　15×17 次折返训练

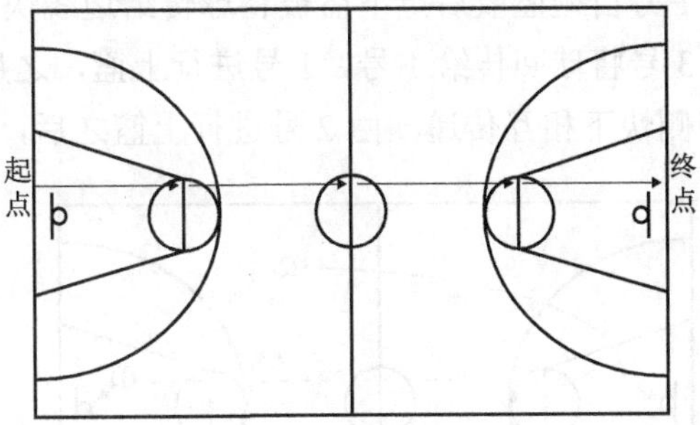

图 2-16-9　变速跑训练

⑤“X”形跑训练（图 2-16-10）

⑥间歇跑训练(图 2-16-11)：要求从一侧边线出发，在两侧边线之间跑 15 次，紧接着休息 1 分钟；然后在两侧边线之间跑 12 次，紧接着休息 45 秒；然后在两侧边线之间跑 9 次，休息时间为 30 秒；最后在两侧边线之间跑 6 次。

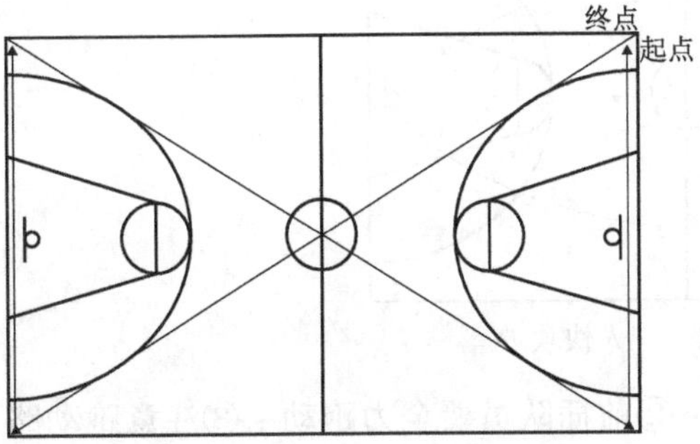

图 2-16-10　“X”形跑训练

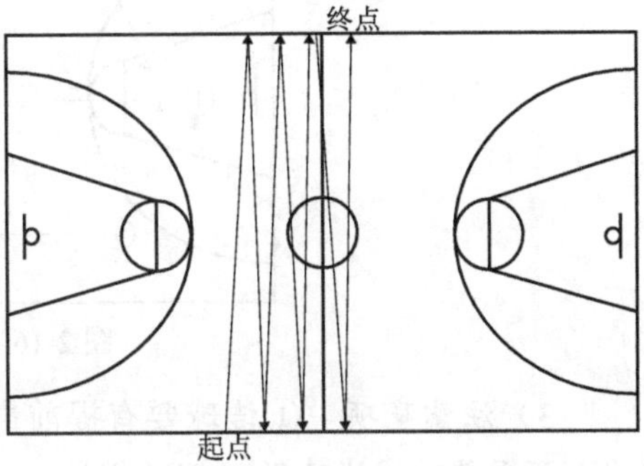

图 2-16-11　间歇跑训练

3）注意事项：①注意整个过程要求全速完成；②跑动时注意重心的变化；③掌握好身体重心的转移；④注意合理分配体力；⑤注意踩线。

2. 快攻

1）目的：①培养运动员和沿固定跑动路线前插的意识和能力；②增加传球的精准性；③模仿比赛中的快速攻防转换；④锻炼运动员的跑动能力；⑤通过快攻训练模拟真实比赛的场景；⑥让队员熟悉战术并且有默契的配合。

2）练习方法：①一人快攻（图 2-16-12）：五个往返为一组，共 3 组；组间休息 1 分钟。②二人快攻（图 2-16-13）：两人一组，1 号自抛篮板球跳起抢球后，双手头上快速传给沿边路快下的 2 号；2 号接球后顺势上篮，这时 1 号应跟进到前场准备进行快下；2 号抢到篮板后双手头上快速传给沿边路快下的 1 号；1 号接球后运球上篮，依次交替进行练习。③三人快攻(图 2-16-14)：3 人一组持一球，

1 号自抛篮板后抢下篮板将球传给边线快下的 2 号同时跟；2 号将球横传给 3 号，3 号将球回传给 1 号，1 号进行上篮，之后 2 号篮下抢篮板；1 号、3 号在边线两侧快下相互传递，由 2 号进行上篮之后，3 号进行篮板保护，依次交替进行。

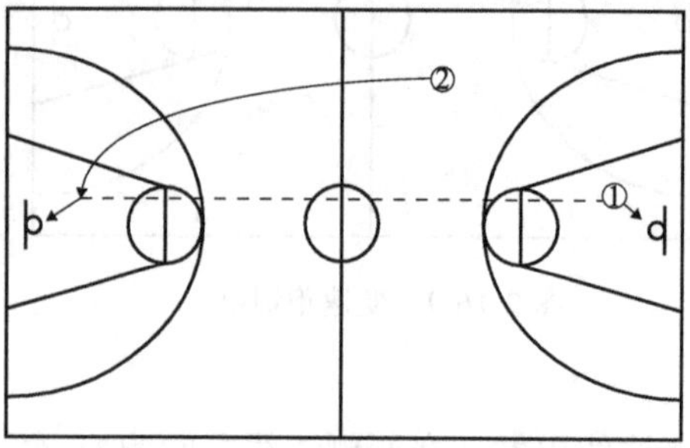

图 2-16-12　一人快攻

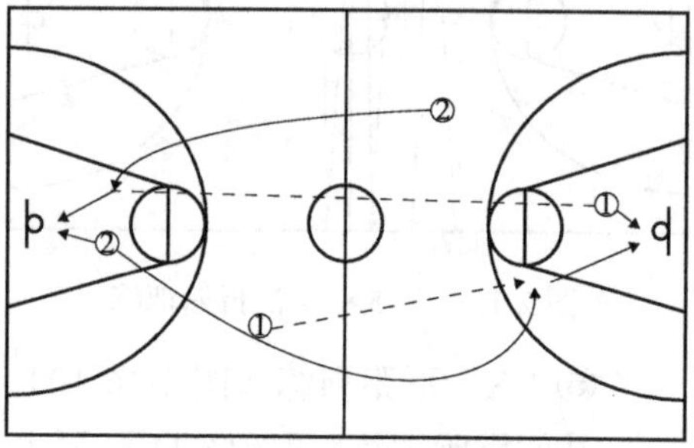

图 2-16-13　二人快攻

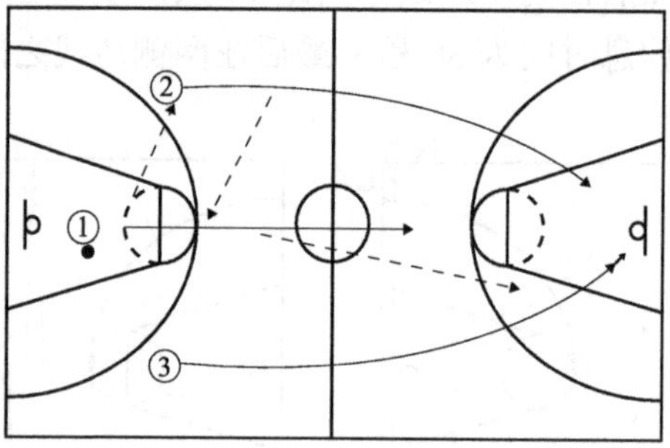

图 2-16-14　三人快攻

3）注意事项：①传球要有提前量；②前插队员要全力跑动；③注意跑动路线不要重叠；④进攻队员间要保持一定的距离。

3. 战术配合

1）目的：①模拟篮球比赛中的问题训练；②提升队员间的信任与默契；③通过大强度的练习提高队员的体能；④在对抗练习中寻求配合，为比赛做充足的准备。

2）练习方法：①二打一战术训练（图 2-16-15）：3 人一组，1、2 号进攻，3 号防守；1、2 号从后场传球至前场三分线处，1 号持球将 3 号吸引过来同时将球传给 2；2 号接球后顺势上篮，3 号拿下篮板球 1 号的进行防守，依次进行练习。②二打二战术训练（图 2-16-16）：队员 8 人一组，6 人进攻，2 人防守；向防守者中间运球突破，如果防守者不关门或协防，1 号则加速上篮，反之传球给 2 号上篮；投篮后冲抢篮板球并传给 3、4 号，防守者快速跑向另一半场，防守 3、4 号进攻，如此反复进行训练。

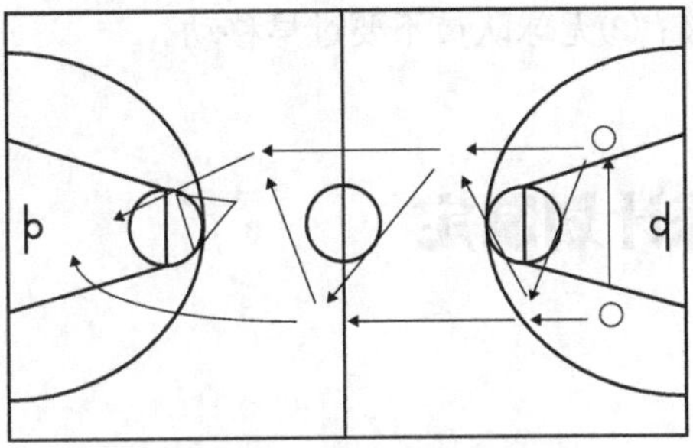

图 2-16-15　二打一战术训练

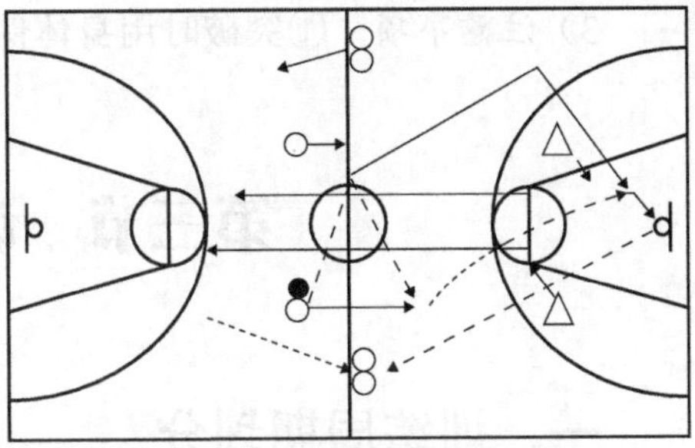

图 2-16-16　二打二战术训练

3）注意事项：①利用运球突破接近或拉开防守者；②进攻队员之间保持一定的距离；③观察防守队员和同伴的位置。

4. 传切配合

1）目的：①增加队友之间的默契程度；②对战术进行重复演练，达到提高体能的目的。

2）练习方法（图 2-16-17）：①练习者分为两组，4 号传球给 7 号后向左侧做切入的假动作，然后变向从右侧纵向切入；② 7 号接球后回传给 5 号，并向底线做切入假动作，然后变向从左侧横切；③ 7 号切入后到 4 号排尾，4 号切入后到 7 号排尾，依次进行练习。

3）注意事项：①假动作要逼真；②变向切入动作迅速；③侧身观察球。

5. 突破分球

1）目的：①演练战术，熟悉跑位；②通过模拟实战增加队友之间的默契；③通过有球训练提高运动员的体能。

2）练习方法（图 2-16-18）：①队员 1 号传球给 3 号，3 号迅速向底线突破，4 号上提到罚球区的中部；② 5 号切入三秒区中部的空位。随时准备接球；③ 1 号向弱侧肘区移动，3 号传球给下底线的 2 号。

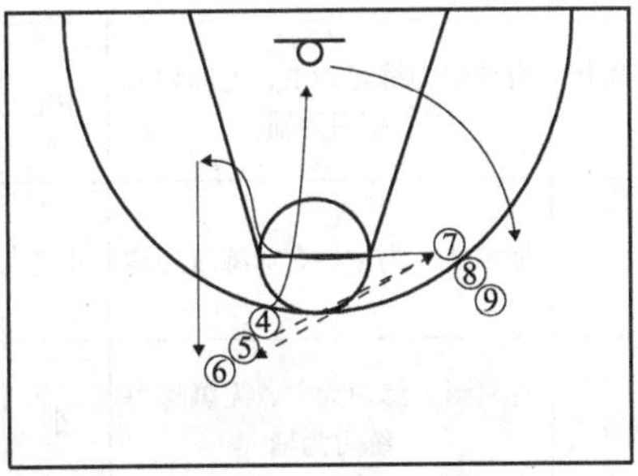

图 2-16-17　传切配合

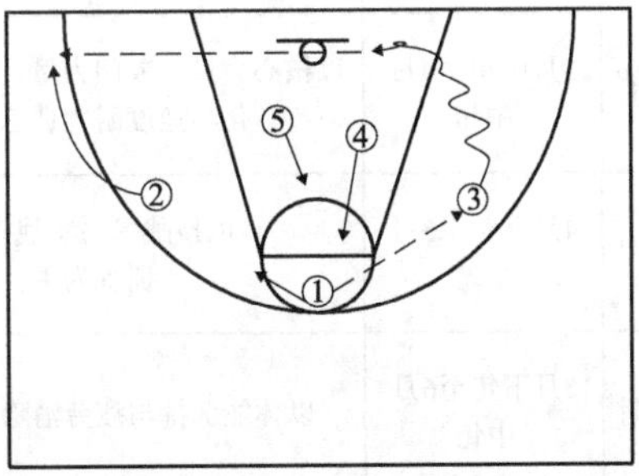

图 2-16-18　突破分球

3）注意事项：①突破时用身体保护球；②无球队员不要过早移动。

第三节　训练计划制定

一、训练周期划分

以 4 月下旬至 5 月中旬和 9 月中旬至 10 月中旬两个竞赛周期计划为例。

1. 年度训练周期划分为两个周期

1）第一竞赛周期：上一年度 10 月末至次年 6 月中旬。

2）第二竞赛周期：6 月下旬至 10 月中旬。

2. 每一竞赛周期分为四个周期

分别为：①准备期；②赛前期；③比赛期；④恢复期。

二、各周期任务制定

具体内容如图 2-13-32 所示。

三、各周期内训练内容的选择及负荷安排

具体内容见表 2-16-1 所示。

表 2-16-1　各周期内训练内容的选择及负荷安排

周期	时间	主要任务	训练内容	训练负荷	
				量	强度
第一竞赛周期					
准备期	10月下旬至3月上旬	以有氧耐力、全面力量为主的一般身体训练	有氧耐力训练为主、无氧耐力训练为辅	大	低
赛前期	3月中旬至4月中旬	以核心力量、专门力量、专项速度优化与速度耐力训练为主	有球耐力练习为主、无球耐力练习为辅	中等	高
比赛期	4月下旬至5月中旬	以技战术与实战模拟训练为主	战术练习为主、有球练习为辅	中等	中等
恢复期	5月下旬至6月中旬	以体能保持与疲劳消除训练为主	有氧耐力练习为主、无氧耐力练习为辅	小	低

续表

周期	时间	主要任务	训练内容	训练负荷	
				量	强度
第二竞赛周期					
准备期	6月下旬至8月上旬	以有氧耐力、全面力量为主的一般身体训练于上半年的问题，进行针对性的弥补	有氧耐力训练为主、无氧耐力训练为辅	大	低
赛前期	8月中旬至9月上旬	以核心力量、专门力量、专项速度优化与速度耐力训练为主	有球耐力练习为主、无球耐力练习为辅	中等	高
比赛期	9月中旬至10月中旬	视新对手练新战术	战术练习为主、有球练习为辅	中等	中等
恢复期	10月中旬至10月末	以体能保持与疲劳消除训练为主	有氧耐力练习为主、无氧耐力练习为辅	小	低

四、第一竞赛周期耐力训练周期计划案例

（一）准备期耐力训练

具体内容见表 2-16-2 所示。

表 2-16-2　准备期耐力训练计划案例

训练目的	1.为赛前期储备体能，调整运动员状态 2.提高机体承受负荷及预防运动损伤的能力 3.通过训练，自我恢复能力能到提升					
主要方法	持续训练法、间歇训练法、分解训练法					
注意事项	1.要安排好练习的数量、强度、重复次数、间歇时间和休息方法 2.不仅注意练习完成的时间和数量，并且严格要求动作质量 3.间歇时间控制在90～120s，并对速度耐力有一定的提高					
周	天	训练任务	训练内容	间歇时间（秒）	训练负荷	
					量（组）	强度（次/分）
一	1	提高一般性有氧耐力训练	3000米定时跑	120	3	140～170
	2	提高一般性有氧耐力训练	6分钟低强度40米折返跑 6分钟中强度16米折返跑	120	6	140～170
二	1	提高一般性有氧耐力训练	3000米加速跑	12	3	140～170
	2	提高混合氧耐力训练	80米80%速度跑 60米80%速度跑 40米100%速度	90	10	140～180
三	1	提高一般性有氧耐力训练	6000米匀速跑	120	1	140～170
	2	提高一般性无氧耐力训练	400米快跑 200米慢跑 100米快跑	90	10	150～180

续表

周	天	训练任务	训练内容	间歇时间（秒）	训练负荷	
					量（组）	强度（次/分）
四	1	提高一般性有氧耐力训练	6分钟低强度40米折返跑 6分钟中强度16米折返跑	90	3	140～170
	2	提高混合氧耐力训练	400米50%速度跑 400米70%速度跑	90	10	140～180
五	1	提高一般性有氧耐力训练	12分钟见端线折返跑	120	2	140～170
	2	提高一般性无氧耐力训练和专项无氧耐力训练	100米快跑 60米慢跑 40米快跑 全场见线折返跑	30	10	150～180
六	1	提高混合氧耐力训练和专项无氧耐力训练相结合	400米快跑 200米慢跑 100米快跑 15米×17冲刺跑	120	6	140～180
	2	提高混合氧耐力训练	400米50%速度跑 400米70%速度跑	90	10	140～180
七	1	提高一般性无氧耐力训练	50米快，50米慢20次一组，跑动距离在两公里	120	3	150～180
	2	提高专项无氧耐力训练	3/4场地冲刺跑 “X”形跑 15米×17次冲刺跑 全场见线折返跑	120	6	150～180
八	1	提高一般性有氧耐力训练	3000米定时跑	120	3	140～170
	2	提高一般性有氧耐力训练	6分钟低强度40米折返跑 6分钟中强度16米折返跑	120	6	140～170
九	1	提高一般性有氧耐力训练	3000米加速跑	120	3	140～170
	2	提高混合氧耐力训练	80米80%速度跑 60米80%速度跑 40米100%速度	90	10	140～180
十	1	提高一般性有氧耐力训练	6000米匀速跑	120	1	140～170
	2	提高一般性无氧耐力训练	400米快跑 200米慢跑 100米快跑	90	10	150～180
十一	1	提高一般性有氧耐力训练	6分钟低强度40米折返跑 6分钟中强度16米折返跑	90	3	140～170
	2	提高混合氧耐力训练	400米50%速度跑 400米70%速度跑	90	10	140～180
十二	1	提高一般性有氧耐力训练	12分钟见端线折返跑	120	2	140～170
	2	提高一般性无氧耐力训练和专项无氧耐力训练	100米快跑 60米慢跑 40米快跑 全场见线折返跑	30	10	150～180

续表

周	天	训练任务	训练内容	间歇时间（秒）	训练负荷	
					量（组）	强度（次/分）
十三	1	提高混合氧耐力训练	400米50%速度跑 400米70%速度跑	90	10	140～180
	2	提高混合氧耐力训练和专项无氧耐力训练相结合	400米快跑 200米慢跑 100米快跑 15米×17冲刺跑	120	6	140～180
十四	1	提高一般性无氧耐力训练	50米快，50米慢，20次一组，跑动距离在两公里	120	6	150～180
	2	提高一般性有氧耐力训练提高专项无氧耐力训练	3/4场地冲刺跑 “X”形跑 15米×17冲刺跑 全场见线折返跑	120	3	150～180
十五	1	提高一般性有氧耐力训练	3000米定时跑	120	3	140～170
	2	提高一般性有氧耐力训练	6分钟低强度40米折返跑 6分钟中强度16米折返跑	120	6	140～170
十六	1	提高一般性有氧耐力训练	3000米加速跑	120	3	140～170
	2	提高混合氧耐力训练	80米80%速度跑 60米80%速度跑 40米100%速度	90	10	140～180
十七	1	提高一般性有氧耐力训练	6000米匀速跑	120	1	140～170
	2	提高一般性无氧耐力训练	400米快跑 200米慢跑 100米快跑	90	10	150～180
十八	1	提高一般性有氧耐力训练	6分钟低强度40米折返跑 6分钟中强度16米折返跑	90	3	140～170
	2	提高混合氧耐力训练	400米50%速度跑 400米70%速度跑	90	10	140～180
十九	1	提高一般性有氧耐力训练	12分钟见端线折返跑	120	2	140～170
	2	提高一般性无氧耐力训练和专项无氧耐力训练	100米快跑 60米慢跑 40米快跑 全场见线折返跑	30	10	150～180
二十	1	提高混合氧耐力训练和专项无氧耐力训练相结合	400米快跑 200米慢跑 100米快跑 15米×17冲刺跑	120	6	140～180
	2	提高混合氧耐力训练	400米50%速度跑 400米70%速度跑	90	10	140～180
二十一	1	提高一般性无氧耐力训练	50米快，50米慢，20次一组，跑动距离在两公里	120	6	150～180

续表

周	天	训练任务	训练内容	间歇时间（秒）	训练负荷	
					量（组）	强度（次/分）
二十一	2	提高专项无氧耐力训练	3/4场地冲刺跑 “X”形跑 15米×17次冲刺跑 全场见线折返跑	120	3	150～180

（二）赛前期耐力训练

具体内容见表2-16-3所示。

表2-16-3　赛前期耐力训练计划案例

训练目的	1.与准备期进行过渡，为比赛期做进一步计划制定 2.充分调动运动员的状态，强化篮球投篮技术及战术执行的耐力训练
主要方法	完整训练法、重复训练法、间歇训练法
注意事项	1.在重大比赛之前5～7天应停止耐力训练，让机体有充分的时间达到消除疲劳和超量恢复的效果 2.前期的训练负荷较大，需要2周左右的时间来进行赛前的调整 3.前期的训练负荷不大，减量期应该相应缩短，以避免机能的下降

周	天	训练任务	训练内容	间歇时间（秒）	训练负荷	
					量（组）	心率（次/分）
一	1	提高专项有氧耐力训练	滑步防守练习 5分	120	3	150～180
	2	提高专项有氧耐力训练	3/4场地冲刺跑 综合运球跑 15米×17冲刺跑	120	6	150～180
二	1	提高专项有氧耐力训练	3/4场地冲刺跑 15米×17冲刺跑 5分钟五点移动投篮练习	120	3	150～180
	2	提高专项混合氧耐力训练	传切配合 半场3对3攻防联系	90	3	150～180
三	1	提高专项混合氧耐力训练	6组综合脚步移动练习 3分钟上下移位投篮练习 快攻练习、突分练习	60	6	150～180
	2	提高专项有氧耐力训练	3/4场地冲刺跑 12分钟见线折返跑 5分钟五点移动投篮练习	120	3	150～180
四	1	提高专项有氧耐力训练	综合脚步移动练习 3分钟上下移位投篮练习 快攻练习、突分练习	120	6	150～180
	2	提高专项混合氧耐力训练	“X”形跑 3对3攻防练习 3/4场地冲刺跑	120	6	150～180

（三）比赛期耐力训练

具体内容见表 2-16-4 所示。

表 2-16-4　比赛期耐力训练计划案例

训练目的		1.提高并保持前期专项力量训练效果 2.通过集中式专项训练逐步培养、保持最佳竞技状态				
主要方法		比赛训练法、重复训练法、完整训练法				
注意事项		1.每周只需要安排2～4次耐力训练课，每次课控制在20～30分钟 2.降低负荷量，与其他身体素质训练和专项技术训练协调配合				
周	天	训练任务	训练内容	间歇时间（秒）	训练负荷	
					量（组）	心率（次/分）
一	1	提高专项混合氧耐力训练	对抗训练	180	3	140～180
	2	提高专项混合氧耐力训练	投篮训练	180	3	140～180
二	1	提高专项混合氧耐力训练	战术训练	120	5	140～180
	2	提高专项有氧耐力训练	投篮训练	120	5	140～180
三	1	提高专项混合氧耐力训练	对抗训练	120	4	140～180
	2	提高专项混合氧耐力训练	战术训练	120	4	140～180
四	1	提高专项有氧耐力训练	投篮训练	90	3	140～180
	2	提高专项混合氧耐力训练	战术训练	120	4	140～180

（四）恢复期耐力训练

具体内容见表 2-16-5 所示。

表 2-16-5　恢复期耐力训练计划案例

训练目的		1.消除由于训练、比赛所造成的疲劳 2.为下一个大周期训练做好准备				
主要方法		变换训练法、游戏训练法				
注意事项		运动员不要完全停止训练，而是大幅度降低运动负荷量，保持一般性活动				
周	天	训练任务	训练内容	间歇时间（秒）	训练负荷	
					量（组）	心率（次/分）
一	1	提高一般性有氧耐力训练	3000米定时跑	120	3	140～70
	2	提高专项有氧耐力训练	投篮训练	120	5	140～170
二	1	提高一般性有氧耐力训练	6000米匀速跑	120	1	140～170
	2	提高专项有氧耐力训练	投篮训练	120	5	140～170

续表

周	天	训练任务	训练内容	间歇时间（秒）	训练负荷	
					量（组）	心率（次/分）
三	1	提高混合氧耐力训练	折返跑训练	120	4	140～180
	2	提高专项有氧耐力训练	投篮训练	120	5	150～180
四	1	提高一般性有氧耐力训练	6000米匀速跑	120	1	140～170
	2	提高专项有氧耐力训练	投篮训练	120	5	150～180

五、耐力训练单元计划案例

具体内容见表2-16-6所示。

表2-16-6　赛前期耐力训练教案示例

主要内容	专项耐力与核心力量训练				
周期	准备期	周次	2	训练课次	1
训练目标	1.发展运动员的起动速度及位移速度 2掌握正确的训练方法，理解耐力训练的重要性 3.为后期的力量训练和技术训练奠定基础和辅助作用 4.提高运动员控制身体姿态和专项技术动作稳定性的能力				
重点难点	重点：正确技术动作的掌握以及训练感受的主体适应体验 难点：训练负荷强度的控制与实施				
阶段	训练内容与方法	训练负荷			
		量	强度（%）	间歇时间	
				间歇（分钟）	练习（分钟）
	一、热身活动 1. 3次小步跑 2. 3次高抬腿跑 3. 3次交叉步 4. 3次后交叉步 5. 3次滑步	2组	60	1	5
	二、专项准备活动 1. 四角传球 2. 1次全场体前变向运球 3. 1次全场背后运球 4. 1次全场转身运球	2组	70	1	5
准备活动阶段	三、活动各关节 （一）静态拉伸 1.颈部伸展旋转抬下颌 2.前侧手臂后拉 3.腕部及手指屈曲 4.仰卧抱腿交换重心	4×8拍	70	1	5

续表

<table>
<tr><th rowspan="3">阶段</th><th rowspan="3">训练内容与方法</th><th colspan="4">训练负荷</th></tr>
<tr><th rowspan="2">量</th><th rowspan="2">强度（%）</th><th colspan="2">间歇时间</th></tr>
<tr><th>间歇（分钟）</th><th>练习（分钟）</th></tr>
<tr><td>准备活动阶段</td><td>5.俯地成正桥腓肠肌拉伸
6.踝旋转和脚趾蹲坐式拉伸
（二）动态拉伸
1.上步踢腿
2.抱膝弓箭步走
3.平行转髋跑
4.背向后踢腿
5.行进颈、腰腹、膝部球绕环
6.踝关节蹲坐式拉伸</td><td>4×8拍</td><td>70</td><td>1</td><td>5</td></tr>
<tr><td rowspan="2">主要训练阶段</td><td>一、专项耐力训练（每次练习间歇时间30秒，每组练习间歇时间60秒）
1.综合脚步移动练习
2.15米×17冲刺跑
3.12分钟见端线折返跑
4.移动投篮练习
5.“X”形跑
6.全场见线折返跑</td><td>2
2
1
2
4
4</td><td>80</td><td>1</td><td>25</td></tr>
<tr><td>二、核心力量训练（间歇时间60秒）
1.TRX俯卧平板支撑
2.TRX悬垂举腿
3.TRX俯卧蹬腿
4.拉伸机头顶拉伸
5.三头肌外滚</td><td>4×15
4×15
4×15
4×15
4×15</td><td>85</td><td>1</td><td>30</td></tr>
<tr><td>放松阶段</td><td>1.双臂后摆抬头
2.双人扶肩呈桥
3.坐位“V”字牵引
4.背对背互背
5.横向皮筋牵引移动</td><td>4×8拍</td><td>60</td><td></td><td>4</td></tr>
<tr><td>器材</td><td colspan="5">篮球场、篮球20个、重球4个、标志桶8个</td></tr>
<tr><td rowspan="4">预计生理负荷与训练密度</td><td colspan="2">整体训练密度</td><td colspan="3">70%～75%</td></tr>
<tr><td colspan="2">主要训练阶段密度</td><td colspan="3">80%～85%</td></tr>
<tr><td colspan="2">平均心率</td><td colspan="3">140～150次/分</td></tr>
<tr><td colspan="2">最高心率</td><td colspan="3">180次/分</td></tr>
<tr><td>课堂小结</td><td colspan="5">提示：1.注意运动员疲劳反应
2.达到运动员的专项耐力和核心力量训练标准
3.该阶段训练目的是为比赛期的专项素质训练和技术训练奠定基础和辅助作用</td></tr>
</table>

第十七章

强壮的身体——力量训练

第一节　基本知识

一、基本概念

1. 一般力量训练

一般力量训练是身体各部位肌肉在完成非特定的专项动作时，对抗和克服阻力的能力[①]。一般力量是专项力量的基础，是专项力量发展的前提。

2. 篮球专项力量训练

篮球专项力量训练是提高参与专项比赛动作的肌肉力量，为了在篮球运动中拥有快速有力地完成各种攻守动作。

3. 爆发力

爆发力是指完成一定动作时功率输出的能力。

4. 抗阻训练

抗阻训练是利用外加负荷刺激来提高运动员力量素质的训练手段。

5. 固定强度力量训练

固定强度力量训练是指在一定负荷强度上重复练习，并完成一定组数的训练方法。

6. 循环力量训练法

循环力量训练法是按照不同的训练目标，将发展不同肌肉的练习按一定顺序安排，运动员以此完成各个练习，并循环安排的方法，以有效发展力量耐力。

---

① 田麦久．2006．运动训练学．北京：高等教育出版社：168.

7. 复合训练法

复合训练法是以发展最大力量的抗组训练和发展爆发性用力超等长训练相结合，旨在发展快速力量的方法。

二、力量训练的作用

1）力量训练是进行一切体育活动的基础；

2）力量训练影响并促进其他身体素质的发展；

3）力量训练影响技术动作的掌握和运动成绩的提高；

4）力量训练是衡量运动训练水平的重要指标；

5）力量训练可以减少身体对抗中的受伤情况。

三、力量训练的分类

依力量素质与运动专项的关系可分为一般力量与专项力量；

依力量素质与运动员体重的关系可分为绝对力量和相对力量；

依完成不同体育活动所需力量的不同特点与形式可分为最大力量、快速力量、力量耐力；

依肌肉收缩方向可分为静力性力量和动力性力量，动力性力量又包括向心收缩力量和离心收缩力量。

四、力量训练的负荷安排

（一）力量耐力的训练负荷安排

1. 练习的强度

发展克服较大阻力的力量耐力，采用本人最大力量 75% ～ 80% 的负荷进行重复练习；若发展克服较小阻力的力量耐力，则最小负荷强度不能低于本人最大负荷强度的 35%。①

2. 练习重复次数和组数

一般要达到极限的重复次数，组数视具体情况而定。

3. 练习持续时间

练习持续时间视具体情况而定。

4. 练习间歇

要在未完全恢复的情况下就进行下一组练习。

① 田麦久．2006．运动训练学．北京：人民体育出版社：171-174.

（二）速度力量的训练负荷安排

1. 负荷强度

一般多采用本人最大力量 40% ～ 60% 的负荷强度。

2. 练习次数和组数

通常每组重复练习 5 ～ 10 次，做 3 ～ 6 组。

3. 组间的间歇时间

组间的间歇时间应较充分，通常为 2 ～ 3 分钟。

4. 练习的动作要协调、流畅、正确，并尽量与专项技术动作结合

（三）最大力量训练负荷安排

1. 负荷强度

负荷强度为 75% ～ 90%。

2. 练习重复次数和组数

每组 1 ～ 3 次，可做 5 ～ 8 组。

3. 练习持续时间

每次练习的动作速度通常为 2 秒钟左右。

4. 组间间歇时间

组间间歇时间为 3 分钟左右，或再长一些。

（四）肌肉增粗力量训练负荷安排

1. 负荷强度

要采用本人最大极限负重量的 60% ～ 85% 的强度进行重复练习，100% 的极限负荷强度应慎用和少用。

2. 练习重复次数和组数

每组 4 ～ 8 次，可做 5 ～ 8 组，最后几组和次数必须坚持做完。

3. 练习持续时间

每次练习的动作速度要稍慢一些，通常在 4 秒钟完成一次动作。

4. 组间的间歇时间

在上一组练习肌肉所产生的疲劳得到基本消除后，再进行下一组练习为宜。

五、力量训练的要点

1）针对篮球专项力量素质弱点区别对待；

2）注重篮球专项对抗性、爆发力的组合训练；

3）注重肌肉力量的平衡发展；

4）科学地安排训练计划。

六、力量训练注意事项

力量训练注意事项包括技术的规范性、训练内容的顺序性、训练的整体性、训练的专项性、训练的恢复性、遵循人的生长发育特征。

七、力量训练后的建议

注意让肌肉放松。肌肉在力量训练后会产生酸胀感，应采取积极措施消除肌肉的酸胀感，以利于减少能量消耗，更好地保持肌肉的弹性。

第二节　力量训练方法

一、一般力量训练

（一）上半身力量训练

1. 仰卧后撑椅低位反向屈肘三点支撑臂屈伸

1）目的：①肱三头肌力量练习；②有助于加强传球、投篮动作。

2）练习方法（图 2-17-1）：①双腿支撑在凳子上，伸展肘关节支撑身体；②在自己可承受的角度内下降身体；③两臂伸直回到初始姿势。

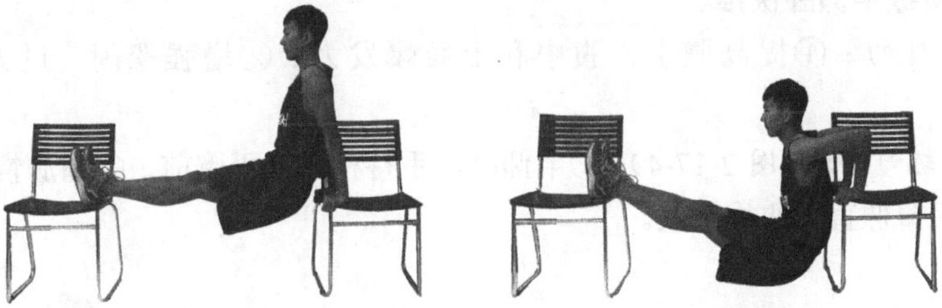

图 2-17-1　仰卧后撑椅低位反向屈肘三点支撑臂屈伸

3）注意事项：①身体不宜下降过深，不可含胸，臀部不要贴到地面；②主要参与肌肉为胸大肌、三角肌、肱三头肌。

2. 低位反向屈肘三点支撑引体

1）目的：训练肱二头肌的动作，有助于增强运球、传球、投篮能力。

2）练习方法（图 2-17-2）：①下肢膝关节屈曲 90°；②躯干和大腿形成一条直线；③弯曲肘关节将身体拉近。

3）注意事项：①通过肘关节活动，使身体上下移动，同时维持核心稳定；②主要参与肌肉为肱肌、腹直肌、肱三头肌。

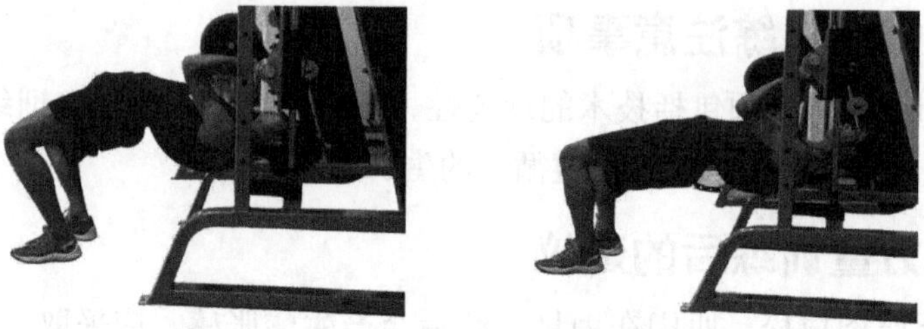

图 2-17-2　低位反向屈肘三点支撑引体

3. 三点支撑立式俯卧撑

1）目的：有效训练肩部力量。

2）练习方法（图 2-17-3）：①在椅子上俯卧支撑；②两手分别撑在椅子上，头部向下活动的空间增大；③后面的支撑物要比前面略高为宜。

图 2-17-3　三点支撑立式俯卧撑

3）注意事项：①练习时都是从局部某一范围开始下沉身体；②主要参与肌肉为三角肌、肱三头肌。

4. 斜板半仰卧快推

1）目的：①提高腹上、腹中和上肢爆发力；②增强躲闪、过人及投球能力。

2）练习方法（图 2-17-4）：①半仰卧，手持杠铃放于胸前；②卷腹慢起慢下；③半卧手臂伸直，快推快收。

图 2-17-4　斜板半仰卧快推

3）注意事项：①控制平衡，注重腰腹稳定性；②主要参与肌肉为肱二头肌、胸大肌、腹部肌肉。

5. 杠铃拉举

1）目的：有助于锻炼背部肌肉。

2）练习方法（图 2-17-5）：①两脚开立，向前屈体，握距同肩宽垂于体前，正握杠铃；②沿直线拉起杠铃杆，保持肘部靠近身体。

图 2-17-5　杠铃拉举

3）注意事项：需保持背部平直、膝关节弯曲。

（二）下半身力量训练

1. 负重深蹲杠铃—交臂前蹲

1）目的：①提高练习者的加速和跳跃能力，有助于在抢位挡人时攻击或防御性站位；②增加练习者下肢力量及稳定性。

2）练习方法（图 2-17-6）：①身体挺直，将杠铃置于颈后，双手抓握杠铃；②下蹲过程中膝向外，下蹲直到大腿与地面平行；③站起回到初始姿势。

图 2-17-6　负重深蹲杠铃

3）注意事项：①注意深蹲幅度和膝关节姿势，髋部发力，慢蹲快起；②主要参与肌肉为臀大肌、臀中肌、腿部肌群、股四头肌。

2. 杠铃—交臂前蹲

1）目的：增加弹跳能力及下肢力量，提高队员的加速及变向能力。

2）练习方法（图 2-17-7）：①身体直立，两臂提杠铃置于胸与锁骨之间；②上臂前平举，双手交叉将杠铃固定于肩上；③下蹲直到大腿与地面平行，站起回到初始姿势。

图 2-17-7　交臂前蹲

3）注意事项：①在下蹲到最低部时要挺胸，让髋伸肌得到很好的拉伸；②主要参与肌肉为臀大肌、臀中肌、腿部肌群、股四头肌。

3. 反向腿弯举

1）目的：利用自身重量作为负荷，提高队员的下肢力量，发展队员的跳跃及上篮能力。

2）练习方法（图 2-17-8）：①始终保持臀肌收紧；②躯干缓慢向前倾倒；③身体快要到达地面时，双手掌展开呈俯卧撑姿势，缓慢至地面。

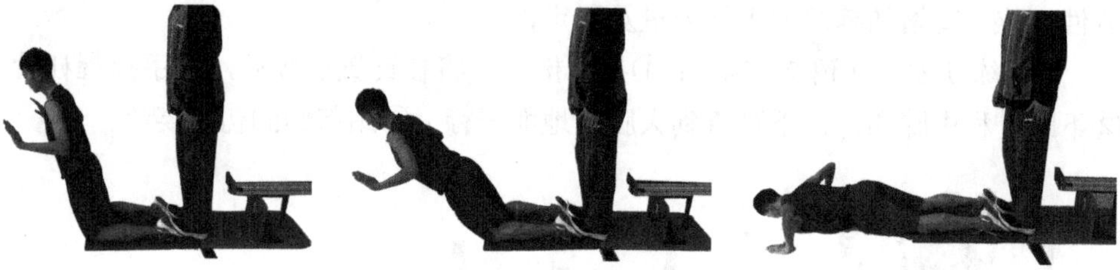

图 2-17-8　反向腿弯举

3）注意事项；①缓慢下落身体，控制好下落速度；②主要参与肌肉为腘绳肌。

4. 负重蹬箱练习

1）目的：发展臀大肌、股四头肌和腘绳肌力量，增加下肢跳跃能力。

2）练习方法（图 2-17-9）：①右脚蹬，站上跳箱至右腿完全伸直，左脚悬空；②身体下降直至左脚着地，回到起始姿势；③保持躯干正直。

3）注意事项：①保持挺胸直背，腹部收紧，膝关节不要超过脚尖或内扣；②主要参与肌肉为臀大肌、股四头肌和腘绳肌。

5. 交替跳跃弓步

1）目的：增加下肢力量，提高队员跳步、急停、跳跃能力。

2）练习方法：双脚前后开立，使前腿能够在弓箭步动作中垂直于地面，换

图 2-17-9　负重蹬箱练习

图 2-17-10　交替跳跃弓步

腿向上跳（图 2-17-10）。

3）注意事项：①身体要直，跳得尽可能高；②主要参与肌肉为肱二头肌、肱直肌、股外侧肌、股内侧肌。

6. 半蹲提踵动作

1）目的：主要发展小腿后肌群，提高队员起跳能力。

2）练习方法（图 2-17-11）：①半蹲位，膝关节屈曲 90°，重心落在足跟，下沉足跟；②足跟不落地，重心由足根过渡至脚尖，重新交替。

图 2-17-11　半蹲提踵动作

3）注意事项：①提踵时持续一段时间；②主要参与肌肉为比目鱼肌、腓肠肌。

7. 腿部负重蹬伸

1）目的：增加下肢爆发力量，提高队员跳跃能力。

2）练习方法（图 2-17-12）：①坐姿直立，后背伸直；②直腿微屈，大小腿夹角为 75°～90°。

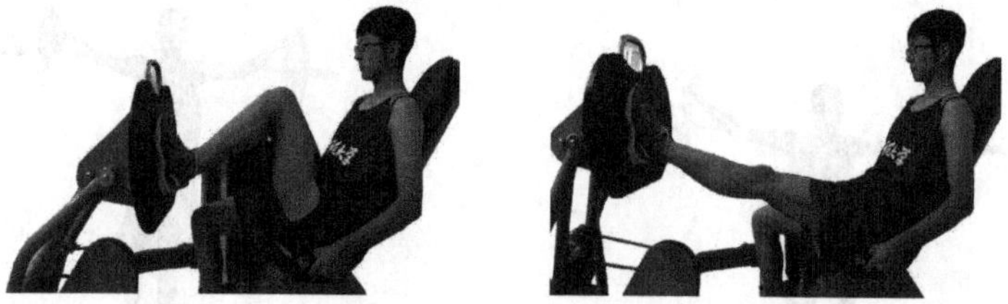

图 2-17-12　腿部负重蹬伸

3）注意事项：①上推速度要快，腿部伸直；②主要参与肌肉为股四头肌。

（三）爆发力练习

1. 跳箱

1）目的：增加弹跳，爆发力练习，提高队员抢篮板、跳投能力。

2）练习方法（图 2-17-13）：①两臂后摆，半蹲状；②蹬地充实向上摆臂跳起；③重心放在身体中间，注重动作的流畅性。

图 2-17-13　跳箱

3）注意事项：①落在跳箱上时膝关节的角度约 90°；②主要参与肌肉为臀大肌、臀中肌、股四头肌。

2. 跳深

1）目的：增加队员弹跳力和爆发力。

2）练习方法（图 2-17-14）：①练习者直立站在跳箱上；②落地时膝关节成半深蹲姿势，然后再快速向上跳起。

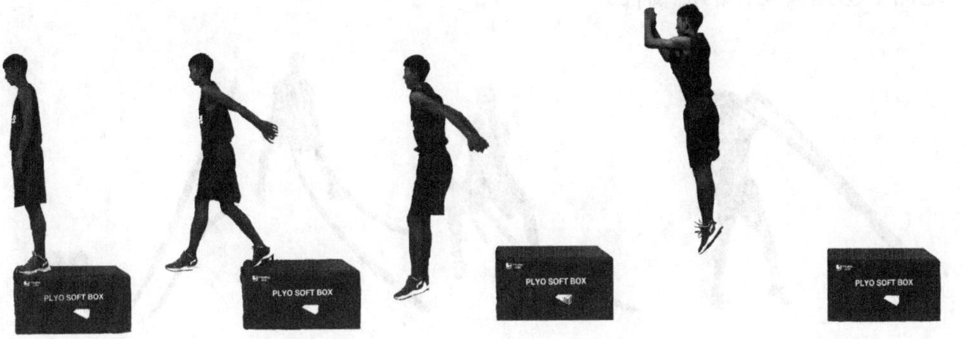

图 2-17-14　跳深

3）注意事项：①跳箱高度可以在 60 ～ 120 厘米内调节；②跳下、落地后迅速起跳，协调用力；③主要参与肌肉为臀大肌、臀中肌、股四头肌。

（四）功能训练

1. 仰卧踩球引体

1）目的：练习三角肌后束，增强队员的长距离投篮能力和防守能力；

2）练习方法（图 2-17-15）：①控制下体稳定性；②向上拉起身体；③胸部达到杠铃杆的高度，保持肘部靠近身体。

图 2-17-15　仰卧踩球引体

3）注意事项：①手臂和腿完全伸展，髋部和躯干保持在同一条线上时，屈肘引臂向上引体至胸部后，展臂控制缓慢下落；②主要参与肌肉为背阔肌、三角肌后束、肱二头肌、肱肌。

2. 重绳训练

1）目的：提高队员的上臂爆发力。

2）练习方法（图 2-17-16）：①站立式，双脚分开略宽于肩，屈膝、塌腰，手持重绳；②控制下体稳定性；③手臂摆动，快速用力向上、左、右甩绳，抽打地面；④强调动作的流畅性。

图 2-17-16　重绳训练

3）注意事项：收紧腹部，稳定身体，绷紧手腕，用上肢发力。

3. 杠铃高拉

1）目的：发展向心力量和爆发力，增强运动员的垂直跳跃能力。

2）练习方法（图 2-17-17）：①匀速站起，同时竖直拉起杠铃；②杠铃过膝

图 2-17-17　杠铃高拉

后快速伸髋、膝和脚踝；③充分伸展的同时快速耸肩。

3）注意事项：①屈肘提拉杠铃至锁骨高度，注意动作的流畅性；②主要参与肌肉为臀大肌、臀中肌、半腱肌、股外侧肌、股内侧肌、三角肌。

4. 杠铃分腿挺举

1）目的：加强肩部稳定性及核心力量，提高运动员的跳投和抢篮板球能力。

2）练习方法（图 2-17-18）：①身体直立，两臂提杠铃置于三角肌上，顶肘锁腕；②向后屈膝至 1/4 蹲位，然后迅速跳起；③快速将杠铃推举过头顶至双臂伸直。

图 2-17-18　杠铃分腿挺举

3）注意事项：①先后撤腿，再前撤腿，回到起始姿势；②强调动作的流畅性；③主要参与肌肉为臀大肌、臀中肌、半腱肌、股外侧肌、股内侧肌、三角肌。

二、专项力量训练

（一）上半身力量训练

1. 伏地哑铃提拉

1）目的：是动作移动身体质量的基本练习，锻炼躯干及上肢肌肉。

2）练习方法（图 2-17-19）：①俯卧支撑状手持哑铃；②双手间距比肩稍宽；③单手推哑铃换手。

图 2-17-19　伏地哑铃提拉

3）注意事项：①手臂抬起时另一侧手臂伸直；②主要参与肌肉为肱三头肌、胸大肌、三角肌后束、背阔肌。

（二）下半身力量训练

1. 持球左右跳

1）目的：增加下肢力量，提高队员的跳步急停能力。

2）练习方法（图 2-17-20）：①持球于胸前，腿部微屈状；②左右跳时单脚支撑；③下蹲跳速度要快，腿部伸直。

图 2-17-20　持球左右跳

3）注意事项：①协调用力，注意动作的连贯性；②主要参与肌肉为股直肌、臀大肌。

2. 持哑铃侧滑深蹲

1）目的：发展队员臀大肌、股四头肌、内收肌和腘绳肌的力量。

2）练习方法（图 2-17-21）：①呈站立状手持哑铃，脚踩滑垫；②重心在左腿，右腿伸直，右脚踏滑垫向右滑动；③左腿屈髋屈膝下蹲，直至大腿与地面平行。

3）注意事项：①膝关节不要超过脚尖或内扣，脚跟不要抬离地面；②主要参与肌肉为臀大肌、股四头肌、内收肌和腘绳肌。

图 2-17-21　持哑铃侧滑深蹲

（三）爆发力训练

1. 持实心球起跳摸篮板

1）目的：增加弹跳，提高队员抢篮板球、跳投的能力。

2）练习方法（图 2-17-22）：持球起跳摸篮板侧方后，起跳将球放进篮筐。

图 2-17-22　持实心球起跳摸篮板

3）注意事项：①注意动作的连贯性；②主要参与肌肉为臀大肌、臀中肌、股四头肌。

2. 持球变换跳箱

1）目的：增加弹跳、爆发力练习，提高队员抢篮板球、跳投的能力。

2）练习方法（图 2-17-23）：①持球于胸前，腿部微屈状；②滑步至垫子前；③持球跳上跳箱。

图 2-17-23　持球变换跳箱

3）进阶练习：背向转体 360° 后持球跳上跳箱（图 2-17-24）。

图 2-17-24　背向转体 360° 后持球跳上跳箱

4）注意事项：①落在跳箱上时膝关节的角度最小 90°；②主要参与肌肉为臀大肌、臀中肌、股四头肌。

（四）功能训练

1. 杠铃片弓箭步挺举

1）目的：有助于加强肩部稳定性及核心力量，提高队员的跳投和抢篮板球能力。

2）练习方法（图 2-17-25）：①手持杠铃片于胸前，腿部微屈；②向前后、左右方向做弓箭步，快速将杠铃片推举过头顶至双臂伸直。

图 2-17-25　杠铃片弓箭步挺举

3）注意事项：①动作协调，力量不能分散；②主要参与肌肉为臀大肌、臀中肌、半腱肌、股外侧肌、股内侧肌、三角肌。

（五）快速力量

1. 实心球猛击

1）目的：增强上肢的力量和爆发力，提升力的产生速率，增强人体的稳定性。

2）练习方法（图 2-17-26）：①两手持球与胸前，半蹲状；②手臂举过头顶；③向身前一米处砸球；④动作流畅性。

3）注意事项：①使用有弹性的橡胶实心球，建议重量为 3、5 或 7 公斤；②主要参与肌肉为三角肌、上背部肌肉。

2. 拉力带单臂屈伸

1）目的：锻炼队员传球和控球的肩部力量。

2）练习方法（图 2-17-27）：①两腿前后站立；②右肘弯曲 90°，快速向前伸出。

图 2-17-26　实心球猛击

图 2-17-27　拉力带单臂屈伸

3）注意事项：①快速推出，缓慢、有节制地将手臂返回；②主要参与肌肉为胸大肌、胸小肌。

3. 瑞士球仰卧颈后推举

1）目的：练习上肢力量及身体稳定性。

2）练习方法（图 2-17-28）：①仰卧于瑞士球上；②颈前快速推举，手臂伸直。

图 2-17-28　瑞士球仰卧颈后推举

3）注意事项：①推举速度快，手臂伸直，控制身体平衡；②主要参与肌肉为胸大肌、肱三头肌、三角肌。

（六）对抗性力量

1. 对抗中运球

1）目的：强化在对抗状态下队员运球的能力及核心稳定性。

2）练习方法（图 2-17-29）：①运球中其他队友持对抗垫做对抗中运球；②对抗后做各种变向动作。

3）注意事项：①对抗运球时降低重心；②持对抗垫队员不宜过于用力。

图 2-17-29　对抗中运球

2. 对抗中投篮

1）目的：强化在对抗状态下队员的投篮能力及核心稳定。

2）练习方法（图 2-17-30）：①在急停的同时，在队友持对抗垫做对抗的过程中投篮；②可在对抗中进行中距离投篮和上篮。

图 2-17-30　对抗中投篮

3）注意事项；①队员在对抗中投篮尽量保持重心稳定；②持对抗垫队员不宜过于用力。

3. 拉力带运球

1）目的：强化在对抗情况下队员的运球能力及核心稳定能力。

2）练习方法（图 2-17-31）：①将拉力带绑在腰上；②在抗阻力带情况下做运球动作。

图 2-17-31 拉力带运球

3）注意事项：①运球时降低重心；②变向后做加速动作。

（七）手腕手指力量

1. 指卧撑

1）目的：增强手指、手腕的能力，提升队员的投篮能力。

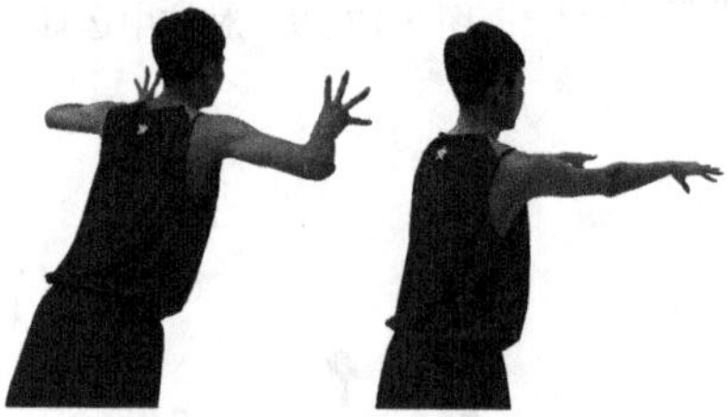

图 2-17-32 手腕手指力量

2）练习方法（图 2-17-32）：对墙指卧成站立状，手臂抬到肩膀位置，折起手肘，使两手中指呈平行状态。

3）注意事项：①身体从肩部到脚踝成一条直线；②运动过程中保持颈部和肩部放松。

2. 俯卧撑击掌

1）目的：增加队员手指、手腕的力量，提高队员投篮的能力。

2）练习方法（图 2-17-33）：①标准俯卧撑的起始姿势，双足并拢撑地；②双手比肩略宽撑地，最快速度地用力向上推起身体；③双手同时腾空击掌，然后双手撑住身体呈标准俯卧撑起始姿势。

图 2-17-33 俯卧撑击掌

3）注意事项：①身体从肩部到脚踝成一条直线，双脚不离开地面；②快速推起身体时，注意协调用力。

第三节　训练计划制定

一、周期的划分与训练内容的选择

以4月下旬至5月中旬和9月中旬至10月中旬两个竞赛周期计划为例。

1. 年度训练周期划分为两个中周期

1）第一竞赛周期：上一年度10月末至次年6月中旬；

2）第二竞赛周期：6月下旬至10月中旬。

2. 每一竞赛周期分为四个小周期

分别为：①准备期；②赛前期；③比赛期；④恢复期。

二、各周期任务制定

具体内容如图2-13-32所示。

三、各周期力量训练内容选择及负荷安排

具体内容见表2-17-1、表2-17-2所示。

表2-17-1　各周期力量训练内容选择与负荷安排

周期	时间	主要任务	训练内容	训练负荷	
				量	强度
第一竞赛周期					
准备期	10月末至3月上旬	以有氧耐力为主、全面力量为主的一般身体训练	一般力量训练为主、专项力量训练为辅	大	低
赛前期	3月中旬至4月中旬	以核心力量、专门力量、专项速度优化与速度耐力训练为主	专项力量训练为主、一般力量训练为辅	中等	高
比赛期	4月中旬至5月中旬	以技战术与实战模拟训练为主	专项力量训练为主、一般训练为辅	中等	中等
恢复期	5月下旬至6月中旬	以体能保持与疲劳消除为主	一般力量训练及专项力量训练为主	小	低

续表

周期	时间	主要任务	训练内容	训练负荷	
				量	强度
第二竞赛周期					
准备期	6月下旬至8月上旬	以有氧耐力为主、全面力量为主的一般身体训练，视上半年问题进行针对性弥补	一般力量训练为主、专项力量训练为辅	大	低
赛前期	8月中旬至9月上旬	以核心力量、专门力量和专项速度为主优化训练，速度耐力训练	专项力量训练为主、一般力量训练为辅	低	高
比赛期	9月中旬至10月中旬	视新对手练新战术	专项力量训练为主、一般力量训练为辅	中等	中等
恢复期	10月中旬至10月末	以体能保持与疲劳消除为主	一般力量训练为主、专项力量训练为辅	小	低

表 2-17-2　力量训练的强度区域①

强度区域	运动负荷	强度（%/RM）
1	超最大	＞100
2	最大	90～100
3	大	80～90
4	中等	70～80
5	低	50～70
6	很低	30～50

四、第一竞赛周期力量训练周期计划案例

（一）准备期力量训练

具体内容见表 2-17-3 所示。

表 2-17-3　准备期力量训练计划案例

训练目标	1.以获得和提升全面力量为主的一般身体训练 2.建立肌肉耐力基础，为专项力量训练打下基础 3.发展、改善及提升专项力量水平
主要方法	间歇训练法、循环力量训练法、复合训练法（力量训练组合附在表2-5-7后）
注意事项	控制好训练负荷与自然的恢复措施

① Bompa T O，Gregory H G. 2011．周期——运动训练理论与方法 [M]．李少丹，李艳翎译．北京：北京体育大学出版社．

续表

周	天	训练任务	训练内容（力量训练组合附在表2-5-7后）	间歇时间（秒）	训练负荷	
					量	强度（%）
一	1	建立肌肉耐力基础	指卧撑+俯卧撑击掌+仰卧后撑椅动作	90	8次×3组	50～55
	2		半蹲提踵动作+反向腿弯举+交替跳跃弓			
二	1	建立肌肉耐力基础	半蹲提踵动作+反向腿弯举+交替跳跃弓	90	10次×3组	50～55
	2		悬臂提拉+挺举+杠铃高拉			
三	1	建立肌肉耐力基础	仰卧后撑椅+低位反向屈肘+三点支撑立式俯卧撑	90	10次×3组	50～55
	2		负重深蹲杠铃+交臂前蹲			
四	1	提高一般力量训练水平	重绳组合	90	15次×3组	50～55
	2	为专项力量训练打下基础	杠铃高拉	90	8次×3组	50～55
			杠铃分腿挺举			
五	1	为专项力量训练打下基础	伏地哑铃提拉	120	8次×3组	50～55
			仰卧踩球引体			
	2	提高一般力量训练水平	三点支撑立式+俯卧撑+跳箱	120	8次×3组	50～55
六	1	发展最大力量练习	斜板半仰卧快推	90	8次×4组	55～60
			低位反向屈肘动作			
	2	发展身体中部的腹肌、腰背肌群等对身体起固定、支撑作用的肌群	腰腹练习	90	6次×5组	55～60
七	1	发展最大力量练习	负重深蹲	90	6次×3组	55～60
			负重蹬箱			
	2	提高一般力量训练水平	重绳组合	90	15次×3组	55～60
八	1	发展最大力量练习	跳箱	90	10次×3组	55～60
	2	增强下肢力量训练	腿部负重蹬伸	90	10次×3组	55～60
			跳深			
九	1	增强下肢力量训练，发展快速力量	杠铃高拉	90	6次×3组	55～60
			杠铃分腿挺举			
	2	发展身体中部的腹肌、腰背肌群等对身体起固定、支撑作用的肌群	腰腹练习	90	10次×3组	55～60
十	1	发展、提升专项技术水平	专项力量组合	120	3次×3组	55～60
	2					55～60

续表

周	天	训练任务	训练内容（力量训练组合附在表2-5-7后）	间歇时间（秒）	训练负荷	
					量	强度（%）
十一	1	提升全面力量为主的一般身体训练	上半身训练组合	180	3次×5组	60～65
	2		下半身训练组合	180		
十二	1	提升爆发性力量训练	爆发性训练组合	180	6次×6组	60～65
	2			180		
十三	1	提升身体稳定性	功能训练组合	180	8次×4组	60～65
	2			180		
十四	1	发展身体中部的腹肌、腰背肌群等对身体起固定、支撑作用的肌群	全身训练组合	180	4次×3组	60～65
	2					
十五	1	以提升全面力量为主的一般身体训练	上半身训练组合	180	4次×3组	60～65
	2		下半身训练组合			
十六	1	以提升全面力量为主的一般身体训练	上半身训练组合	180	4次×3组	65～70
	2		下半身训练组合			
十七	1	提升身体稳定性	功能训练组合	180	8次×4组	65～70
	2					
十八	1	提升爆发性力量训练	爆发性训练组合	180	6次×6组	65～70
	2					
十九	1	以提升全面力量为主的一般身体训练	上半身训练组合	180	4次×3组	65～70
	2		下半身训练组合			
二十	1	发展身体中部的腹肌、腰背肌群等对身体起固定、支撑作用的肌群	全身训练组合	180	4次×3组	65～70
	2	提升身体稳定性	功能训练组合	180	8次×4组	65～70
二十一	1	发展、提升专项技术水平	专项力量组合	180	3次×3组	65～70

（二）赛前期力量训练

具体内容见表2-17-4所示。

表2-17-4　赛前期力量训练计划案例

训练目标	1.发展队员专项力量，提升队员竞技状态 2.提升队员对抗性力量和爆发力 3.使一般力量转变为专项爆发力或专项力量耐力
主要方法	重复训练法

续表

周	天	训练任务	训练内容（力量训练组合附在表2-5-7后）	间歇时间（秒）	训练负荷	
注意事项	注重负荷节奏、重复次数不宜太多、间歇休息应保证练习部位获得基本的恢复					
					量	强度（%）
一	1	发展篮球专项力量	指卧撑+滑垫—侧滑深蹲+拉力带运球	120	3次×3组	80～85
	2	提升对抗性力量和爆发力练习	实心球猛击+持球左右跳+对抗中运球	120	3次×3组	80～85
二	1	提高身体对抗能力	对抗性训练组合	120	3次×3组	80～85
	2					
三	1	使一般力量转变为专项爆发力	爆发性训练组合	120	2次×2组	85～90
	2	提高身体对抗能力	对抗性训练组合	120	2次×2组	85～90
四	1	以专项形式相近的练习为主，仍保持一定专项身体练习	上半身专项力量训练组合	180	2次×2组	85～90
			下半身专项力量训练组合			
	2	发展、提升专项技术水平	专项力量组合	180	2次×2组	85～90

（三）比赛期力量训练计划案例

具体内容见表 2-17-5 所示。

表 2-17-5　比赛期力量训练计划案例

周	天	训练任务	训练内容（力量训练组合附在表2-5-7后）	间歇时间（秒）	训练负荷	
训练目标	1.持续改进队员的篮球专项力量，改进心理特质 2.使队员的篮球专项力量完善并巩固篮球技术 3.保持队员的篮球专项力量状态					
主要方法	高强度间歇训练法、模拟比赛训练法、重复训练法					
注意事项	控制训练组数、负荷量大小，采用各种积极的恢复措施					
					量	强度（%）
一	1	持续改进篮球专项力量	全身训练组合	180	3次×3组	70～75
	2					
二	1	使篮球专项力量完善并巩固篮球技术，保持身体对抗能力	对抗性训练组合	120	3次×3组	70～75
	2					
三	1	保持篮球专项力量状态	专项力量组合	120	4次×3组	75～80
	2	使篮球专项力量完善并巩固篮球技术，保持身体对抗能力	对抗性训练组合		2次×3组	75～80
四	1	保持篮球专项力量状态	专项力量组合	90	3次×3组	75～80
	2					

（四）恢复期力量训练

具体内容见表2-17-6、表2-17-7所示。

表2-17-6　恢复期力量训练计划案例

训练目标	1.积极恢复，消除生理疲劳 2.进行队员心理调节、放松和生理机能的恢复 3.维持队员一般身体力量能力				
主要方法	固定强度力量训练法、静力性训练法				
注意事项	降低训练强度，保持一定运动量				

周	天	训练任务	训练内容（力量训练组合附在表2-5-7后）	间歇时间（秒）	训练负荷	
					量	强度（%）
一	1	维持一般身体力量能力	上半身训练组合	180	2次×2组	50～55
	2		下半身训练组合			
二	1	积极恢复身体力量能力	全身训练组合	180	3次×3组	55～60
	2					
三	1	保持身体对抗性、爆发力能力	对抗性训练组合	120	2次×2组	60～65
	2		爆发性训练组合			
四	1	保持篮球专项力量状态	专项力量组合	90	3次×3组	75～80
	2					

表2-17-7　力量训练的各个阶段负荷安排①

类别	肌肉增生	基本力量	体能高峰	保持	积极性休息
组数（组）	3～4	3～4	3～4	3	1～2
次数（次）	8～12	4～6	2～3	10～8～6	15～20
强度	低	高	高	中等	低
运动量	大	中等	小	中等	大

① 比尔·弗兰，罗宾·庞德．2014．篮球体能训练[M]．张莉清译．北京：人民体育出版社：119.

附　力量训练组合安排

一、第一周期 / 第二周期——第一阶段

一般力量训练组合

1. 爆发性训练组合

悬臂提拉、前负重半蹲、挺举、跳箱、跳深（每个动作 5～8 次）。

2. 上半身训练组合

仰卧后撑椅动作、低位反向屈肘动作、俯卧撑击掌、斜板半仰卧快推（每个动作 6～10 次）。

3. 下半身训练组合

半蹲提踵动作、反向腿弯举、交替跳跃、腿部负重蹬伸、负重蹬箱练习、负重深蹲（每个动作 6～10 次）。

4. 功能训练组合

重绳、仰卧踩球引体、杠铃高拉、杠铃分腿挺举（每个动作 6～10 次）。

5. 全身训练组合

伏地哑铃提拉、腿部负重蹬伸、跳箱、提踵、仰卧踩球引体、挺举、三点支撑立式俯卧撑、核心腰腹练习（每个动作 6～10 次）。

6. 训练负荷安排

训练强度：80%～85%；间歇时间：90～180 秒；即时心率：140 次；组数：3～5 组。

7. 建议

运动员在做每一项练习时应尽可能保证用尽全力。

二、第一周期 / 第二周期——第二阶段

专项力量训练组合

1. 上半身组合

指卧撑、实心球猛击、伏地哑铃提拉、拉力带单臂屈伸、瑞士球仰卧颈后推举（每个动作 3～5 次）。

2. 下半身组合

滑垫—侧滑深蹲、持球左右跳、杠铃片弓箭步挺举、持球变换跳箱（每个动作 6～10 次）。

三、第一周期/第二周期——第三阶段

1. 对抗性训练

拉力带运球、在对抗中运球、在对抗中投篮。

2. 专项力量组合：

俯卧撑击掌、重绳、持球起跳摸篮板、持球变换跳箱、杠铃片弓箭步挺举（每个动作6～10次）。

四、第一周期/第二周期——第四阶段

1. 上半身组合

俯卧撑、仰卧后撑椅、三点支撑立式俯卧撑、三点支撑立式俯卧撑、杠铃拉举（每个动作6～10次）。

2. 下半身组合

半蹲提踵、交替跳跃弓、反向腿弯举、交臂前蹲、跳箱（每个动作6～10次）。

3. 训练负荷安排

强度：90%～95%；间歇时间：90～120秒；心率脉搏：140次；组数：3～5组。

4. 建议

运动员在做每一项练习时应尽可能保证用尽全力。

五、力量训练单元计划案例

附表1　力量训练教案范例

主要内容	一般力量训练				
周期	赛前期	周次	11	训练课次	1
训练目标	1.提高运动员的上、下肢的力量，有利于各种技术动作的完成 2.通过力量练习，促进运动员身体素质的全面发展 3.提高运动员控制身体姿态和专项技术动作稳定性的能力 4.为后期的力量训练和技术训练奠定基础和辅助作用				
重点难点	重点：正确技术动作的掌握及训练感受的主体适应体验 难点：训练负荷强度的控制与实施				

续表

阶段	训练内容与方法	训练负荷			
		训练量	强度（%）	时间	
				间歇时间（秒）	练习时间（分）
准备活动阶段	一、热身活动 1.篮球半场追逐跑（2次） 2.拨球、抛球、传球练习（10次） 3.横向滑步、侧向滑步（全场2次） 4.左右手交叉运球（全场2次） 5.体前变向运球（全场2次） 6.交叉持球突破上篮（全场2次）	1组	70	30 30 60 60 60 60	25
	二、活动各关节 （一）静态拉伸 1.颈部伸展旋转抬下颌 2.手臂体后拉伸 3.抵腰挺髋 4.仰卧交叉腿拉伸 5.跪式前臂拉伸	4×8拍	70	60	10
	（二）动态拉伸 1.背对背互背 2.坐位“V”字牵引 3.上步踢腿 4.手足爬行 5.振臂跳 6.行进间弓箭步转体	4×8拍	70	60	10
主要训练阶段	一、上肢力量训练（每个动作6～10次，连续练习） 1.仰卧后撑椅动作 2.低位反向屈肘动作 3.俯卧撑击掌 4.斜板半仰卧快推	5组	85	180	15
	二、下半身力量训练（每个动作6～10次，连续练习） 1.半蹲提踵动作 2.反向腿弯举 3.交替跳跃弓 4.腿部负重蹬伸 5.负重蹬箱练习 6.负重深蹲	5组	85	180	15
放松阶段	放松各关节（每个动作1次） 1.仰卧抱腿交换重心 2.双人扶肩呈桥 3.坐位“V”字牵引 4.弓箭步撑地转体 5.横向皮筋牵引移动	4×8拍	60	60	15
器材	篮球20个、杠铃、杠铃片、跳箱、标志桶8个				

续表

阶段	训练内容与方法	训练负荷
训练密度	整体训练密度	70%～75%
	主要训练阶段密度	80%～85%
	平均心率	130～140次/分
	最高心率	180次/分
课后小结	提示：1.达到运动员的上、下肢的力量训练，标准地完成技术动作 2.注意运动员的疲劳反应 3.该阶段训练目的：为后期的力量训练和技术训练奠定基础和起辅助作用	

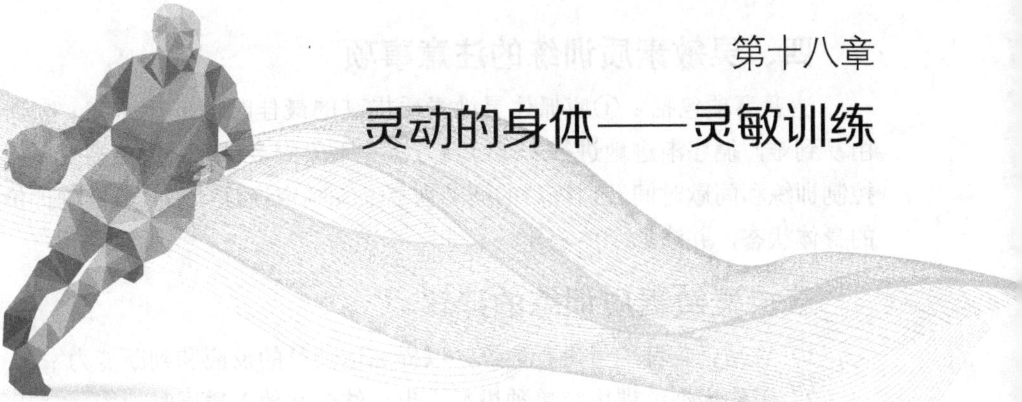

第十八章 灵动的身体——灵敏训练

第一节　基本知识

一、基本概念

灵敏素质指处在特定运动场景中的肢体感受刺激，并根据需要迅速改变方向或变换动作的能力。[①]

二、灵敏素质训练的作用

灵敏素质训练的作用包括：①能够提高运动员的空间定位和时间感觉能力；②能够改善运动员的神经系统支配和协调能力；③有利于篮球运动员掌握最佳的攻防技巧；④有助于提高运动员的各项身体素质和技术动作质量；⑤灵敏素质的提高有利于降低运动损伤的发生率；⑥使运动员在多变的环境中能迅速、准确、协调地做出应答动作。[②]

三、灵敏训练的分类

1. 一般灵敏训练

一般灵敏训练包括无球一般灵敏素质训练、有球一般灵敏素质训练。

2. 反应灵敏训练

反应灵敏训练包括无球反应灵敏素质训练、有球反应灵敏素质训练。

---

① 赵西堂，张玉宝，葛春林 . 2015. 运动灵敏素质理论与方法研究进展 . 首都体育学院学报，27（3）：249-251.

② 张祖安 . 1990. 对少年篮球运动员灵敏素质若干问题的探讨 . 体育与科学，（2）：30-32.

四、灵敏素质训练的注意事项

注意事项包括：①应抓住灵敏素质提高的最佳时期进行训练；②训练时应由易到难，循序渐进地进行；③练习方法和手段应多样化并灵活多变；④应严格控制训练和间歇时间及训练后的疲劳恢复；⑤制定训练计划时应准确评价运动员的身体状态，并注意个体差异。①

五、灵敏素质训练的建议

1）应结合各种信号进行训练，以提高运动员的反应和判断能力；

2）可作为训练课内容单独进行，也可结合其他素质同时训练；

3）可通过增加同伴人数或训练球个数以及使用弹力带来增加练习难度；

4）灵敏素质训练一般应安排在训练课的前半部分，以保证运动员有充沛的体力进行练习；

5）训练时应做到短时间（5～15秒）和多次数，并保证充分的休息（3倍或4倍的训练时间）。②

六、灵敏素质的训练要点

灵敏素质的训练要点包括：①训练时应保证动作的快速和精确性；②对于中枢神经过度紧张的训练，时间不宜过长；③合理安排运动负荷，避免强度过大；④应根据不同训练阶段的特点安排灵敏训练，灵敏训练应结合专项的特点与要求。③

第二节　灵敏素质训练方法

灵敏素质训练主要分为一般灵敏素质训练和反应灵敏素质训练两种类型，每种类型又可分为无球训练和有球训练。

一、一般灵敏素质训练

（一）无球一般灵敏素质训练

1. 侧向“Z”形进退跑

1）目的：①提高运动员脚步前后移动的速度；②增强运动员脚步的灵

① 田麦久. 2006. 运动训练学. 北京：高等教育出版社：120-122.

② 美国NBA体能教练员协会. 2014. 篮球体能训练. 张莉清译. 北京：人民体育出版社：40-43.

③ 周爱国. 2016. 体能训练理论与方法. 北京：北京体育大学出版社：20-22.

活性。

2）练习方法（图 2-18-1）：①以向左侧移动为例，左脚迈入第一个格子，右脚跟进；②左脚继续向前迈到第一个格子的上边框外，右脚跟进；③左右脚依次后退进入第二个格子，左右脚依次后退到第二个格子下边框外；④左脚迈入第三个格子，右脚跟进，依次循环向左侧移动。

图 2-18-1　侧向“Z”形进退跑

3）注意事项：①应尽可能减少脚与地面的接触时间；②身体应自然放松，动作应连贯、协调。

2. 正向框内框外前移

1）目的：①提高运动员的变向能力；②提高运动员急停、急起的能力；③提高运动员的步频和节奏感。

2）练习方法（图 2-18-2）：①正对软梯站立，双脚依次迈到第一个格子内；②右脚移出到右边框外，左脚移出到左边框外；③右脚左脚依次迈入第二个格子内，依次循环向前移动。

3）注意事项：①整个动作过程要求连贯、节奏清晰；②应尽可能减少脚与地面的接触时间；③熟练掌握动作时可提高练习的速度。

图 2-18-2　正向框内框外前移

3. 滑步前移

1）目的：提高运动员的滑步速度。

2）练习方法（图 2-18-3）：①正对软梯站立，双脚依次进入第一个格子；②触地瞬间，右脚、左脚依次移到右边框外；③左脚、右脚依次迈入下一格子内，依次循环向前移动。

3）注意事项：①身体应自然放松，动作应连贯、协调；②重复练习时双脚的位置应该准确；③熟练掌握动作后可通过变换方向与增加速度来进行练习。

图 2-18-3　滑步前移

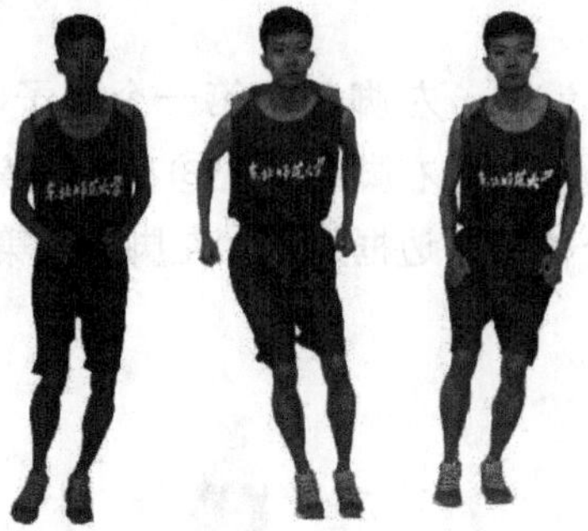

图 2-18-4　侧向跳跃

4. 侧向跳跃

1）目的：①发展下肢爆发力，增强身体控制能力；②提高篮球运动员的启动速度和跳跃能力。

2）练习方法（图 2-18-4）：运动员与分界线平行站立，然后双脚来回跳过这条线。

3）注意事项：①双脚的距离要小于肩宽；②脚尖要指向正前方或略微向外，尽量每次落在同样的位置上。

5.180° 转身跳

1）目的：①提高转身速度和身体协调能力；②提高篮球运动员在空中完成动作时对肢体的控制能力。

2）练习方法（图 2-18-5）：①双脚自然分开站在边界线上；②双脚同时发力向右侧或左侧跳跃，同时身体在空中旋转 180°；③落地时双脚落在边界线上。

图 2-18-5　180° 转身跳

3）注意事项：①双脚的距离要小于肩宽，双脚动作要保持同时性；②落地时双脚应尽量落在边界线上。

6. 转身 90° 变向

1）目的：①培养篮球运动员在球场的方位感；②提高篮球运动员在快速移动中的变向能力。

2）练习方法（图 2-18-6）：将三个标志桶摆成“L”形，各边长约 10 米，运动员首先站在标志桶①的外侧，身体与标志桶保持平行；准备完毕后，加速跑向标志桶②；到达标志桶②后，以左脚为轴向右转 90°，然后加速冲向标志桶③；最后冲刺跑到标志桶①处，依次循环进行训练。

图 2-18-6　转身 90° 变向

3）注意事项：①到达标志桶②时应适当降低重心高度；②在做转身时应注意中轴脚不能离开地面；③先进行无球动作练习，然后进行有球动作练习。

（二）有球一般灵敏素质训练

1. 四角运球

1）目的：①提高篮球运动员的控球及运球变向能力；②提高篮球运动员的协调性、方向感；③提高篮球运动员在跑动中对身体的控制能力。

2）练习方法（图 2-18-7）：运动员以预备姿势站在标志桶①的外侧，准备完毕后运球快速跑向标志桶②，然后运球绕过标志桶②并运球冲向标志桶③；接着运球绕过标志桶③，然后迅速运球跑向标志桶④再次运球绕过标志桶④，然后运球跑向标志桶①，依次循环进行练习。

图 2-18-7　四角运球

3）注意事项：①相邻标志桶间距大约 10 米；②在保持动作规范性的前提下尽量提高运球速度；③在每个标志桶处，运动员可以自由选择使用胯下运球、背后运球、转身运球或体前变向运球等技术。

2. 后退运球

1）目的：①提高篮球运动员的协调性；②提高篮球运动员运球变向速度和运球后退能力。

2）练习方法（图 2-18-8）：运动员拿球站在标志桶①的外侧，准备完毕或听到命令后，运球快速跑向标志桶②；后退运球绕过标志桶②，再后退运球到标志桶④，然后后退运球绕过标志桶④；加速运球跑向标志桶③，然后后退运球绕过标志桶③，接着后退运球到标志桶①处，依次循环进行练习。

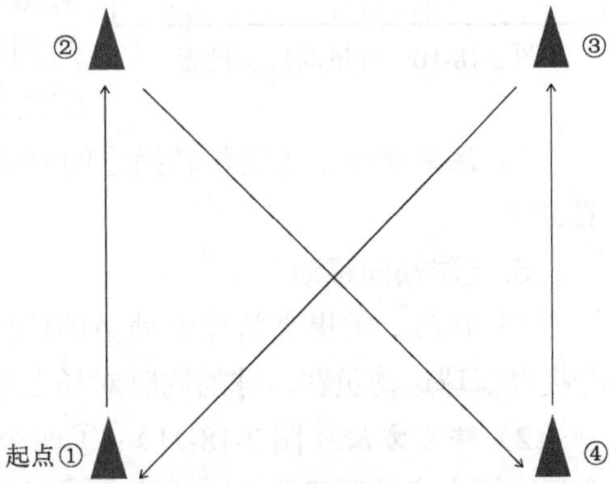

图 2-18-8　后退运球

3）注意事项：①相邻标志桶间距大约 10 米；②后退运球时尽量不要掉球；③后退运球时应保持重心平稳。

3. 侧向运球

1）目的：提高篮球运动员在运球时的侧向移动能力。

2）练习方法（图 2-18-9）：①每隔 60 厘米放置一个标志桶；②运球的同时，双脚侧向依次跨过标志桶；③到达最后一个标志桶后，向相反方向移动。

图 2-18-9　侧向运球

3）注意事项：①左手运球或右手运球都可以，但应注意练习的均衡性；②注意不要踩到标志桶。

4. 行进间反手投篮

1）目的：①提高篮球运动员行进间反手投篮的能力；②提高篮球运动员在转身后运球加速的能力。

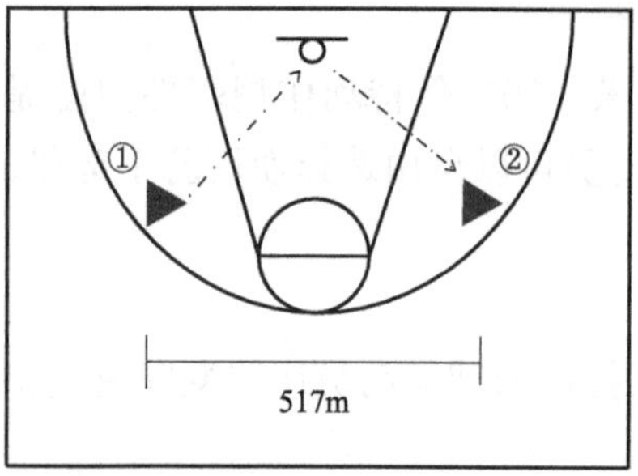

图 2-18-10　行进间反手投篮

2）练习方法（图 2-18-10）：两个标志桶的位置距离篮筐 5 ～ 7 米；运动员拿球背对篮筐站在标志桶①处，用手触摸标志桶①后转身向篮筐运球，然后完成行进间反手投篮；抢到篮板球以后，运动员拿球跑向标志桶②，背对篮筐站立并触摸标志桶②，然后转身向篮筐运球，在另一侧完成行进间反手投篮；抢到篮板球以后，运动员拿球跑向标志桶①处并背对篮筐站好，依次循环进行练习。

3）注意事项：①动作转换之间要快，减少多余动作；②注意脚下步法，不要违例。

5. 运球横向移动

1）目的：①提高篮球运动员的横向移动能力和在移动中对球的控制能力；②提高篮球运动员在运球的同时对场上形势的观察能力。

2）练习方法（图 2-18-11）：①两个标志桶间隔 5 ～ 7 米放置，教练员与两个标志桶中点的距离为 3 ～ 5 米；②运动员在两个标志桶之间来回横向运球，眼睛注视教练员；③教练员把手中的篮球抛向运球的运动员，运动员在单手运球的同时要接住教练员抛来的球，然后再单手将球传给教练员；④教练员接住球之后再继续传出手中的球，依次循环进行练习。

3）注意事项：①运球时尽量不要低头，眼睛注视教练员；②教练员应注意传球的速度不要过快。

6. 运球急停跳投

1）目的：①提高篮球运动员的运球变向能力；②提高篮球运动员的运球急停跳投命中率；③培养篮球运动员在投篮后的篮板球拼抢意识。

2）练习方法（图 2-18-12）：每两个标志桶的间距为 2 ～ 3 米，运动员站在标志桶①处开始运球；加速运球跑向标志桶②或标志桶③；在标志桶②或标志桶③处做变向运球，然后快速运球到达标志桶④处做急停跳起投篮；抢下篮板球继续回到标志桶①处进行练习。

3）注意事项：①动作之间应连贯协调；②变向运球动作由运动员自由选择；③注意控制运球速度，到达指定位置后再做动作。

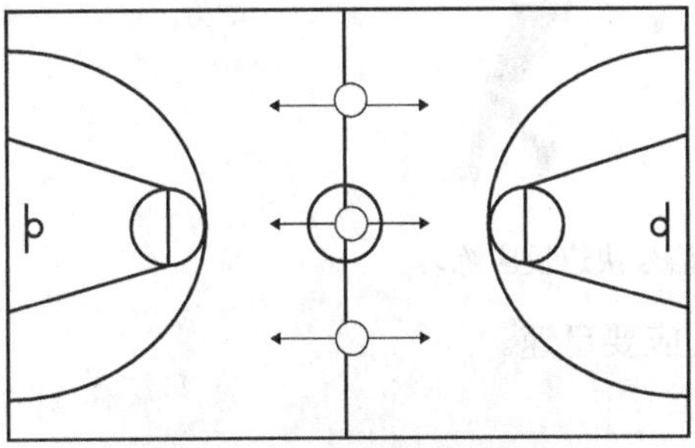

图 2-18-11　运球横向移动

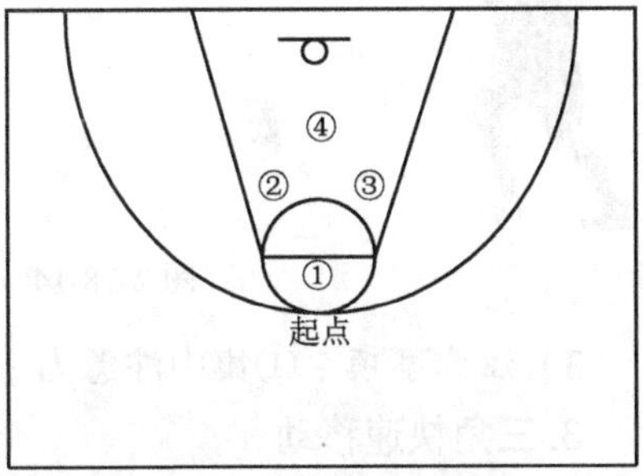

图 2-18-12　运球急停跳投

二、反应灵敏素质训练

（一）无球反应灵敏素质训练

1. 前进和后退跑

1）目的：提高篮球运动员在场上的无球跑动能力。

2）练习方法（图 2-18-13）：每两个标志桶以间隔 10 米的距离放置；运动

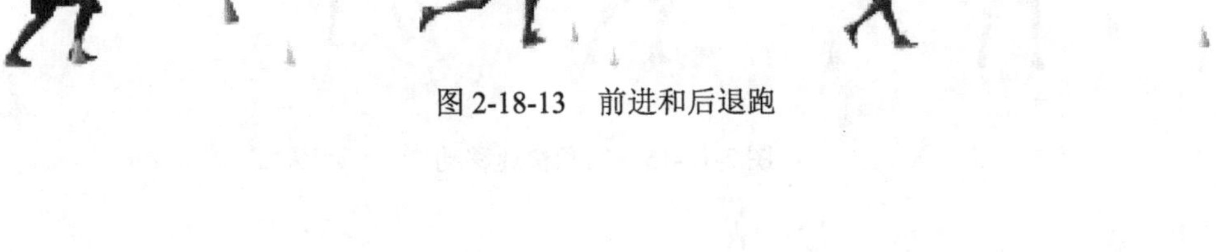

图 2-18-13　前进和后退跑

员以预备姿势站在标志桶①处；听到开始后，运动员向前加速跑向标志桶②处；当快要到达最后一个标志桶时，运动员应立即减速并改变方向，同时后退加速跑到标志桶①处。

3）注意事项：①运动员听到口令才能出发；②应确定好自己的减速距离，不应超过最后一个标志桶。

2. 听觉信号快速反应练习

1）目的：提高篮球运动员在球场上的快速反应能力。

2）练习方法（图 2-18-14）：①运动员在起点处原地踏步，等待教练员的声音信号；②教练员“响一声哨”示意运动员向前跑；③教练员“响两声哨”示意运动员向后退；④教练员“拍掌”示意运动员停在当前位置并踏步等待下一个信号。

图 2-18-14　听觉信号快速反应练习

3）注意事项：①集中注意力；②反应要迅速。

3. 三角快速移动

1）目的：①增强篮球运动员的反应能力，提高空间感觉；②提高篮球运动员在场上无球跑动时的快速移动能力。

2）练习方法（图 2-18-15）：将三个标志桶①、②、③摆成三角形，三角形边长约为 5 米；运动员以预备姿势站在三角形中间位置；教练员站在旁边并喊出标志桶①、②、③中任意一个所对应的号码，运动员快速移动到对应的标志桶处，并用手触摸标志桶然后再回到三角形中间位置，依次循环进行练习。

3）注意事项：①集中注意力；②反应要迅速。

图 2-18-15　三角快速移动

4. 四角快速移动

1）目的：强化练习运动员的反应速度，进一步提高运动员的空间感觉。

2）练习方法（图 2-18-16）：①将标志桶①、②、③、④摆成一个正方形，边长 6 ～ 10 米；②运动员以预备姿势站在正方形的中间，等待教练员喊出标志桶的号码；③教练员发出信号后，运动员开始向对应的标志桶处移动并用手触摸标志桶；④接着运动员快速回到起始位置，等待教练员给出下一个号码。

图 2-18-16　四角快速移动

3）注意事项：①不能展开双臂来减少脚步移动的距离；②动作应灵活、自然。

5. 往返赛跑

1）目的：①提高运动员的积极性，使训练更具有竞争意义；②提高篮球运动员的往返跑能力。

2）练习方法（图 2-18-17）：①标志桶的摆放如图 2-18-17 所示；②两名运动员都站在起跑线上；③教练员任意喊出一个号码便开始比赛；④运动员跑到本列中相应的标志桶处并用手触摸标志桶，然后再回到起跑线。

3）注意事项：①注意力要集中；②如有需要，可以增加标志桶列数和练习者人数。

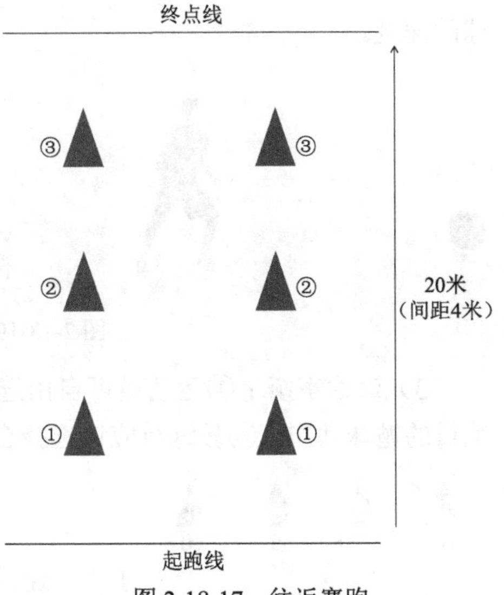

图 2-18-17　往返赛跑

（二）有球反应灵敏素质训练

1. 移动抢球

1）目的：①有助于提高运动员对视觉信号的反应能力和启动速度；②有助于培养运动员对篮球的积极拼抢意识。

2）练习方法（图 2-18-18）：①教练员和运动员大约相距 5 米，教练员持球，运动员做好预备姿势；②教练员将球抛在两个标志桶之间的任意位置；③运动员迅速移动并在球落地弹起两次前抢到球。

图 2-18-18　移动抢球

3）注意事项：①运动员应注意观察教练员的动作并做出快速反应；②教练员应在运动员做好准备姿势后再抛球。

2. 移动传接球

1）目的：①提高篮球运动员的侧向移动速度；②提高篮球运动员在移动中的传接球能力。

2）练习方法（图 2-18-19）：①教练员面对运动员，并把球抛向左边或右边的标志桶；②运动员快速移动到相应位置，接住球，然后把球回传给教练员；③随着运动员反应能力的不断提高，教练员可以增加标志桶之间的距离或提高抛球的速度。

图 2-18-19　移动传接球

3）注意事项：①运动员可自由选择脚步移动方式；②运动员应注意观察教练员的抛球动作；③教练员应该选择合适的时机进行抛球。

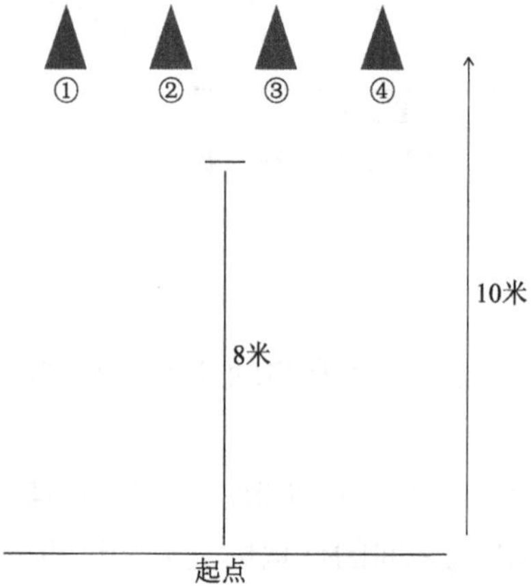

图 2-18-20　运球快速反应

3. 运球快速反应

1）目的：帮助运动员提高在运球时的快速反应能力。

2）练习方法（图 2-18-20）：①听到开始口令后，运动员开始向前运球跑到5～8米处；②教练员说出任意一个标志桶的号码，运动员则运球跑向该处；③最后运球回到起点处，依次循环进行训练。

3）注意事项：①教练员应注意观察运动员的位置，然后再给出口令；②提高难度时可以令运动员同时运两个篮球。

4. 运球快速变向

1）目的：提高篮球运动员在面对防守队员时的变向能力。

2）练习方法（图 2-18-21）：将 4 个标志桶摆成“Y”形（图 2-18-21）并调整到适当距离；教练员站在标志桶②的后面，运动员在标志桶①处原地运球等待；教练员给出信号后，运动员运球快速跑到标志桶②处；运动员到达后，教练员给出方向性的信号来指示运动员跑向哪个标志桶；运动员可自由选择运球变向的方式并到达指定的标志桶处；运动员最后快速运球到达标志桶①处，依次循环进行练习。

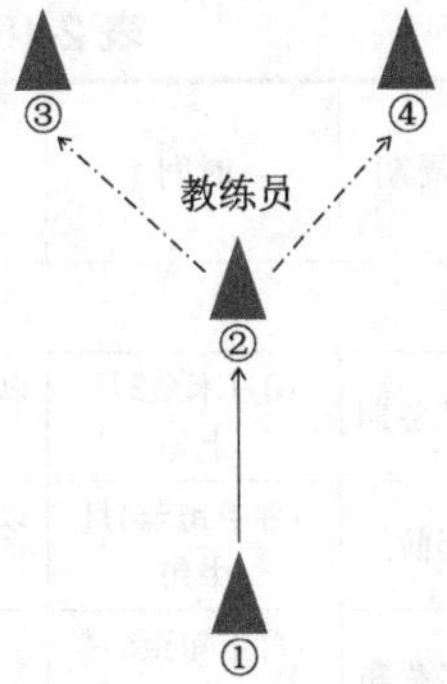

图 2-18-21　运球快速变向

3）注意事项：①运动员注意力要集中；②教练员应该快速给出方向信号。

第三节　训练计划制定

一、训练周期划分

以 4 月下旬至 5 月中旬和 9 月中旬至 10 月中旬两个竞赛周期计划为例。

1. 年度训练周期划分为两个周期

1）第一竞赛周期：上一年度 10 月末至次年 6 月中旬；

2）第二竞赛周期：6 月下旬至 10 月中旬。

2. 每一竞赛周期分为四个小周期

分别为：①准备期；②赛前期；③比赛期；④恢复期。

二、各周期任务制定

具体内容如图 2-13-32 所示。

三、各周期训练内容的选择及负荷安排

具体内容见表 2-18-1 和表 2-18-2 所示。

表 2-18-1　各周期训练任务、灵敏素质训练内容及负荷安排

周期	时间	主要任务	训练内容	训练负荷	
				量	强度
第一竞赛周期					
准备期	10月末至3月上旬	以有氧耐力、全面力量为主的一般身体训练	一般灵敏素质训练，反应灵敏素质训练	大	低
赛前期	3月中旬至4月中旬	以核心力量、专门力量、专项速度优化与速度耐力训练为主	有球灵敏素质训练为主，无球灵敏素质训练为辅	适中	高
比赛期	4月下旬至5月中旬	以技战术与实战模拟训练为主	有球灵敏素质训练	适中	适中
恢复期	5月下旬至6月中旬	以体能保持与疲劳消除为主	有球灵敏素质训练为主，无球灵敏素质训练为辅	小	低
第二竞赛周期					
准备期	6月下旬至8月上旬	以有氧耐力、全面力量为主的一般身体训练，视上半年的问题进行针对性弥补	一般灵敏素质训练，反应灵敏素质训练	大	低
赛前期	8月中旬至9月上旬	以核心力量、专门力量、专项速度优化与速度耐力训练为主	有球灵敏素质训练为主，无球灵敏素质训练为辅	适中	高
比赛期	9月中旬至10月中旬	视新对手练新战术	有球灵敏素质训练	适中	适中
恢复期	10月中旬至10月末	以体能保持与疲劳消除为主	有球灵敏素质训练为主，无球灵敏素质训练为辅	小	低

表 2-18-2　灵敏素质训练强度区间表

强度区域	运动负荷	强度（%）
2	最大	90～100
3	大	80～90
4	中等	70～80
5	低	50～70
6	很低	30～50

注：用心率控制强度的方法，以运动强度为 80% 为例：目标心率 =[（220- 运动员年龄）- 安静心率]×80%+ 安静心率

四、第一竞赛周期灵敏素质训练周期计划案例

（一）准备期灵敏素质训练

具体内容见表 2-18-3 所示。

表 2-18-3　准备期灵敏素质训练计划案例

<table>
<tr><td colspan="2">训练目标</td><td colspan="5">1.发展篮球运动员的有氧耐力和全面身体力量
2.提高篮球运动员的一般灵敏素质和反应灵敏素质
3.使运动员在环境变化时能快速做出判断与反应
4.提高运动员的各项身体素质和技术动作质量</td></tr>
<tr><td colspan="2">主要方法</td><td colspan="5">重复训练法、间歇训练法、变换训练法</td></tr>
<tr><td colspan="2">注意事项</td><td colspan="5">1.训练时应保证动作的精确性和速度
2.6～14岁是灵敏素质发展敏感期，注意抓住敏感期进行训练
3.训练时应做到短时间（5～15秒）和多次数，并保证充分的休息（3倍或4倍的训练时间）</td></tr>
<tr><td rowspan="2">周</td><td rowspan="2">天</td><td rowspan="2">训练任务</td><td rowspan="2">训练内容</td><td rowspan="2">间歇时间（秒）</td><td colspan="2">训练负荷</td></tr>
<tr><td>量</td><td>强度（%）</td></tr>
<tr><td rowspan="3">一</td><td>1</td><td>提高脚步灵活性</td><td>侧向“Z”形进退跑
正向框内框外前移
前进和后退跑
听觉信号快速反应练习</td><td rowspan="3">60</td><td rowspan="3">持续时间：15秒
次数：3次
组数：3组</td><td rowspan="3">60</td></tr>
<tr><td>2</td><td>提高反应速度</td><td>滑步前移
侧向跳跃
三角快速移动
往返赛跑</td></tr>
<tr><td>3</td><td>提高无球跑动速度</td><td>180° 转身跳
转身90° 变向
四角快速移动
往返赛跑</td></tr>
<tr><td rowspan="3">二</td><td>1</td><td>提高无球跑动能力</td><td>滑步前移
侧向跳跃
三角快速移动
往返赛跑</td><td rowspan="3">60</td><td rowspan="3">持续时间：15秒
次数：3次
组数：3组</td><td rowspan="3">60</td></tr>
<tr><td>2</td><td>提高往返跑能力</td><td>180° 转身跳
转身90° 变向
四角快速移动
往返赛跑</td></tr>
<tr><td>3</td><td>提高反应能力</td><td>侧向“Z”形进退跑
正向框内框外前移
前进和后退跑
听觉信号快速反应练习</td></tr>
<tr><td>三</td><td>1</td><td>提高快速移动能力和方向感</td><td>180° 转身跳
转身90° 变向
四角快速移动
往返赛跑</td><td>60</td><td>持续时间：15秒
次数：3次
组数：4组</td><td>60</td></tr>
</table>

续表

周	天	训练任务	训练内容	间歇时间（秒）	训练负荷	
					量	强度（%）
三	2	提高急停急起能力	侧向“Z”形进退跑 正向框内框外前移 前进和后退跑 听觉信号快速反应练习	60	持续时间：15秒 次数：3次 组数：4组	60
	3	提高变向速度	滑步前移 侧向跳跃 三角快速移动 往返赛跑			
四	1	提高启动速度与跳跃能力	滑步前移 侧向跳跃 三角快速移动 往返赛跑	60	持续时间：15秒 次数：3次 组数：4组	60
	2	提高反应能力和脚步灵活性	侧向“Z”形进退跑 正向框内框外前移 前进和后退跑 听觉信号快速反应练习			
	3	提高对肢体的控制能力	180°转身跳 转身90°变向 四角快速移动 往返赛跑			
五	1	提高运球变向能力	侧向“Z”形进退跑 正向框内框外前移 四角运球 后退运球	60	持续时间：15秒 次数：4次 组数：4组	65
	2	提高运球侧向移动能力	滑步前移 侧向跳跃 侧向运球 行进间反手投篮			
	3	提高控球能力和跳投命中率	180°转身跳 转身90°变向 运球横向移动 运球急停跳投			
六	1	提高运球变向能力	侧向“Z”形进退跑 正向框内框外前移 四角运球 后退运球	60	持续时间：15秒 次数：4次 组数：4组	65
	2	提高运球侧向移动能力	滑步前移 侧向跳跃 侧向运球 行进间反手投篮			
	3	提高控球能力和跳投命中率	180°转身跳 转身90°变向 运球横向移动 运球急停跳投			

续表

周	天	训练任务	训练内容	间歇时间（秒）	训练负荷	
					量	强度（%）
	1	提高无球跑动能力	前进和后退跑 听觉信号快速反应练习 移动抢球 移动传接球			
七	2	提高快速移动能力	三角快速移动 往返赛跑 运球快速反应 运球快速变向	50	持续时间：15秒 次数：4次 组数：4组	65
	3	提高快速反应能力	四角快速移动 往返赛跑 移动抢球 运球快速反应			
	1	提高无球跑动能力	前进和后退跑 听觉信号快速反应练习移 动抢球 移动传接球			
八	2	提高快速移动能力	三角快速移动 往返赛跑 运球快速反应 运球快速变向	50	持续时间：15秒 次数：4次 组数：4组	65
	3	提高快速反应能力	四角快速移动 往返赛跑 移动抢球 运球快速反应			
	1	提高脚步灵活性	侧向Z形进退跑 四角运球 前进和后退跑 移动抢球			
九	2	提高运球反应能力	正向框内框外前移 后退运球 听觉信号快速反应练习 移动传接球	50	持续时间：15秒 次数：4次 组数：4组	65
	3	提高移动速度	滑步前移 侧向运球 三角快速移动 运球快速反应			
十	1	提高跳跃能力与反应能力	侧向跳跃 行进间反手投篮 三角快速移动 运球快速变向	50	持续时间：15秒 次数：4次 组数：4组	65
	2	提高场上移动能力	180° 转身跳 运球横向移动 往返赛跑 运球快速反应			

续表

周	天	训练任务	训练内容	间歇时间（秒）	训练负荷	
					量	强度（%）
十	3	提高控球快速移动能力	转身90°变向 运球急停跳投 四角快速移动 运球快速变向	50	持续时间：15秒 次数：4次 组数：4组	65
十一	1	提高脚步灵活性	侧向“Z”形进退跑 四角运球 前进和后退跑 移动抢球	50	持续时间：15秒 次数：5次 组数：4组	70
	2	提高运球反应能力	正向框内框外前移 后退运球 听觉信号快速反应练习 移动传接球			
	3	提高移动速度	滑步前移 侧向运球 三角快速移动 运球快速反应			
	4	提高运球反应能力	正向框内框外前移 后退运球 听觉信号快速反应练习 移动传接球			
十二	1	提高跳跃能力与反应能力	侧向跳跃 行进间反手投篮 三角快速移动 运球快速变向	50	持续时间：15秒 次数：5次 组数：4组	70
	2	提高场上移动能力	180°转身跳 运球横向移动 往返赛跑 运球快速反应			
	3	提高控球快速移动能力	转身90°变向 运球急停跳投 四角快速移动 运球快速变向			
	4	提高跳跃能力与反应能力	侧向跳跃 行进间反手投篮 三角快速移动 运球快速变向			
十三	1	提高脚步灵活性	侧向“Z”形进退跑 四角运球 前进和后退跑 移动抢球	50	持续时间：15秒 次数：4次 组数：4组	70
	2	提高运球反应能力	正向框内框外前移 后退运球 听觉信号快速反应练习 移动传接球			

续表

周	天	训练任务	训练内容	间歇时间（秒）	训练负荷	
					量	强度（%）
十三	3	提高移动速度	滑步前移 侧向运球 三角快速移动 运球快速反应	50	持续时间：15秒 次数：4次 组数：4组	70
	4	提高运球反应能力	正向框内框外前移 后退运球 听觉信号快速反应练习 移动传接球			
十四	1	提高跳跃能力与反应能力	侧向跳跃 行进间反手投篮 三角快速移动 运球快速变向	50	持续时间：15秒 次数：4次 组数：4组	70
	2	提高场上移动能力	180° 转身跳 运球横向移动 往返赛跑 运球快速反应			
	3	提高控球快速移动能力	转身90° 变向 运球急停跳投 四角快速移动 运球快速变向			
	4	提高控球快速移动能力	转身90° 变向 运球急停跳投 四角快速移动 运球快速变向			
十五	1	提高无球跑动能力	滑步前移 侧向跳跃 三角快速移动 往返赛跑	50	持续时间：15秒 次数：4次 组数：4组	70
	2	提高往返跑能力	180° 转身跳 转身90° 变向 四角快速移动 往返赛跑			
	3	提高反应能力	侧向“Z”形进退跑 正向框内框外前移 前进和后退跑 听觉信号快速反应练习			
	4	提高往返跑能力	180° 转身跳 转身90° 变向 四角快速移动 往返赛跑			
十六	1	提高快速移动能力和方向感	180° 转身跳 转身90° 变向 四角快速移动 往返赛跑	45	持续时间：15秒 次数：4次 组数：5组	70

续表

周	天	训练任务	训练内容	间歇时间（秒）	训练负荷	
					量	强度（%）
十六	2	提高急停急起能力	侧向“Z”形进退跑 正向框内框外前移 前进和后退跑 听觉信号快速反应练习	45	持续时间：15秒 次数：4次 组数：5组	70
	3	提高变向速度	滑步前移 侧向跳跃 三角快速移动 往返赛跑			
	4	提高快速移动能力和方向感	180°转身跳 转身90°变向 四角快速移动 往返赛跑			
十七	1	提高启动速度与跳跃能力	滑步前移 侧向跳跃 三角快速移动 往返赛跑	45	持续时间：15秒 次数：4次 组数：5组	75
	2	提高反应能力和脚步灵活性	侧向“Z”形进退跑 正向框内框外前移 前进和后退跑 听觉信号快速反应练习			
	3	提高对肢体的控制能力	180°转身跳 转身90°变向 四角快速移动 往返赛跑			
	4	提高对肢体的控制能力	180°转身跳 转身90°变向 四角快速移动 往返赛跑			
十八	1	提高运球变向能力	侧向“Z”形进退跑 正向框内框外前移 四角运球 后退运球	45	持续时间：15秒 次数：4次 组数：5组	80
	2	提高运球侧向移动能力	滑步前移 侧向跳跃 侧向运球 行进间反手投篮			
	3	提高运球变向能力	侧向“Z”形进退跑 正向框内框外前移 四角运球 后退运球			
	4	提高控球能力和跳投命中率	180°转身跳 转身90°变向 运球横向移动 运球急停跳投			

续表

周	天	训练任务	训练内容	间歇时间（秒）	训练负荷	
					量	强度（%）
十九	1	提高无球跑动能力	前进和后退跑 听觉信号快速反应练习 移动抢球 移动传接球	45	持续时间：15秒 次数：4次 组数：5组	80
	2	提高快速移动能力	三角快速移动 往返赛跑 运球快速反应 运球快速变向			
	3	提高快速反应能力	四角快速移动 往返赛跑 移动抢球 运球快速反应			
	4	提高无球跑动能力	前进和后退跑 听觉信号快速反应练习 移动抢球 移动传接球			
二十	1	提高快速运球及变向能力	四角运球 后退运球 移动抢球 移动传接球	40	持续时间：15秒 次数：4次 组数：5组	80
	2	提高运球快速反应能力	侧向运球 行进间反手投篮 运球快速反应 运球快速变向			
	3	提高急停跳投命中率	运球横向移动 运球急停跳投 移动抢球 运球快速变向			
	4	提高急停跳投命中率	运球横向移动 运球急停跳投 移动抢球 运球快速变向			
二十一	1	提高快速运球及变向能力	四角运球 后退运球 移动抢球 移动传接球	40	持续时间：15秒 次数：4次 组数：5组	80
	2	提高运球快速反应能力	侧向运球 行进间反手投篮 运球快速反应 运球快速变向			
	3	提高急停跳投命中率	运球横向移动 运球急停跳投 移动抢球 运球快速变向			

续表

周	天	训练任务	训练内容	间歇时间（秒）	训练负荷	
					量	强度（%）
二十一	4	提高快速运球及变向能力	四角运球 后退运球 移动抢球 移动传接球	40	持续时间：15秒 次数：4次 组数：5组	80

（二）赛前期灵敏素质训练表

具体内容见表2-18-4所示。

表2-18-4　赛前期灵敏素质训练计划案例

训练目标	1.通过合理的训练适应，提高比赛成绩 2.增强运动员的场上运动能力
主要方法	循环训练法、间歇训练法、固定强度训练法
注意事项	1.训练时应保证动作的精确性和速度 2.练习方法和手段应多样化并灵活多变 3.尽量掌握多种篮球基本动作和技战术

周	天	训练任务	训练内容	间歇时间（秒）	训练负荷	
					量	强度（%）
一	1	提高运球变向能力	侧向“Z”形进退跑 正向框内框外前移 四角运球 后退运球	60	持续时间：15秒 次数：4次 组数：3组	80
	2	提高运球侧向移动能力	滑步前移 侧向跳跃 侧向运球 行进间反手投篮			
	3	提高运球变向能力	侧向“Z”形进退跑 正向框内框外前移 四角运球 后退运球			
	4	提高控球能力和跳投命中率	180°转身跳 转身90°变向 运球横向移动 运球急停跳投			
二	1	提高无球跑动能力	前进和后退跑 听觉信号快速反应练习 移动抢球 移动传接球	60	持续时间：15秒 次数：4次 组数：3组	80
	2	提高快速移动能力	三角快速移动 往返赛跑 运球快速反应 运球快速变向			

续表

周	天	训练任务	训练内容	间歇时间（秒）	训练负荷	
					量	强度（%）
二	3	提高快速反应能力	四角快速移动 往返赛跑 移动抢球 运球快速反应	60	持续时间：15秒 次数：4次 组数：3组	80
	4	提高无球跑动能力	前进和后退跑 听觉信号快速反应练习 移动抢球 移动传接球			
三	1	提高快速运球及变向能力	四角运球 后退运球 移动抢球 移动传接球	60	持续时间：15秒 次数：4次 组数：3组	80
	2	提高运球快速反应能力	侧向运球 行进间反手投篮 运球快速反应 运球快速变向			
	3	提高急停跳投命中率	运球横向移动 运球急停跳投 移动抢球 运球快速变向			
	4	提高急停跳投命中率	运球横向移动 运球急停跳投 移动抢球 运球快速变向			
四	1	提高快速运球及变向能力	四角运球 后退运球 移动抢球 移动传接球	60	持续时间：15秒 次数：4次 组数：3组	80
	2	提高运球快速反应能力	侧向运球 行进间反手投篮 运球快速反应 运球快速变向			
	3	提高急停跳投命中率	运球横向移动 运球急停跳投 移动抢球 运球快速变向			
	4	提高快速运球及变向能力	四角运球 后退运球 移动抢球 移动传接球			

（三）比赛期灵敏素质训练

具体内容见表 2-18-5 所示。

表 2-18-5　比赛期灵敏素质训练计划案例

训练目标	1.提高并保持前期灵敏素质训练的效果 2.通过训练来保持运动员最佳竞技状态					
主要方法	间歇训练法、比赛训练法					
注意事项	1.应严格控制训练和间歇时间 2.降低负荷量，与其他素质训练和专项技术训练协调配合 3.与速度、力量、柔韧、平衡、协调等素质训练结合进行					
周	天	训练任务	训练内容	间歇时间（秒）	训练负荷	
					量	强度（%）
一	1	提高运球变向能力	侧向“Z”形进退跑 正向框内框外前移 四角运球 后退运球	60	持续时间：15秒 次数：3次 组数：3组	80
	2	提高运球侧向移动能力	滑步前移 侧向跳跃 侧向运球 行进间反手投篮			
	3	提高运球变向能力	侧向“Z”形进退跑 正向框内框外前移 四角运球 后退运球			
	4	提高控球能力和跳投命中率	180°转身跳 转身90°变向 运球横向移动 运球急停跳投			
二	1	提高无球跑动能力	前进和后退跑 听觉信号快速反应练习 移动抢球 移动传接球	60	持续时间：15秒 次数：3次 组数：3组	80
	2	提高快速移动能力	三角快速移动 往返赛跑 运球快速反应 运球快速变向			
	3	提高快速反应能力	四角快速移动 往返赛跑 移动抢球 运球快速反应			
	4	提高无球跑动能力	前进和后退跑 听觉信号快速反应练习 移动抢球 移动传接球			

续表

周	天	训练任务	训练内容	间歇时间（秒）	训练负荷	
					量	强度（%）
三	1	提高快速运球及变向能力	四角运球 后退运球 移动抢球 移动传接球	60	持续时间：15秒 次数：3次 组数：3组	80
	2	提高运球快速反应能力	侧向运球 行进间反手投篮 运球快速反应 运球快速变向			
	3	提高急停跳投命中率	运球横向移动 运球急停跳投 移动抢球 运球快速变向			
	4	提高急停跳投命中率	运球横向移动 运球急停跳投 移动抢球 运球快速变向			
四	1	提高快速运球及变向能力	四角运球 后退运球 移动抢球 移动传接球	60	持续时间：15秒 次数：3次 组数：3组	80
	2	提高运球快速反应能力	侧向运球 行进间反手投篮 运球快速反应 运球快速变向			
	3	提高急停跳投命中率	运球横向移动 运球急停跳投 移动抢球 运球快速变向			
	4	提高快速运球及变向能力	四角运球 后退运球 移动抢球 移动传接球			

（四）恢复期灵敏素质训练

具体内容见表2-18-6所示。

表2-18-6　恢复期灵敏素质训练计划案例

训练目标	1.消除训练、比赛所造成的疲劳 2.为下一个大周期训练做好准备
主要方法	间歇训练法、循环训练法、低强度训练方法
注意事项	1.运动员不应该完全停止训练，而是大幅度降低运动负荷，保持一般性活动 2.灵敏素质训练不应给运动员心理和生理上造成任何压力

续表

周	天	训练任务	训练内容	间歇时间（秒）	训练负荷	
					量	强度（%）
一	1	提高脚步灵活性	侧向“Z”形进退跑 正向框内框外前移 前进和后退跑 听觉信号快速反应练习	120	持续时间：15秒 次数：3次 组数：2组	40～50
	2	提高反应速度	滑步前移 侧向跳跃 三角快速移动 往返赛跑			
二	1	提高快速移动能力、方向感	180°转身跳 转身90°变向 四角快速移动 往返赛跑	120	持续时间：15秒 次数：3次 组数：2组	40～50
	2	提高急停急起能力	侧向“Z”形进退跑 正向框内框外前移 前进和后退跑 听觉信号快速反应练习			
三	1	提高运球侧向移动能力	滑步前移 侧向跳跃 侧向运球 行进间反手投篮	120	持续时间：15秒 次数：3次 组数：2组	40～50
	2	提高控球能力和跳投命中率	180°转身跳 转身90°变向 运球横向移动 运球急停跳投			
四	1	提高无球跑动能力	前进和后退跑 听觉信号快速反应练习 移动抢球 移动传接球	120	持续时间：15秒 次数：3次 组数：2组	40～50
	2	提高快速移动能力	三角快速移动 往返赛跑 运球快速反应 运球快速变向			

五、灵敏素质训练单元计划案例

具体内容见表 2-18-7 所示。

表 2-18-7　灵敏素质训练教案范例

主要内容	一般性灵敏素质训练				
周期	准备期	周次	16	训练课次	1
训练目标	1.提高运动员一般性灵敏素质，有利于完成各种技术动作 2.通过灵敏素质的练习，促进运动员身体素质的全面发展 3.提高运动员的脚步灵活性 4.为后期的灵敏素质训练和技术训练奠定基础				
重点难点	重点：正确技术动作的掌握以及训练感受的主体适应体验 难点：训练负荷强度的控制与实施				
阶段	训练内容与方法	训练负荷			
		量	强度（%）	时间	
				间歇（分钟）	练习（分钟）
准备活动阶段	一、一般准备活动 1.5次全场折返跑 2.1次全场小步跑 3.1次全场高抬腿跑 4.1次全场交叉步 5.1次全场后交叉步 6.1次全场滑步 7.2次全场折返跑	2组	60	1	15
	二、专项准备活动 1.1次全场胯下运球 2.1次全场体前变向运球 3.1次全场背后运球 4.1次全场转身运球	2组	70	1	10
	三、活动各关节 （一）静态拉伸 1.颈部伸展旋转抬下颌 2.手臂体后拉伸 3.抵腰挺髋 4.仰卧交叉腿拉伸 5.跪式前臂拉伸 （二）动态拉伸 1.背对背互背 2.坐位“V”字牵引 3.上步踢腿 4.手足爬行 5.振臂跳 6.行进间弓箭步转体	4×8拍	70		5
主要训练阶段	一、无球一般性灵敏素质训练 （每组3～6次，每次6～15秒） 1.侧向“Z”形进退跑 2.正向框内框外前移 3.滑步前移 4.转身90° 变向 5.侧向跳跃 6.180° 转身跳	2组	80	5	16

续表

阶段	训练内容与方法	训练负荷			
		量	强度（%）	时间	
				间歇（分钟）	练习（分钟）
主要训练阶段	二、有球一般性灵敏素质训练 （每组3～6次，每次6～15秒） 1.四角运球 2.后退运球 3.侧向运球 4.反手上篮 5.运球横向移动 6.运球急停跳投	2组	85	6	16
放松阶段	1.仰卧抱腿交换重心 2.双人扶肩呈桥 3.坐位“V”字牵引 4.弓箭步撑地转体 5.横向皮筋牵引移动	4×8拍	60		10
器材	篮球20个、标志桶10个、绳梯2个				
预计生理负荷与训练密度	整体训练密度		70%～75%		
	主要训练阶段密度		80%～85%		
	平均心率		130～140次/分		
	最高心率		180次/分		
课后小结	提示：1.达到运动员的一般性灵敏素质训练要求，掌握正确的练习方法 2.应严格控制训练时间和间歇时间 3.该阶段训练目的是为后期的灵敏素质训练和技术训练奠定基础				

第十九章 青少年篮球运动员体能测试与评价

第一节 青少年篮球运动员体能测试概述

一、基本概念

（一）篮球运动员体能测试

篮球运动员体能测试是指采用特定的测试方法对篮球运动员身体形态、机能和运动素质进行的一系列的测量和验证。

（二）评价

评价是指对篮球运动员体能测试的数据进行评估并得出最终结果，以检测篮球运动员的体能水平是否符合该年龄段和相应运动员等级的体能标准。

二、测试的目的

1）准确了解运动员的力量、耐力、速度、灵敏和柔韧素质情况；

2）为科学制定训练计划提供依据；

3）帮助教练员调整、改进训练计划，实现训练目标。

第二节 测试的项目与方法

一、体能测试的项目

体能测试项目具体内容见表 2-19-1 所示。

表 2-19-1　体能测试内容表

测试项目	测试内容
力量	1分钟俯卧撑；1分钟仰卧起坐；助跑单脚起跳摸高
耐力	15米×17次折返跑（14岁以下13次）
速度	全场3/4加速跑；5.8米×6次折返跑
灵敏	限制区灵敏性测试
柔韧	坐位体前屈

二、测试的方法

1. 1 分钟俯卧撑测试

1）目的：①测试运动员的上肢和腹肌力量；②测试运动员的平衡和支撑能力。

2）1 分钟俯卧撑测试方法（图 2-19-1）：①俯卧，两脚、两手掌直臂撑地；②两腿并拢，两手掌分开与肩同宽，脚、臀、肩成直线；③俯卧时，双臂屈肘弯向身体两侧至水平位置，使身体垂直下降；④推撑时，双臂同时用力推撑，身体保持直线，还原至预备姿势；⑤计取发出动作指令至 1 分钟后停止的俯卧次数。

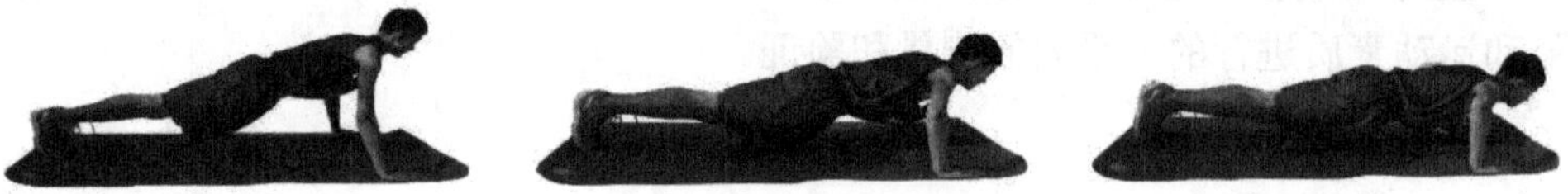

图 2-19-1　1 分钟俯卧撑测试

3）注意事项：①两臂之间距离与肩同宽；②肩关节与肘关节保持在同一平面；③躯干与臀部、下肢要伸直。

2. 1 分钟仰卧起坐测试

1）目的：测试腹背肌力量。

2）1 分钟仰卧起坐测试方法（图 2-19-2）：①两脚并拢屈膝，仰卧在垫上；②两手抱头，手肘尽量往地面下压，充分打开胸廓；③利用腹肌收缩，形成坐姿，上体前屈，低头，双肘尖超过膝部，然后还原为预备姿势，如此连续进行。

图 2-19-2　1 分钟仰卧起坐测试

3）注意事项：①仰卧时两肩关节、背部、头部紧贴垫子；②不要把双手的手指交叉放于头后面，以免用力时拉伤颈部的肌肉、降低腹部肌肉工作量；③起坐时两肘关节需触及大腿外侧；④腹部深层肌肉主动发力，要控制大腿和髋部屈肌发力；⑤要配以合理的呼吸，身体前屈时应呼气，仰卧时应吸气；⑥计取发出动作指令至1分钟后停止的起坐次数。

3. 助跑单脚起跳摸高测试

1）目的：①测试运动员的下肢腿部肌肉爆发力、弹跳力；②测试运动员上下肢协调用力能力。

2）助跑单脚起跳摸高测试方法（图2-19-3）：①测试运动员站在篮球场适宜起跳位置；②沿助跑路线至摸高器下；③利用单脚起跳触摸仪器。

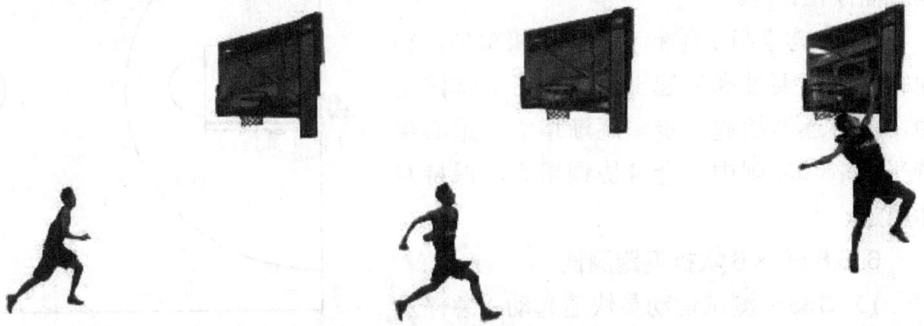

图2-19-3　助跑单脚起跳摸高测试

3）注意事项：①测量好助跑距离；②掌握好起跳位置；③注意助跑节奏，不要减速；④身体向上跳，不要向前跳；⑤起跳后，摸高手臂尽量向上伸展；⑥下落时要屈膝缓存，避免膝部受伤。

4. 15米×17次折返跑测试

1）目的：①测试运动员的速度耐力；②反映运动员的脚部稳定性和控制能力。

2）15米×17次折返跑测试方法（图2-19-4）：①测试运动员在球场边线起点处站位；②听到发令后，快速起动向对面边线加速跑；③跑至球场对面边线做急停，转身起动计1次，共17次；④从发出动作指令开始计时至完成17次折返跑后停止计时。

图2-19-4　15米×17次折返跑测试

3）注意事项：①加速和急停要衔接紧密、连贯；②转身、蹬地要迅速有力；③要注意合

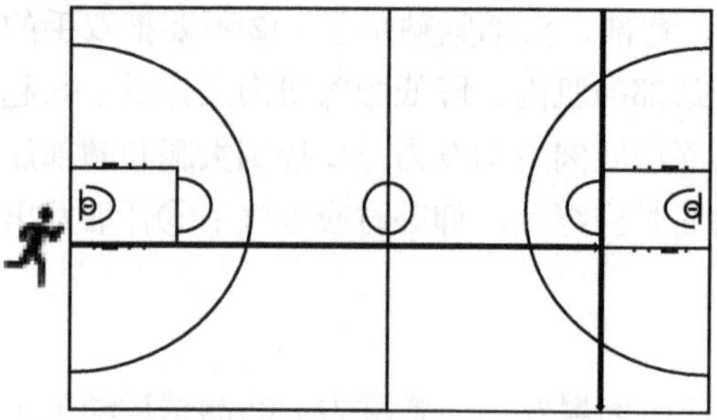

图 2-19-5　全场 3/4 加速跑测试

理分配体力和控制节奏。

5. 全场 3/4 加速跑测试

1）目的：测试运动员的起动和加速能力。

2）全场 3/4 加速跑测试方法（图 2-19-5）：①测试运动员站在篮球场端线外；②听到发令后，快速起动加速跑；③快速跑过前场罚球线；④从发出动作指令开始计时至运动员躯干触及罚球线后沿垂直面停止计时。

3）注意事项：①起动时，积极蹬伸，加速摆臂，不要过高抬起上体和重心；②跑动中，重心逐渐抬起，步幅逐渐增大，重心保持平稳；③冲刺中，全身协调用力，保持身体稳定。

6. 5.8 米 ×6 次折返跑测试

1）目的：测试运动员快速起动、急停及重心转换能力。

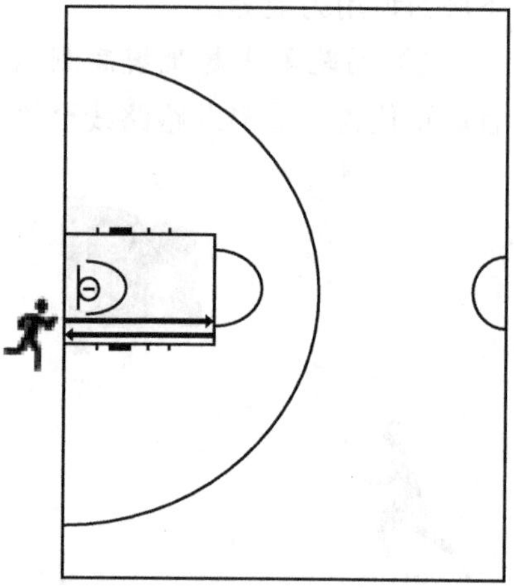

图 2-19-6　5.8 米 ×6 次折返跑测试

2）5.8 米 ×6 次折返跑测试方法（图 2-19-6）：①测试运动员站在篮球场端线外；②听到发令后，快速起动加速跑；③跑至罚球线做急停转身算 1 次；④从发出动作指令开始计时至完成 6 次折返跑后停止计时。

3）注意事项：①加速、急停、转身要迅速而连贯；②蹬地、转身要积极而迅速。

7. 限制区灵敏性测试

1）目的：测试运动员脚步动作的灵敏性和移动能力。

2）限制区灵敏性测试方法（图 2-19-7）：①测试运动员位于起始标志线，并面向端线；②听到发令后，从罚球线左角加速跑向端线；③绕过标志物，采用防守滑步移动到限制区右底角；④绕过标志物，后退跑至罚球线；⑤绕过标志物，向左做防守滑步；⑥左脚触碰变向线后，向右滑步至罚球线右角；⑦绕过标志物，向前跑向端线；⑧绕过标志物，采用防守滑步移动到限制区左底角；⑨绕过障碍物，后退跑至终点线。

3）注意事项：①滑步动作速率快，重心低，两脚无并拢现象；②后退跑时身体重心前倾，前脚掌先着地；③加速跑、横滑步、后退跑动作的转换衔接要快。

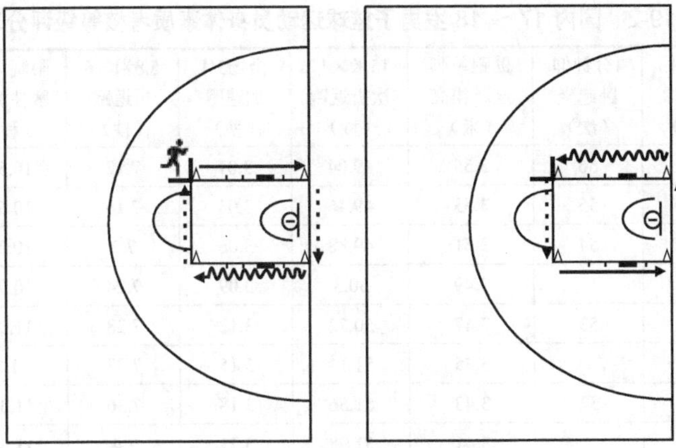

图 2-19-7　限制区灵敏性测试

注："⌋"为起点、终点，"⟶"表示加速跑，"- - - ▸"表示横滑步，"∿∿▸"表示后退跑

8. 坐位体前屈测试

1）目的：测试运动员的柔韧性与协调性。

2）坐位体前屈测试方法（图 2-19-8）：①测试运动员赤足坐下，用双脚抵住测试仪的前部；②两腿膝关节伸直，上体前屈；③尽力向前碰触测试仪。

图 2-19-8　坐位体前屈测试

3）注意事项：①测试前做好充分的准备活动，使身体温度升高，增加肌肉、韧带的弹性，防止受伤；②测试时两腿膝关节伸直，手指用力向前推动标尺并坚持 2 秒钟。

第三节　测试与评价

为制定合理的体能训练计划，准确评估运动员的身体素质能力，教练员可参照国内、国外青少年篮球运动员体能测试成绩指标，表 2-19-2 ～表 2-19-5 数据仅供参考，考核评定用表见表 2-19-6 所示。

表 2-19-2　国内 17 ～ 18 岁男子篮球运动员身体素质考核等级评分表[①]

等级	分值	1分钟俯卧撑（次）	1分钟仰卧起坐（次）	助跑单脚起跳摸高（米）	15米×17次折返跑（秒）	全场3/4加速跑（秒）	5.8米×6折返跑（秒）	限制区灵敏性测试（秒）	坐位体前屈（厘米）
优秀	100	63	56	3.55	49.04	3.01	7.12	10.53	25
	99		55	3.53	49.46	3.03	7.16	10.66	
	98	60	54	3.51	49.88	3.06	7.2	10.08	24
	97			3.49	50.3	3.09	7.24	10.93	
	96	58	53	3.47	50.72	3.12	7.28	11.07	23
	95			3.45	51.14	3.15	7.32	11.2	
	94	57	52	3.43	51.56	3.18	7.36	11.34	22
	93			3.41	51.98	3.21	7.4	11.47	
	92	56	51	3.39	52.4	3.24	7.44	11.61	21
	91			3.37	52.82	3.27	7.48	11.74	
	90	55	50	3.35	53.14	3.3	7.52	11.88	20
良好	89			3.33	53.56	3.33	7.57	11.99	
	88	54	49		53.98	3.36	7.62	12.1	19
	87			3.32	54.4	3.39	7.67	12.21	
	86	53	48		54.82	3.42	7.72	12.32	18
	85			3.3	55.24	3.43	7.77	12.43	
	84	52	47		55.66	3.44	7.82	12.54	17
	83			3.28	56.08	3.45	7.87	12.65	
	82	51	46		56.5	3.46	7.92	12.76	16
	81			3.26	56.92	3.47	7.97	12.87	
	80	50	45		57.34	3.48	8.02	12.98	15
中等	79		44	3.25	57.65	3.49	8.07	13.05	
	78	49	43		58.07	3.5	8.12	13.13	14
	77		42	3.24	58.49	3.51	8.17	13.21	
	76	48	41		58.91	3.52	8.22	13.29	13
	75		40	3.23	59.33	3.53	8.27	13.37	
	74	47	39		59.75	3.54	8.32	13.45	12
	73		38	3.22	60.17	3.55	8.37	13.53	
	72	46	37		60.59	3.56	8.42	13.61	11
	71		36	3.19	61.01	3.57	8.47	13.69	
	70	45	35		61.43	3.58	8.52	13.77	10

① 国家体育总局青少年体育司，国家体育总局篮球运动管理中心 . 2012. 中国青少年篮球训练教学大纲 . 北京：北京体育大学出版社 .

续表

等级	分值	1分钟俯卧撑（次）	1分钟仰卧起坐（次）	助跑单脚起跳摸高（米）	15米×17次折返跑（秒）	全场3/4加速跑（秒）	5.8米×6折返跑（秒）	限制区灵敏性测试（秒）	坐位体前屈（厘米）
及格	69		34	3.18	61.85	3.59	8.57	13.85	
	68	44	33		62.27	3.6	8.62	13.93	9
	67		32	3.17	62.69	3.61	8.67	14.01	
	66	43	31		63.11	3.62	8.72	14.09	8
	65		30	3.16	63.53	3.63	8.77	14.17	
	64	42	29		63.95	3.64	8.82	14.25	7
	63		28	3.15	64.37	3.65	8.87	14.33	
	62	41	27		64.79	3.66	8.92	14.41	6
	61		26	3.14	65.21	3.67	8.97	14.49	
	60	40	25		65.63	3.68	9.02	14.57	5

表 2-19-3　国内 15～16 岁男子篮球运动员身体素质考核等级评分表①

等级	分值	1分钟俯卧撑（次）	1分钟仰卧起坐（次）	助跑单脚起跳摸高（米）	15米×17次折返跑（秒）	全场3/4加速跑（秒）	5.8米×6折返跑（秒）	限制区灵敏性测试（秒）	坐位体前屈（厘米）
优秀	100	60	54	3.55	49.04	3.01	7.12	10.53	25
	99		53	3.53	49.46	3.03	7.16	10.66	
	98	58	52	3.51	49.88	3.06	7.2	10.08	24
	97			3.49	50.3	3.09	7.24	10.93	
	96	57	51	3.47	50.72	3.12	7.28	11.07	23
	95			3.45	51.14	3.15	7.32	11.2	
	94	56	50	3.43	51.56	3.18	7.36	11.34	22
	93			3.41	51.98	3.21	7.4	11.47	
	92	55	49	3.39	52.4	3.24	7.44	11.61	21
	91			3.37	52.82	3.27	7.48	11.74	
	90	54	48	3.35	53.14	3.3	7.52	11.88	20
良好	89			3.33	53.56	3.33	7.57	11.99	
	88	53	47		53.98	3.36	7.62	12.1	19
	87			3.32	54.4	3.39	7.67	12.21	
	86	52	46		54.82	3.42	7.72	12.32	18
	85			3.3	55.24	3.43	7.77	12.43	
	84	51	45		55.66	3.44	7.82	12.54	17
	83			3.28	56.08	3.45	7.87	12.65	

① 国家体育总局青少年体育司，国家体育总局篮球运动管理中心 . 2012. 中国青少年篮球训练教学大纲. 北京：北京体育大学出版社 .

续表

等级	分值	1分钟俯卧撑（次）	1分钟仰卧起坐（次）	助跑单脚起跳摸高（米）	15米×17次折返跑（秒）	全场3/4加速跑（秒）	5.8米×6折返跑（秒）	限制区灵敏性测试（秒）	坐位体前屈（厘米）
良好	82	50	44		56.5	3.46	7.92	12.76	16
	81			3.26	56.92	3.47	7.97	12.87	
	80	49	43		57.34	3.48	8.02	12.98	15
中等	79		42	3.25	57.65	3.49	8.07	13.05	
	78	48	41		58.07	3.5	8.12	13.13	14
	77		40	3.24	58.49	3.51	8.17	13.21	
	76	47	39		58.91	3.52	8.22	13.29	13
	75		38	3.23	59.33	3.53	8.27	13.37	
	74	46	37		59.75	3.54	8.32	13.45	12
	73		36	3.22	60.17	3.55	8.37	13.53	
	72	45	35		60.59	3.56	8.42	13.61	11
	71		34	3.19	61.01	3.57	8.47	13.69	
	70	44	33		61.43	3.58	8.52	13.77	10
及格	69		32	3.18	61.85	3.59	8.57	13.85	
	68	43	31		62.27	3.6	8.62	13.93	9
	67		30	3.17	62.69	3.61	8.67	14.01	
	66	42	29		63.11	3.62	8.72	14.09	8
	65		28	3.16	63.53	3.63	8.77	14.17	
	64	41	27		63.95	3.64	8.82	14.25	7
	63		26	3.15	64.37	3.65	8.87	14.33	
	62	40	25		64.79	3.66	8.92	14.41	6
	61		24	3.14	65.21	3.67	8.97	14.49	
	60	39	23		65.63	3.68	9.02	14.57	5

表 2-19-4 国内 13 ～ 14 岁男子篮球运动员身体素质考核等级评分表 ①

等级	分值	1分钟俯卧撑（次）	1分钟仰卧起坐（次）	助跑单脚起跳摸高（米）	15米×13次折返跑（秒）	全场3/4加速跑（秒）	5.8米×6折返跑（秒）	限制区灵敏性测试（秒）	坐位体前屈（厘米）
优秀	100	55	52	3.45	40.01	3.22	7.55	11	28
	99		51	3.43	40.41	3.25	7.58	11.11	
	98	54	50	3.41	40.84	3.28	7.61	11.2	26
	97		49	3.39	41.29	3.31	7.64	11.34	
	96	53	48	3.37	41.4	3.34	7.67	11.47	25

① 国家体育总局青少年体育司，国家体育总局篮球运动管理中心 . 2012. 中国青少年篮球训练教学大纲. 北京：北京体育大学出版社 .

续表

等级	分值	1分钟俯卧撑（次）	1分钟仰卧起坐（次）	助跑单脚起跳摸高（米）	15米×13次折返跑（秒）	全场3/4加速跑（秒）	5.8米×6折返跑（秒）	限制区灵敏性测试（秒）	坐位体前屈（厘米）
优秀	95		47	3.35	42.18	3.37	7.70	11.61	
	94	52	46	3.33	42.5	3.4	7.73	11.74	24
	93		45	3.31	42.55	3.43	7.76	11.88	
	92	51	44	3.29	42.59	3.46	7.79	11.99	23
	91		43	3.27	43.18	3.49	7.82	12.1	
	90	50	42	3.25	43.32	3.53	7.86	12.21	22
良好	89				43.53	3.57	7.9	12.32	
	88	49	41	3.24	43.74	3.58	7.94	12.43	21
	87				43.95	3.59	7.98	12.54	
	86	48	40	3.23	44.16	3.60	8.02	12.65	20
	85				44.37	3.61	8.06	12.76	
	84	47	39	3.22	44.58	3.62	8.1	12.87	
	83				44.79	3.63	8.14	12.98	19
	82	46	38	3.21	45	3.64	8.18	13.05	
	81				45.21	3.65	8.22	13.13	
	80	45	37	3.19	45.42	3.66	8.27	13.21	18
中等	79				45.63	3.67	8.32	13.29	
	78	44	36	3.18	45.84	3.68	8.37	13.37	
	77		35		46.05	3.69	8.42	13.45	17
	76	43	34	3.17	46.26	3.70	8.47	13.53	
	75				46.47	3.71	8.52	13.61	
	74	42	33	3.16	46.68	3.72	8.57	13.69	16
	73		32		48.89	3.73	8.62	13.77	
	72	41	31	3.15	47.1	3.74	8.67	13.85	
	71		30		47.31	3.75	8.72	13.93	15
	70	40	29	3.14	47.51	3.76	8.77	14.01	
及格	69				48.73	3.77	8.83	14.09	
	68	39	28	3.13	47.94	3.78	8.95	14.17	14
	67				48.15	3.79	9.01	14.27	
	66	38	27	3.12	45.36	3.80	9.07	14.33	
	65				48.57	3.81	9.13	14.41	13
	64	37	26	3.11	48.78	3.82	9.13	14.49	
	63				48.99	3.83	9.19	14.57	
	62	36	25	3.09	49.2	3.84	9.25	14.65	12
	61				49.51	3.85	9.31	14.73	
	60	35	24	3.08	49.62	3.86	9.37	14.81	

表 2-19-5　国外 17 ～ 18 岁男子篮球运动员身体素质单项成绩等级表

项目＼等级	优秀	良好	中等	及格
1分钟俯卧撑（次）	45+	44～39	38～35	34～20
1分钟仰卧起坐（次）	59～49	48～43	42～39	38～35
35米冲刺跑（秒）	<4.80	4.7～5.0	5.1～5.2	5.3～5.6
垂直起跳高度（厘米）	90+	89～81	80～75	74～70
坐位体前屈（厘米）	25	17	15	14

表 2-19-6　篮球运动员身体素质考核评定用表

姓名：		性别：	
出生年月：		队名：	
身高：		体重：	
场上位置：		号码：	
测试内容	测试成绩	单项得分	单项等级
1分钟俯卧撑			
1分钟仰卧起坐			
助跑单脚起跳摸高			
15米×17次折返跑			
全场3/4加速跑			
5.8米×6次折返跑			
限制区灵敏性测试			
坐位体前屈			
总得分：		评定等级：	

注：720+ 为优秀，640 ～ 719 为良好，560 ～ 639 为中等，480 ～ 559 为及格

参考文献

国家体育总局青少年体育司，国家体育总局篮球运动管理中心 . 2012. 中国青少年篮球训练教学大纲 [M]. 北京：北京体育大学出版社 .

国家体育总局训练局国家队体能中心 . 2015. 身体功能训练动作手册 [M]. 北京：人民体育出版社 .

过家兴等 . 1986. 运动训练学 [M]. 北京：北京体育学院出版社 .

韩春远，王卫星 . 2014. 核心力量训练与测评方法研究 [J]. 中国学校体育（高等教育），1（1）.

霍利斯・兰斯・利伯曼 . 2015. 核心稳定性训练 [M]. 杨溪译 . 北京：人民邮电出版社 .

霍利斯・兰斯・利伯曼 . 2016. 核心训练 [M]. 徐晴颐译 . 北京：人民邮电出版社 .

吉耶尔莫・赛哈斯・阿尔比尔 . 2015 拉伸训练彩色图谱 [M]. 陈曦译 . 北京：人民邮电出版社 .

健身私人教练编写组 . 2015. 核心力量迅速提升 [M]. 北京：化学工业出版社 .

卡捷琳娜・斯波里奥，埃丽卡・戈登马林 . 2015. 功能性训练 [M]. 姚妍婷译 . 北京：人民邮电出版社 .

李安格，黄辅周 . 1985. 现代排球训练理论与实践 [M]. 北京：人民体育出版社 .

里卡多・卡诺瓦斯・里内拉斯 . 2015. 肌肉力量训练 [M]. 汪瑞芳译 . 北京：人民邮电出版社 .

刘乐群 . 1998. 如何在少儿乒乓球训练中发展速度和灵敏 [J]. 安徽体育科技，（4）：13-15.

刘玉林 . 2002. 世界篮球发展趋势和我国篮球运动改革现状 [J]. 成都体育学院学报，（2）：69.

罗陵 . 2009. 现代篮球体能训练指导 [M]. 北京：人民体育出版社 .

美国 NBA 体能教练员协会 . 2009. 篮球体能训练 [M]. 张莉清译 . 北京：人民体育出版社 .

全国体育学院教材委员会 . 1990. 运动生理学 [M]. 北京：人民体育出版社 .

孙民治 . 2000. 篮球运动高级教程 [M]. 北京：人民体育出版社 .

孙文新 . 2010. 现代体能训练——核心力量训练方法 [M]. 北京：北京体育大学出版社 .

田麦久 . 2006. 运动训练学 [M]. 北京：高等教育出版社 .

王保成 . 2001. 竞技体育力量训练指导 [M]. 北京：人民体育出版社 .

王保成，匡鲁彬，谭朕斌 . 2001. 篮球运动员体能训练的基本理论与内容 [J]. 首都体育学院学报，13（3）：38-46.

王守恒 . 1998. 篮球运动攻守对抗的理性思考 [J]. 北京体育师范学院学报，（3）：11-16.

王卫星 . 2012. 体能训练理论与实践 [M]. 北京：高等教育出版社 .
沃斯特根、威廉姆斯 . 2015. 核心区训练 . 周龙峰译 . 北京：北京体育大学出版社 .
吴金元，李小燕 . 2000. 从第 27 届奥运会篮球比赛看中国男篮与世界强队的差距 [J]. 北京体育大学学报，23（4）：544-546.
杨世勇 . 2012. 体能训练，北京：人民体育出版社 .
杨锡让 . 1994. 实用运动生理学 [M]. 北京：北京体育大学出版社 .
扎克·埃文－埃谢 . 2017. 力量与体能训练全书 [M]. 王亦飞译 . 北京：北京技术出版社 .
张柄先，李莉生 . 1994. 篮球攻击性防守的发展及我国的现状与对策 [J]. 中国体育科技，（7）：10.
张祖安 . 1990. 对少年篮球运动员灵敏素质若干问题的探讨 [J]. 体育与科学，（2）：30-32.
赵西堂，葛春林，孙平 . 2012. 试论运动灵敏性的概念及其分类 [J]. 武汉体育学院学报，6（8）：92-95.
周爱国 . 2016. 体能训练理论与方法 [M]. 北京：北京体育大学出版社 .
Bompa T，Gregory Haff G. 2011. 周期——运动训练理论与方法 [M]. 李少丹，李艳翎译 . 北京：北京体育大学出版社 .
Hoffman J R. 2015. 体能训练设计指南 [M]. 周志雄译 . 北京：北京体育大学出版社 .
Mark Verstegen，Pete Williams. 2016. 核心区训练：改善身体及生活的革命式训练方案 [M]. 周龙峰译 . 北京：北京体育大学出版社 .
Paul Gamble. 2015. 集体性项目的体能训练：高水平竞技运动的专项身体准备 [M]. 潘迎旭译 . 北京：北京体育大学出版社 .
Reuter B. 2016. 耐力训练 [M]. 石宏杰译 . 北京：北京体育大学出版社 .